MIKOS TARSIS

CINICO ENGELS

oltre l'Anti-Dühring

La società perdona spesso il criminale; non perdona mai il sognatore.

Oscar Wilde

Nato a Milano nel 1954, laureatosi a Bologna in Filosofia nel 1977,
già docente di storia e filosofia, Mikos Tarsis (alias di Enrico Galavotti)
si è interessato per tutta la vita a due principali argomenti:
Umanesimo Laico e Socialismo Democratico, che ha trattato in homolai-
cus.com e che ora sta trattando in quartaricerca.it e in socialismo.info.
Ha già pubblicato *Pescatori di favole. Le mistificazioni nel vangelo di
Marco*, ed. Limina Mentis; *Contro Luca. Moralismo e opportunismo nel
terzo vangelo*, ed. Amazon.it; *Protagonisti dell'esegesi laica*, ed. Ama-
zon.it; *Metodologia dell'esegesi laica*, ed. Amazon.it; *Amo Giovanni*, ed.
Bibliotheka.
Per contattarlo info@homolaicus.com o info@quartaricerca.it o info@-
socialismo.info

Introduzione

Il lettore non si aspetti una panoramica di tutto Engels. Il testo base che si è voluto esaminare è soltanto l'*Anti-Dühring*[1] (ed. Lotta Comunista, Milano 2003[2]) e, di questo, prevalentemente la III sez., dedicata al socialismo, senza trascurare la II, più economicistica, tralasciando invece del tutto la I, quella filosofica. Da esso lo stesso autore trasse nel 1882, dopo averli ovviamente riveduti, tre capitoli che, sotto il titolo *L'evoluzione del socialismo dall'utopia alla scienza*, ebbero una grande divulgazione in più lingue europee; anzi, furono la più popolare introduzione al marxismo dopo il *Manifesto*.

Naturalmente di Engels sono state lette molto cose, e non da oggi, ma la critica al suo libro è stata in realtà un'utile occasione per parlare del *socialismo* in generale, nei cui confronti si hanno idee che collimano ben poco con quelle dell'ideologo tedesco, il quale continuamente affermava d'essere un "semplice" divulgatore delle idee di Marx: cosa non proprio vera. Inutile precisare che dopo il crollo del "socialismo reale" è facile sentirsi liberi di criticare i classici del marxismo, ma noi vorremmo che lo si facesse senza concedere nulla allo stile di vita borghese. Non vogliamo buttare via il bambino insieme all'acqua sporca.

Come gli addetti ai lavori sanno, Engels colse l'occasione di criticare i testi di Karl Eugen Dühring (1833-1921) per fare una sintesi di tutta la concezione materialistica della storia, prospettando un futuro diverso da quello capitalistico. Esattamente come lui, anche noi abbiamo cercato di vedere ciò che ancora non c'è, ma con questa differenza, che i no-

---

[1] Il titolo esatto dell'opera è *Il rovesciamento della scienza del signor Eugen Dühring*, Lipsia 1878, pubblicato nello stesso anno in cui furono emanate le leggi antisocialiste in Germania per porre un freno alla crescente forza del partito socialdemocratico, cogliendo come pretesto due tentativi falliti di assassinare il Kaiser Guglielmo I da parte dei radicali Max Hödel e Karl Nobiling. L'opera quindi venne messa al bando almeno sino al 1890, dopodiché diventerà il punto di riferimento privilegiato di tutto il marxismo europeo.

[2] Naturalmente l'edizione italiana migliore resta quella curata da V. Gerratana (Editori Riuniti, Roma 1968), ma ho preferito quella di Lotta Comunista perché più recente. Per non appesantire il libro ho omesso di riportare il numero delle pagine citate, anche perché si riferiscono prevalentemente alla III sez. D'altra parte questa non vuol essere una critica scientifica, ma solo edificante, nel senso che vuole promuovere una speranza.

Il testo ovviamente si trova anche in rete: www.marxists.org/italiano/marx-engels/1878/antiduhring/

stri desideri non si sono avverati, mentre i suoi li abbiamo potuti vedere nel cosiddetto "socialismo reale", salvo ovviamente l'idea dell'*estinzione progressiva dello Stato*, di cui lo stalinismo non voleva neanche sentir parlare[3]. E forse per questa ragione, se vivessero ancora oggi, Engels direbbe che con quel socialismo le sue teorie non avevano nulla a che fare, mentre Stalin giurerebbe di aver voluto realizzare proprio le teorie dell'altro e in particolare quelle dell'*Anti-Dühring*.[4] Come se potesse esistere una teoria la cui interpretazione fosse incontrovertibile! Come se potesse esistere una pratica esattamente conforme a una teoria di riferimento!

In ogni caso abbiamo visto com'è andata a finire e vorremmo che la cosa non si ripetesse, se proprio si ha ancora il desiderio di una transizione al socialismo. Anzi, forse per questa ragione, in luogo del carattere "scientifico" del socialismo dei "classici", ci accontenteremmo che fosse semplicemente "democratico". Il che, ovviamente, non vuol dire "riformistico". Diciamo che il socialismo cosiddetto "scientifico" dei classici del marxismo-leninismo può tranquillamente essere considerato come una forma superata di "socialismo", avendo bisogno d'essere integrata con ulteriori considerazioni "rivoluzionarie", anche perché, a distanza di due secoli, molte cose son cambiate, e chi pensa di poter leggere il presente con gli stessi loro occhi, farebbe un torto proprio a loro.

Vorremmo inoltre aggiungere che mentre Engels, indotto da Liebknecht, che non sopportava che qualcuno criticasse il *Capitale* di Marx, era intento a smontare le tesi di Dühring, noi invece, spinti dall'esigenza di veder realizzato un socialismo autenticamente democratico, ci siamo unicamente preoccupati di smontare le sue, che maggiormente interessano all'economia del nostro discorso. D'altra parte Dühring è uscito dalla storia, senza che nessuno più se lo ricordi (in lingua italiana non esiste alcuna sua opera e l'infatuazione per le sue teorie in Germania durò circa dal 1874 al 1878), mentre il marxismo, mediato da Engels, è rimasto più

---

[3] E tanto meno voleva sentirne parlare il maoismo, che dello stalinismo industrializzato era soltanto la variante agraria.

[4] Come noto, Stalin rese obbligatoria la teoria engelsiana a partire dal 1931. La sua *Dialettica della natura* (rimasta incompiuta) verrà imposta in maniera dogmatica ai cultori delle scienze naturali e le idee sull'universo furono adottate come teoria cosmologica ufficiale dello stalinismo. Secondo C. Preve, in *Storia critica del marxismo*, "Engels è stato il vero fondatore del canone unitario protomarxista, muovendosi in un quadro classificatorio integralmente positivistico". È sempre lui a dire che il maggior engelsiano italiano del Novecento è stato Ludovico Geymonat, ma la sovrapposizione del pensiero engelsiano a quello marxiano era già iniziata con A. Labriola (per il quale – detto tra parentesi – appariva del tutto normale che ai contadini italiani venissero date in proprietà privata le terre colonizzate in Eritrea).

o meno integro, per quanto in occidente la borghesia si vanti di non tenerne conto e preferisca guardarsi allo specchio come Narciso. Questo per dire che se si vuole cercare un'alternativa al sistema, niente di meglio che partire da una critica dei classici del marxismo, decisamente superiori a qualunque teorico del liberismo, vecchio e nuovo.

Il che non vuol dire che Dühring (socialista non meno di Engels) non meriti d'essere letto.[5] Anzi, dobbiamo dire che con la sua idea di "comuni economiche", gestite dal basso verso l'alto in forma decentrata, si avvicina a quella forma di *anarchismo socialista* che forse può costituire un'alternativa al socialismo statale. Alla luce del fallimento di quest'ultimo, ormai pare assodato che se per conquistare il potere la strategia comunista, a guida centralizzata, è la migliore, anche perché ci si può servire degli strumenti statali per reprimere la reazione di quei privilegiati che non si rassegnano a vivere in maniera democratica; viceversa, dopo la conquista del potere si dovrebbe preferire una soluzione più vicina a un'ideologia *autarchica*.

Infine vorremmo precisare che i quattro capitoli della II sez., dedicati ai rapporti tra violenza ed economia, meritano d'essere esaminati in quanto sembrano una specie di "filosofia della storia", in cui – questa la tesi di fondo – lo sviluppo della produzione gioca un ruolo molto più importante dell'uso politico della violenza. Di essi i principali sono il II e il IV. Qui si può anticipare che ci si è limitati a mettere in luce gli aspetti meno accettabili per la realizzazione di un *socialismo democratico autogestito*.

---

[5] Nietzsche, p.es., lo faceva, pur non sapendo nulla né di Marx né di Engels.

Capitalismo e grande industria

Le rivoluzioni nel capitalismo maturo

È difficile cercare di capire il motivo per cui, nel suo *Anti-Düh-ring*, Engels ritenesse che solo "la grande industria sviluppa quei conflitti che rendono ineluttabilmente necessario un rivoluzionamento del modo di produzione: conflitti non solo tra le classi ch'essa forma, ma anche tra le stesse forze produttive e le forme di scambio ch'essa parimenti crea". È come se avesse voluto dire: "Siamo arrivati a un punto tale di progresso tecnologico e produttivo che è impossibile andare avanti senza cambiare qualcosa di molto significativo". La grande industria, nata intorno al 1830, "sviluppa, proprio in queste gigantesche forze produttive, anche i mezzi per risolvere questi conflitti". Come se prima della grande industria non ci fossero stati i mezzi e i modi per risolvere alla radice i problemi dell'antagonismo sociale!

Questo modo di ragionare è quanto meno deterministico. Forse saremmo esagerati a sostenere che per Engels le rivoluzioni "socialiste" sono possibili solo in presenza di un capitalismo maturo; però di sicuro voleva dire che, in assenza di tale capitalismo, le rivoluzioni sono destinate a fallire i loro obiettivi, a inverarsi nel loro contrario. Nella sua concezione di socialismo il capitalismo maturo porta le contraddizioni a un tale livello di conflittualità che le rivoluzioni diventano inevitabili. È un modo di accontentarsi: anche nel caso in cui manchi la volontà politica di emanciparsi, ci penseranno le circostanze, con tutta la loro crudezza, a farla venir fuori. Detto altrimenti: il proletariato farà la rivoluzione quando sarà disperato, quando non avrà più nulla da perdere, se non avrà saputo farla prima, in condizioni più decenti, più vivibili.[6]

---

[6] Ai tempi di Marx ed Engels, quando l'imperialismo era ancora in fasce e gli imprenditori non potevano tenere alti i salari nelle madrepatrie utilizzando tutte le risorse umane e materiali nei continenti asiatico, africano e sudamericano, lo sfruttamento degli operai era molto più intenso di oggi. Ma tutto è relativo, nel senso che oggi, p.es., i macchinari sono molto più sofisticati e, a parità di unità lavorativa, producono molto di più, anche se l'operaio lavora con meno fatica e in meno ore. Inoltre le attività più nocive alla salute o più onerose il capitale tende a trasferirle nei paesi cosiddetti "emergenti", dove chiunque è disposto a fare qualunque lavoro per qualunque salario e dove i diritti sindacali e persino quelli in generale sono molto risicati. Questo per dire che lo sfruttamento psico-fisico-intellettuale è una cosa, quello più propriamente economico-produttivo un'altra, proprio perché ci sono sempre di mezzo le macchine, da cui il capitalismo

Tuttavia, anche se ciò fosse vero, non si capisce perché in questa condizione estrema il proletariato dovrebbe saper creare il migliore socialismo possibile, quello più democratico. In genere, quando si reagisce alla disperazione, si compiono azioni impulsive, scriteriate, tutt'altro che democratiche. Non ha alcun senso dire che le rivoluzioni non sono mai state coerenti con se stesse perché mancava il capitalismo maturo.

Volendo, si potrebbe sostenere il contrario, e cioè che proprio il capitalismo maturo, disponendo di immense risorse persuasive e coercitive, è in grado d'impedire qualunque rivoluzione socialista.[7] Ovvero che sarebbe stato più facile realizzarla al tempo dello schiavismo o del servaggio feudale, quando ciò che impediva di emanciparsi era uno stato di coercizione *fisica*, priva di un raffinato condizionamento *ideologico*. Oggi il capitalismo maturo pretende di esportare la democrazia nel mondo intero.

Probabilmente Engels era così fatalista perché non aveva visto un proletariato industriale davvero capace di imporsi. Era rimasto profondamente deluso degli esiti delle rivoluzioni europee del 1848-50. Esattamente come Marx, che aveva però avuto un sussulto al tempo della Comune di Parigi del 1871, analizzata in maniera intelligente, e che sperava si compisse una rivoluzione socialista almeno nella Russia dei populisti. Engels invece detestava persino il movimento operaio inglese, che pur era molto combattivo sul piano sindacale e molto propositivo su quello cooperativistico.

Lenin, che conosceva tutto della Comune di Parigi, arrivò alla conclusione che la rivoluzione comunista sarebbe stata possibile in Russia proprio perché questo immenso Paese costituiva l'anello debole del capitalismo avanzato e perché qui esisteva una resistenza più dura alle contraddizioni del capitale. O meglio, aveva capito che se il proletariato industriale fosse stato lasciato a se stesso, al massimo si sarebbero avuti

---

non può prescindere, pena la sua trasformazione in schiavismo allo stato puro.

[7] I governi degli Stati Uniti, il paese più capitalistico del mondo, concepiscono il socialismo solo come un nemico da abbattere. Non sono abituati a confrontarsi con le sue idee. Fanno molta fatica a tollerare la presenza di un partito socialista o comunista all'interno del loro Paese. Lo stesso popolo americano sembra non chiedersi affatto se questo atteggiamento governativo sia da considerarsi normale: semplicemente lo danno per scontato. Quando contestano le azioni dei loro governi, non lo fanno mai appellandosi a qualche idea del socialismo, anche se ne avrebbero tutti i motivi. Per loro l'uguaglianza non proviene dal socialismo, ma solo dalla *democrazia*. Eppure non si può dire che gli Stati Uniti non abbiamo conosciuto idee ed esperienze di "socialismo": basterebbe guardare che cos'erano le tribù native sino alla seconda metà del XIX sec. Oggi comunque il comunismo americano è sostanzialmente filo-cinese.

dei moti ribellistici spontanei o delle rivendicazioni salariali compatibili col sistema, con risultati politici di tipo riformistico, del tutto parziali. La rivoluzione avrebbe potuto essere realizzata solo se il proletariato si fosse fatto guidare da un partito di *intellettuali organici*, consapevoli che il sistema andava superato in quanto tale, sin dalle sue fondamenta.

Engels, ma anche il Marx inglese, parlavano come dei rivoluzionari sconfitti, come dei teorici privi di un partito di professionisti della politica eversiva. Con Lenin invece abbiamo capito che, per fare la rivoluzione, non un colpo di stato, ci vuole un partito organizzato, disciplinato, abituato a lavorare anche nella clandestinità, capace di aggregare masse imponenti intorno a qualunque battaglia significativa e che, al momento opportuno, può essere mandato alla conquista del potere, come se fosse un potente esercito.

Quando mai è esistito un partito socialista del genere in Europa occidentale? I partiti socialisti o anche comunisti sono stati prevalentemente dei partiti parlamentari, soprattutto quello tedesco di Kautsky e di Bernstein, epigoni dei classici del marxismo. I partiti extraparlamentari sono sempre stati del tutto inconsistenti sul piano numerico. Solo in rare occasioni hanno svolto un'attività che si può definire "rivoluzionaria" o "eversiva": nel cosiddetto "Biennio rosso" della III Internazionale oppure durante la Resistenza (che coincisero coi due grandi traumi post-bellici), o nel periodo che va dal 1968 al 1977, dopo la sfuriata del cosiddetto "boom economico" degli anni Cinquanta e Sessanta. Forse l'unico vero momento in cui la borghesia europea ha tremato per colpa della sinistra è stato quello della Comune di Parigi, durata però dal 18 marzo al 28 maggio del 1871.

In nessun momento questi partiti socialcomunisti sono stati capaci di vera coerenza rivoluzionaria. Il motivo probabilmente sta nel fatto che mancava la determinazione in carattere, la ferma volontà di procedere sino in fondo nella realizzazione degli obiettivi strategici generali. Il benessere aveva corrotto le menti, infiacchito la volontà. I dirigenti dei partiti socialcomunisti si sono rivelati, nei momenti decisivi, degli opportunisti. E non si può dire che il proletariato industriale abbia saputo fare di meglio.

Il capitalismo è un sistema sociale che condiziona le coscienze, più di ogni altro sistema sociale precedente. Questo perché il tipo di schiavismo che impone di vivere è raffinato, appare poggiante su basi democratiche e l'industrializzazione garantisce delle comodità materiali impensabili nel passato. Il proletariato industriale è *giuridicamente libero*. Tutti i cittadini lo sono, per cui lo sfruttamento economico sembra essere il frutto di una *libera scelta*. Il mercato del lavoro è libero, impostato su una *contrattazione* tra domanda e offerta, esattamente come quello delle merci. Chi vende e chi compra vengono fatti passare per persone equivalenti, paritetiche. La schiavitù sembra essere accettata liberamente, non perché imposta da una forza fisica o materiale esterna (p.es. l'abilità militare o il possesso della terra).

Engels sapeva perfettamente come stavano le cose, al pari di Marx, ma non ne traeva le debite conseguenze operative. Infatti era convinto che quando la schiavitù salariata sarà allargata a dismisura, coinvolgendo anche i ceti relativamente indipendenti della piccola borghesia, il cosiddetto "ceto medio", cioè quando la stragrande maggioranza della popolazione sarà "proletarizzata" e non avrà più nulla da perdere, la rivoluzione diventerà inevitabile, e a quel punto sarà la forza delle circostanze a suggerire le misure migliori per superare il capitalismo maturo.

Bisogna dire che questo suo determinismo peccava d'ingenuità. Come si può pensare che un aumento generalizzato, quantitativo, della sofferenza sociale possa portare a una migliore consapevolezza delle alternative da realizzare? Sono cose completamente diverse. La crescita esponenziale della miseria non comporta affatto, in maniera automatica, un aumento della lucidità mentale. Anzi, può anche creare dei mostri che compiono azioni criminali, prive di qualunque forma di eticità: il nazismo o lo stalinismo o il maoismo non sono forse nati così?

Quando si ragiona in questi termini, non si è poi capaci di valorizzare chi dice di essere in grado di realizzare una vera alternativa al sistema prima ancora che si formi una miseria generalizzata. Lo si etichetterà facilmente di avventurismo, proprio perché si preferirà aspettare un improvviso rivolgimento delle masse popolari, nella convinzione che, così facendo, esse potranno dimostrare di avere una medesima coscienza eversiva.

Se le "condizioni oggettive" per fare la rivoluzione non ci sono, chiunque le desideri, verrà immediatamente considerato un utopista. Come se ci potesse essere qualcuno in grado di stabilire quando tali condizioni oggettive s'impongono in maniera evidente! Come se tali condizioni non possano essere il frutto di un lavoro soggettivo, finalizzato alla loro creazione! Un partito rivoluzionario non deve forse saper approfittare delle debolezze del sistema *in qualunque momento*? L'unica cosa che deve garantire non è forse che la rivoluzione sia davvero *popolare*? E che essa sia in grado di *difendersi* dalla reazione delle classi privilegiate, che tenderanno a opporsi in tutti i modi e con qualunque mezzo alla loro espropriazione?

Engels non aveva idea di come si dovesse gestire un partito rivoluzionario. Ancorato com'era a una rigida successione di diversi stadi di sviluppo del modo di produzione, per lui la rivoluzione alla fine diventava un unico atto storico, la cui necessità era lapalissiana. L'Internazionale comunista, che aveva organizzato insieme a Marx, non aveva una caratterizzazione rivoluzionaria vera e propria. Era solo un punto d'incontro tra le varie esperienze politico-partitiche del socialismo europeo e nordamericano, ed era tutta presa a combattere, al proprio interno, le varie forme di estremismo (p.es. quella anarchica di Bakunin o del blanquismo cospirativo, tipico anche dei mazziniani) e di moderatismo (p.es. quella proudhoniana, lassalliana o delle trade-unions inglesi). Abbiamo dovuto aspettare Lenin per vedere un vero partito comunista.

Le condizioni oggettive non sono soltanto quelle create spontaneamente dall'economia capitalistica. Sono anche quelle che si ottengono contestando tutte le contraddizioni del sistema. Se la critica è puntuale, circostanziata, su ogni più piccolo particolare, e non si presenta come fine a se stessa o per avere una direzione politica ancora più autoritaria, ma per realizzare una vera transizione al sistema, è impossibile non ottenere un vasto consenso. È la borghesia stessa che alimenta l'odio sociale nei suoi confronti. E se in seguito a tali contestazioni s'impone l'autoritarismo cesarista, deve essere chiaro a tutti che ciò avviene per paura di una rivoluzione socialista, non tanto per gestire meglio le contraddizioni del capitale.

Bisogna dimostrare che si vuole maggiore democrazia e che il sistema non è in grado di offrirla proprio perché poggia sul mero profitto industriale e sulla rendita finanziaria e, più in generale, sulla proprietà privata dei mezzi produttivi. Non si possono concepire i processi economici e politici come una "necessità naturale", in cui gli uomini sono rappresentanti oggettivati, privi di vera personalità. Anche perché in tal modo il socialismo scientifico assume la funzione di un dogma, perdendo quella, più specifica, di "guida per l'azione".

Capitalismo maturo e imperialismo

Engels precisa meglio il suo pensiero facendo questa osservazione: "Il proletariato [industriale] che cominciava [appena finita la rivoluzione francese] a distaccarsi da queste masse nullatenenti, come ceppo di una nuova classe, ancora assolutamente incapace di un'azione politica indipendente, si presentava come un ceto oppresso, sofferente, al quale, nell'incapacità in cui era di aiutarsi da se stesso, un aiuto poteva tutt'al più portarsi dall'esterno, dall'alto". È così che Engels spiega la nascita del socialismo utopistico di Saint-Simon, Fourier e Owen. In pratica egli considerava politicamente immaturo il proletariato industriale proprio perché non era adeguatamente sviluppata la grande industria.

Questo modo di ragionare è davvero curioso: Engels faceva dipendere la consapevolezza politica a favore della transizione socialista dallo sviluppo del capitalismo industriale, cioè proprio dalla condizione che meno favorisce quella transizione. Per lui era solo la grande industria il demiurgo che produce la classe operaia che lotta, ovvero l'inevitabile crollo del sistema. Vedeva il movimento operaio come un proletariato omogeneo di fabbrica e non come una coalizione eterogenea di varie classi sfruttate. Ignora, p.es., le lotte anticapitalistiche del XVIII secolo.

Ragionamenti del genere probabilmente dipendevano dal fatto che quando non si dirige un partito politico rivoluzionario, e nel contempo si desidera il compiersi di una transizione al socialismo, l'unica alternativa che resta è quella di augurarsi che le contraddizioni diventino così esplosive da generare esse stesse un soggetto rivoluzionario. In pratica il meglio sarebbe dovuto venir fuori dal peggio, come nella dialettica hegeliana la sintesi non è che la negazione della negazione. Un atteggiamento del genere, in antropologia, potrebbe essere definito di tipo "magico".

Engels, in sostanza, era convinto che il capitalismo maturo avrebbe generato una crescente miseria, e siccome gli operai industriali erano quelli più consapevoli dei limiti del sistema, in quanto erano loro a produrre la maggiore ricchezza, ricevendo in cambio solo un misero salario, avrebbero dovuto essere proprio loro a prendere le redini della rivoluzione. Peraltro il proletariato industriale, a differenza di tutti gli altri lavoratori, andava considerato anche come classe molto organizzata e disciplinata: erano gli stessi imprenditori a pretenderlo.

In quali forme la storia si è incaricata di dimostrare che questo modo di vedere le cose era completamente sbagliato? Anzitutto il capitalismo maturo basa prevalentemente le proprie ricchezze non tanto o non solo sullo sfruttamento dei propri lavoratori, ma anche e soprattutto su quello dei lavoratori delle "colonie"[8], le quali sono anche ricche di risorse naturali a buon mercato e costituiscono ampi sbocchi commerciali per

---

[8] Mi rendo conto che un termine del genere oggi può apparire obsoleto e, per molti versi, fastidioso, in quanto non si parla più del Terzo Mondo come di un'area colonizzata bensì "emergente". Tuttavia una cosa è la dipendenza *economica*, che per molti Paesi perdura sin dal XVI sec., un'altra è la dipendenza *politica*, che effettivamente si è parzialmente ridotta dopo la fine della II guerra mondiale. I fatti dell'imperialismo o del globalismo cosa dimostrano? Che non sempre una indipendenza politica implica, di necessità, anche una indipendenza economica: che questo sia vero lo si vede anche nella situazione che attualmente stanno vivendo i Paesi europei dell'ex "socialismo statale", i quali hanno deciso di abbracciare il capitalismo senza rendersi ben conto di non avere armi sufficienti per competere con quello occidentale. Si potrebbe anzi dire che i modi economici o finanziari per tenere un Paese in uno stato di "dipendenza" si sono col tempo raffinati in maniera proporzionale all'aumentata richiesta di indipendenza politica.

le merci del capitalismo occidentale. È vero che nel capitalismo maturo dovrebbe, in teoria, aumentare la miseria, ma in pratica ciò sembra avvenire (almeno in maniera macroscopica) soltanto nelle "colonie", e gli imponenti flussi migratori verso l'occidente (tanto per fare un esempio) starebbero lì a dimostrarlo. Cioè finché esistono "colonie" da sfruttare, la miseria che si vive in occidente è ben poca cosa rispetto a quella che si patisce nelle "colonie". E chi nelle "colonie" vuole emanciparsi da questa miseria, facilmente acquisisce stili di vita o modelli di comportamento tipicamente occidentali, a meno che non sia in grado di maturare autonomamente una consapevolezza "socialista" delle cose.

In secondo luogo la crescita del benessere in occidente, a scapito del Terzo Mondo, ha reso il proletariato industriale (ma anche chiunque investa in titoli provenienti dai Paesi emergenti) responsabile, seppure indirettamente, dello sfruttamento delle "colonie". In tale atteggiamento oggettivo, squisitamente economico e finanziario, non si può ravvisare alcuna premessa per la futura rivoluzione socialista. Anzi, il proletariato occidentale, nel momento stesso in cui ha visto aumentare i propri salari (e quello industriale è addirittura diventato, nell'ambito del proletariato in genere, una sorta di casta privilegiata), ha smesso di rivendicare un'alternativa globale al sistema. Generalmente, infatti, ci si limita ad avanzare richieste di tipo sindacale. Gli stessi dirigenti socialisti o democratici si sono ampiamente imborghesiti. Il socialismo è diventato solo riformistico, di piccolo cabotaggio, e s'impegna, oggettivamente, a puntellare il sistema borghese, non avendo alcun interesse a mettere in relazione il benessere dell'occidente con lo sfruttamento del Terzo Mondo.

Quindi non solo il proletariato industriale non è la classe meglio predisposta a compiere la rivoluzione, ma, oggettivamente, è anche quella che più contribuisce allo sfruttamento delle "colonie", tant'è che reagisce negativamente quando nuove masse di diseredati provenienti dal Terzo Mondo si riversano in occidente in cerca di fortuna. Gli operai occidentali meno qualificati vedono i derelitti dell'emisfero Sud, disposti a lavorare sotto qualunque condizione, come dei pericolosi concorrenti. E nessuno in occidente (se non quelli che ci ricavano un utile o che hanno un cuore compassionevole) è disposto a mantenere con l'assistenza pubblica decine di migliaia di indigenti che giungono da noi in massa. L'elemosina può essere fatta solo entro certi limiti, oltre i quali diventa un fardello insopportabile, anche perché è facile argomentare che il denaro utilizzato per i migranti potrebbe essere devoluto ai ceti più bisognosi dell'occidente.

D'altra parte quando nessun politico socialista mette in relazione il benessere dell'occidente col malessere del Terzo Mondo, è difficile che in occidente vi sia qualcuno che esamini, oggettivamente, la situazione di dipendenza economica del Terzo Mondo nei confronti delle economie più sviluppate del pianeta. Per poter sapere qualcosa sulla dipendenza coloniale e neocoloniale del Terzo Mondo, bisognerebbe, come minimo, andare a consultare le opere di Samir Amin, A. Gunder Frank, Hosea Jaffe..., le quali però sono quasi sconosciute in Europa occidentale (in Italia però stanno cominciando ad avere un certo riscontro quelle di Luciano Vasapollo).

Si dirà che ai tempi di Marx ed Engels non vi era uno sfruttamento coloniale così sofisticato come quello odierno, dove gli strumenti finanziari (si pensi solo alla questione del debito) paiono più persuasivi delle cannonate del colonialismo classico. Sappiamo tutti che lo sfruttamento coloniale sistematico è iniziato già con le spedizioni ispanico-lusitane di mezzo millennio fa. Ai tempi dei fondatori del socialismo scientifico[9] si era in presenza di un neonato imperialismo europeo (anzitutto anglo-francese in varie parti del mondo, ma anche italo-tedesco e belga in Africa) e ovviamente statunitense in America Latina e nipponico in Asia, quello che scatenerà le prime due guerre mondiali. Ma per avere un quadro chiaro di questa ulteriore forma di colonialismo ci volle l'analisi di Lenin, che non si avvalse, in merito, delle opere di Marx ed Engels, i quali, tutto sommato, ne parlarono poco, probabilmente perché erano ancora troppo affascinati dai successi produttivi della grande industria e auspicavano che il capitalismo industriale si diffondesse in tutto il mondo, per poter avere un enorme proletariato che l'avrebbe affossato come un becchino.

Nella visione dei due ideologi tedeschi il proletariato avrebbe dovuto accettare l'industria *così com'era*, sul piano materiale, modificandone solo l'assetto proprietario. L'industria andava *socializzata nella proprietà*, mentre a livello tecnologico non poteva che essere ulteriormente perfezionata. Inutile dire che questo modo di porsi era completamente sbagliato, poiché proprio l'industrializzazione massiva costituisce il più grande handicap della storia per la riproduzione della natura. Marx ed Engels erano convinti che con la scienza e la tecnica, una volta realizzato il socialismo, si sarebbero risolti tutti i problemi creati dalla stessa scienza e tecnica, gestita in maniera capitalistica.

Oggi la moderna ecologia nutre seri dubbi su questa capacità. I

---

[9] A dir il vero la denominazione di "socialismo scientifico" risale al solo Engels, e proprio in relazione alla polemica contro Dühring, che da alcuni politici della socialdemocrazia tedesca veniva visto come un eccellente scienziato in grado di criticare Marx. Per Engels il socialismo scientifico era un prodotto essenzialmente tedesco, proprio perché qui era nata la dialettica. Bernstein, il cui riformismo avrà la meglio nella II Internazionale, preferiva invece usare la formula "socialismo critico", opponendo alla filosofia hegeliana quella kantiana.

difetti dell'industrializzazione sembrano essere del tutto indipendenti dalla gestione politica dei processi economici. Su questo però bisogna dire che nessun comunista, neppure Lenin, ha mai avuto le idee chiare. Marx sapeva bene che l'agricoltura capitalistica danneggia la qualità del suolo, ma in Russia, durante l'edificazione del socialismo statale, tutti erano convinti che l'industria pesante, unitamente alla statizzazione della proprietà, avrebbe portato a un benessere progressivo, generalizzato, senza che la natura ne avesse da soffrire granché. Le forze produttive della borghesia non si potevano mettere in discussione. Inoltre lo stalinismo era convinto che senza l'industria pesante sarebbe stato impossibile affrontare militarmente l'occidente.

Oltre il socialismo scientifico

La contraddizione maggiore in queste riflessioni di Engels è bene espressa in questa frase lapidaria: "All'immaturità della produzione capitalistica, all'immaturità della posizione delle classi corrispondevano teorie immature". Di qui l'esigenza di creare "esperimenti modello" (tipici del socialismo utopistico), destinati a essere assorbiti dal sistema borghese.

Che i limiti del socialismo utopistico anche oggi vengano considerati evidenti, è pacifico. È letteralmente impossibile costruire isole economiche di socialismo all'interno di un sistema chiaramente capitalistico. Per costruire il socialismo occorre anzitutto abbattere *politicamente* il sistema. Su questo non vi sono dubbi. Semmai oggi ci chiediamo come creare un'alternativa alla *statizzazione della proprietà*. Il cosiddetto "socialismo reale" è fallito proprio perché aveva statalizzato tutto, alla maniera "asiatica", come al tempo dello schiavismo il cosiddetto "modo di produzione asiatico" rappresentava una specie di "schiavismo statale"[10]. Invece di lavorare per eliminare progressivamente lo Stato, lo stalinismo aveva finito col rafforzarlo all'estremo, trasformandolo in una sorta di "Grande Fratello", come se a ciò si fosse obbligati proprio per la mancanza di un diffuso benessere economico.

Non a caso oggi, nell'ambito della migliore sinistra, si parla di *"socializzazione della proprietà"*, antitetica alla "statalizzazione". Ma come ciò possa essere fatto è ancora tutto da stabilire. Infatti se lo Stato deve avere un ruolo marginale sul piano economico, allora vuol dire che devono risultare centrali le *comunità locali e regionali*, e che se un "piano" deve esserci, al fine di eliminare l'anarchia produttiva, esso va deciso

---

[10] Il che non riguardava unicamente l'Asia (India, Cina, ecc.), ma anche l'Africa (Egitto dei faraoni) e l'America delle civiltà precolombiane.

a livello locale e regionale.

Dare importanza a tali comunità, renderle responsabili di se stesse, significa, inevitabilmente, favorire l'*autoconsumo* e quindi la vendita sui mercati soltanto delle proprie *eccedenze*. Il che vuol dire considerare il *valore d'uso* di molto superiore al valore di scambio. Tutte cose che il socialismo scientifico non avrebbe visto di buon occhio, proprio perché ha sempre temuto di propagandare l'immagine di un "socialismo della miseria".

I classici del marxismo han sempre detto che il socialismo è una sintesi di rivoluzione industriale, compiuta dalla borghesia, e di gestione centralizzata dell'economia da parte di un organismo statale (almeno nella fase iniziale). La proprietà privata veniva prevista solo nelle piccole cose, estranee allo sfruttamento del lavoro altrui (p. es. un pezzo di terra lavorato in proprio). Poi col tempo l'*autorganizzazione dei produttori diretti* avrebbe fatto a meno anche dello Stato.

Tuttavia il cosiddetto "socialismo reale", sovietico o cinese, non ha mai promosso una responsabilità del genere a favore delle masse popolari. Difficile dire se i rispettivi governi non abbiano fatto in tempo o se proprio non l'avessero nel loro dna. Un esperimento è addirittura imploso, trasformandosi in una sorta di capitalismo statale. L'altro ha invece conservato la dittatura politica del "socialismo reale", autorizzando però lo sviluppo capitalistico sul piano sociale, sulla base di un compromesso che non si sa quanto tempo potrà durare. Noi occidentali, infatti, sappiamo bene che il capitalismo favorisce l'individualismo, e questo non sopporta d'essere gestito dall'alto, almeno non oltre un certo limite.

Il ruolo della soggettività nelle rivoluzioni

Ma torniamo all'argomento di prima. Dove sta la contraddizione più stridente di Engels? Semplicemente nel fatto che le sue teorie e, ancora più, quelle di Marx maturano in un paese, la Germania prussiana, ch'era ancora molto indietro sul piano dello sviluppo capitalistico. Anche prescindendo dal fatto ch'essi provenivano dalla regione della Renania, che sicuramente era tra i länder tedeschi la più sviluppata in senso borghese, non è assolutamente vero che le teorie rivoluzionarie si sviluppano solo nell'ambito del capitalismo maturo.

In realtà nessuno sa come si formino le teorie rivoluzionarie. Anzi, potremmo sostenere il contrario di ciò che dice Engels, e cioè che la resistenza allo schiavismo era sicuramente più forte quando ancora esistevano tracce significative del comunismo primordiale, quello preistorico; e che tale resistenza è andata tanto più scemando quanto più tali tracce sono andate definitivamente scomparendo. Non a caso lo schiavismo classico, quello nato seimila anni fa e che è durato sino alla nascita del feudalesimo, era impostato su rapporti di *forza fisica*, brutale, legittimato dalla mitologia e dalle religioni politeistiche pagane. Non aveva bisogno di ricorrere a sofisticate argomentazioni ideologiche per potersi imporre, benché tali argomentazioni servano sempre in una fase iniziale: oggi, p.es., in occidente il capitale può farne a meno, in quanto il diffuso benessere (in rapporto a quell'80% dell'umanità che invece non fruisce di alcuna forma di protezione sociale) ha fatto piazza pulita dello spirito critico.

Oggi la resistenza all'oppressione nasce non in virtù di un'esperienza comunitaria del passato, che si voleva conservare nella memoria, ma in virtù di un desiderio disperato di superare delle contraddizioni assolutamente insopportabili, che rendono indegna la vita. Oggi è la disperazione che, nel migliore dei casi, porta a desiderare il socialismo. Ma nella disperazione si possono compiere errori colossali, proprio perché si è persa la memoria del socialismo più democratico della storia, quello che si viveva *prima* che si formasse lo schiavismo e che gli storici han posto, con molta supponenza, fuori della storia, chiamandolo appunto "preistorico".

Come sia stato possibile che nella Germania arretrata sia venuto fuori un socialista come Marx, di origine ebraico-borghese, seguito a ruota da Engels, di origine pietistico-borghese, nessuno può saperlo. Come nessuno può sapere come sia emerso Lenin in Russia, ch'era ancora più arretrata della Germania, la ruota di scorta di tutto il capitalismo europeo. Di questi geni dell'umanità bisognerebbe prendere atto e basta, riconoscendoli come tali. Cosa che però raramente succede, in quanto nessuno è profeta *pro domo sua*. Ognuno di loro ha dovuto subire difficoltà a non finire prima che le proprie teorie venissero accettate.

Il problema, semmai, è un altro, ed è tutto pratico. Cos'hanno fatto questi geni dell'umanità, mentre erano in vita, per convincere i loro contemporanei che le loro idee erano sufficienti per mutare qualitativamente la realtà? Potremmo forse dire che tali persone eccezionali non hanno potuto far molto a causa del fatto che le condizioni storico-oggettive non erano sufficientemente mature per compiere una rivoluzione socialista o per compierla in maniera democratica? Quando c'è di mezzo la violazione della *dignità umana* e soprattutto della *libertà di coscienza* (quella che permette di scegliere il proprio destino) le condizioni oggettive sono *sempre* mature per ribellarsi. Ci mancherebbe, infatti, che una popolazione oppressa, prima di compiere una rivolta, debba attendere passivamente che le contraddizioni si esasperino da sole, cioè che la negatività del sistema diventi così grande da indurre la gente a ribellarsi. Il rivoluzionario non è un cinico con aspirazioni alla magia.

Ciò che manca è, nelle persone comuni, la consapevolezza di dover prendere delle decisioni radicali, e soprattutto la capacità di organizzare una strategia operativa con cui compiere la conquista del potere. Ciò che è mancato, in questi geni dell'umanità, che pur avevano piena consapevolezza delle cose da cambiare, è stata la capacità organizzativa di compiere la rivoluzione. Fino adesso la si è vista solo in Lenin. Neppure in Mao la si è vista. Infatti non si tratta solo di "compiere" la rivoluzione, ma anche di saperla "gestire". E bisogna dire che nella fase della gestione, Mao fu un disastro completo, al pari di Robespierre o di Stalin o di Pol Pot. Lenin invece continuò a essere lungimirante sia prima che dopo, pur con tutti i suoi limiti e anche se purtroppo morì prematuramente.

Tuttavia, in seimila anni di storia "schiavistica"[11] un solo vero genio dell'umanità è troppo poco. Forse ne avremmo potuti aver due, se Gesù Cristo non fosse stato tradito dai suoi stessi discepoli. Peraltro, proprio a proposito di Lenin vien da chiedersi come sia stato possibile che subito dopo la sua morte si sia formata una delle peggiori dittature della storia. Quali premesse, per scongiurarla, erano venute meno? Poteva Lenin porre le basi per favorire uno sviluppo davvero democratico del socialismo? E quali sono queste basi? Sarebbe importante saperlo per la volta successiva. Hanno mai saputo indicarle i classici del socialismo scientifico? È forse possibile farlo astrattamente, sul piano etico o umanistico, a prescindere dal confronto politico vero e proprio? O forse queste basi esistono già da qualche parte e non ce ne siamo accorti? Dobbiamo forse guardare con occhi diversi quello che è stato e che ancora oggi è, molto debolmente, in qualche luogo remoto del pianeta, il cosiddetto "comunismo primitivo"? Cioè quella fase della storia umana, durata decine di migliaia di anni, in cui gli antagonismi sociali non esistevano affatto o non erano comunque irriducibili?

Individualismo e statalismo nel capitalismo europeo

L'ultima parte degli "Elementi teorici" dell'*Anti-Dühring* (pp. 334-41) è tutta dedicata al capitalismo monopolistico-statale.

In via preliminare va detto che Engels non vede l'aspetto statale del capitalismo nell'industria più propriamente produttiva, bensì in quelli che lui definisce "grandi organismi di comunicazione": poste, telegrafi e ferrovie. Forse anche meglio di Marx aveva capito che, a certi livelli, lo

---

[11] Anche il feudalesimo e il capitalismo, seppure in modi diversi, sono due forme di schiavitù: che la dipendenza sia fisica, personale o contrattuale non cambia molto lo stato di soggezione del lavoratore. Sotto il cosiddetto "socialismo reale" abbiamo anche assistito alla dipendenza più strettamente *ideologica*.

sviluppo capitalistico ha bisogno di un intervento esplicito dello Stato nella gestione dell'economia, un intervento organico, di lunga durata, non estemporaneo, per ripianare situazioni di emergenza. Argomento, questo, che Lenin tratterà ampiamente nel suo *Imperialismo*.

Il tema è indubbiamente complesso, anche perché Engels vede questo capitalismo statale come anticamera del socialismo, quando invece non lo è affatto, poiché è proprio in questa forma gestionale che il capitalismo cerca di screditare al massimo l'idea stessa di "socialismo".[12] E questo senza poi considerare che in una nazione ad elevato PIL è relativamente facile che anche i "grandi organismi di comunicazione" vengano privatizzati, o che gli Stati intervengano a ripianare i debiti delle grandi imprese o banche private (ovvero a "socializzare le perdite" con le tasse dei cittadini), senza assumersene direttamente l'amministrazione. Anzi, in un momento come questo (siamo quasi alla fine del secondo decennio del XXI sec., ancora alle prese con la crisi mondiale scoppiata nel 2008), dettato da esigenze europeistiche e globalistiche, le imprese private in difficoltà non hanno scrupoli a cedere i loro diritti di proprietà a imprese private straniere. Gli stessi Stati sono costretti a cedere una parte significativa della loro sovranità nazionale.

Questo per dire che il capitalismo occidentale, per tradizione o per cultura storica, è più portato a favorire le privatizzazioni che le statizzazioni, e quando si sviluppa a livello mondiale, guarda con sufficienza i limiti degli Stati nazionali: non ha paura di spersonalizzarsi. Semmai è il continente asiatico che si comporta diversamente. L'individualismo è una caratteristica dell'occidente dai tempi della Chiesa romana, che lo praticava sul piano politico, facendo del pontefice un soggetto infallibile, superiore a qualunque istanza conciliare e sempre in aperta competizione con gli imperatori. Poi, a partire dal 1517, tale individualismo è stato generalizzato a livello sociale dal protestantesimo, che ha eliminato gli aspetti oggettivi dell'istituzione ecclesiastica, trasformando il singolo credente in un pontefice di se stesso. Cosa che non riuscì a fare la borghesia italiana, che pur conduceva uno stile di vita individualistico sin dalla nascita dei Comuni.

Probabilmente l'unica nazione protestantica, in Europa occidentale, che ha continuato ad attribuire una certa importanza allo Stato politico è stata la Germania, il cui capitalismo oggi mostra d'essere ben solido, nonostante lo scandalo delle emissioni della Volkswagen e la crisi senza fine della Deutsche Bank. Ma i motivi di ciò vanno cercati nella

---

[12] È forse qui il caso di ricordare che sia il fascismo che il nazismo si ponevano, nella loro fase iniziale, come realizzatori del "socialismo" dal punto di vista della piccola-borghesia. Di qui l'aspetto apparentemente "rivoluzionario".

cultura militaresca dei Sassoni. È vero che nell'ambito del capitalismo occidentale vi sono Paesi in grado di competere tranquillamente con la Germania, come p.es. Stati Uniti, Regno Unito e Francia, dove lo Stato non ha la stessa importanza, ma ciò è dovuto alle opportunità offerte dalle passate imprese imperialistiche, che fanno sentire il loro peso ancora oggi. La Germania cercò di dotarsi di colonie, scatenando due guerre mondiali, ma le perse entrambe, e per recuperare il tempo perduto fu costretta a rinunciare alla propria identità specifica, di cui tanto si vantava, non essendo stata colonizzata dai Romani, e dovette diventare un Paese di forte immigrazione (attualmente il 12% dell'intera popolazione), soprattutto sul versante turco (Berlino è la più grande città turca in Europa).

L'Italia invece può essere considerata un caso particolare, poiché, pur non avendo uno Stato forte come quello tedesco, né una tradizione imperialistica come quella statunitense, britannica e francese, possiede un elevato PIL (attestato al settimo posto nel mondo), dovuto a una miriade di piccole e medie imprese la cui cultura risale alla formazione e allo sviluppo dei Comuni, delle Signorie, dei Principati. La mentalità capitalistica è nata proprio in Italia (oltre che nelle Fiandre), anche se la Controriforma ha impedito ad essa di svilupparsi in forme moderne, quelle più propriamente industriali. In Italia il capitalismo industriale è stato un prodotto d'importazione, come nel resto del mondo, esclusa ovviamente la Gran Bretagna.

La statizzazione dell'economia borghese

Ma torniamo all'*Anti-Dühring*. In una lunga nota di p. 335 Engels prende in esame il caso della Prussia, dove il capitalismo sembra aver assunto una connotazione statalistica più accentuata che negli altri Paesi europei. Egli intende riferirsi alla statalizzazione delle ferrovie compiute da Bismarck; e si lamenta che, a seguito di ciò, una parte dei socialisti dica che ogni atto di statizzazione è una forma di socialismo.

Siccome però ha sostenuto in precedenza che proprio la statizzazione di alcuni "grandi organismi di comunicazione" è la prova più lampante della necessità di passare al socialismo, ora si sente in dovere di spiegare la differenza tra la sua posizione socialista e quella degli altri (è da presumere si stesse riferendo soprattutto a Ferdinand Lassalle, il quale era convinto che, con progressive e mirate riforme, si potesse controllare lo Stato borghese *dall'interno*, senza aver bisogno di compiere alcuna rivoluzione comunista, e questa sua idea condizionerà tutta la II Internazionale).

E cosa dice Engels di così convincente da far meritare al suo socialismo l'appellativo di "scientifico", cioè di "non borghese"? Ecco la frase-chiave: "solo nel caso in cui i mezzi di produzione o di comunicazione si siano *effettivamente* sottratti al controllo delle società anonime, in cui quindi la statizzazione sia divenuta *economicamente* inevitabile, solo in questo caso essa, anche se viene compiuta dallo Stato attuale, rappresenta un progresso economico, il raggiungimento di un nuovo stadio preliminare nella presa di possesso di tutte le forze produttive da parte della società".[13]

In pratica Engels avrebbe affermato che il capitalismo statale può essere considerato l'anticamera del socialismo ("un nuovo stadio preliminare") solo se lo Stato elimina le grandi imprese private capitalistiche (qui chiamate col termine di "società anonime").

Lo stalinismo, quando iniziò a smantellare la NEP leniniana, doveva aver guardato con molta soddisfazione una nota del genere. Qui infatti si arriva a dire, nella maniera più deterministica possibile, che lo Stato costituisce l'istanza più significativa per il passaggio dal capitalismo avanzato al socialismo vero e proprio. Naturalmente, mentre Engels lo diceva senza poter fare riferimento a una preliminare rivoluzione politica da parte dei comunisti, lo stalinismo invece poteva dirlo proprio in forza di quella rivoluzione.

Una posizione, quella engelsiana, d'incredibile ingenuità. Come si può pensare che lo Stato borghese, nato per risolvere i problemi della borghesia ben 500 anni fa, possa tradire la sua fondamentale classe di riferimento per fare gli interessi del proletariato industriale? Come si può pensare che lo Stato borghese possa avere i poteri per eliminare le cosiddette "società anonime"? La gestione delle grandi imprese capitalistiche può essere eliminata solo da una rivoluzione socialista, la quale può servirsi delle funzioni statali per fronteggiare la resistenza della borghesia, che certamente non si farà espropriare senza reagire.

Ma c'è di più. Eliminato il pericolo di una generale controrivoluzione, occorrerà da subito fare una cosa che la Russia post-leniniana non riuscì assolutamente a fare: porre le basi per il superamento delle stesse istituzioni statali, poiché, se c'è una cosa che *deresponsabilizza* i cittadini, è proprio lo Stato.[14] Se non si formano immediatamente delle *comunità locali autogestite*, non sarà possibile scongiurare il rischio che le isti-

---

[13] È probabile che una nota così lunga sia stata inserita successivamente, dopo che qualcuno (Marx?) gli avrà detto che tra il suo socialismo e quello dei prussiani iscritti all'Internazionale non vi era, in definitiva, una differenza sostanziale.

[14] Da notare che già nel *Manifesto* si afferma che nelle mani dello Stato avrebbero dovuto esserci, transitoriamente, fino al superamento del concetto stesso di "Stato", la proprietà fondiaria, la produzione industriale, una banca nazionale e i mezzi di trasporto.

tuzioni statali vengano usate dai governi in carica per una svolta autoritaria. Le comunità locali devono essere messe in grado di difendersi *da sole* dagli attacchi dei nemici interni ed esterni, eventualmente stringendo alleanze tra loro, laddove la situazione del momento lo richieda. Se la gestione dell'economia non è *autonoma*, le comunità locali non saranno mai in grado di difendersi da sole, e vedranno sempre lo Stato come un potenziale nemico, anche quando si aspetteranno aiuti assistenziali.

Le istanze politiche sovralocali non possono essere "istituzionalizzate". Può esserlo, semmai, la periodicità con cui convocare degli organi collegiali in cui si mettono a confronto i problemi locali delle varie comunità. Ma in genere la convocazione di tali organi ha senso se viene richiesta da quelle comunità che hanno effettivamente dei problemi da risolvere. Neppure la frequenza delle convocazioni può essere regolamentata. Semmai tutte le comunità vanno lasciate libere di confrontare le loro esperienze, eliminando qualunque barriera che le divida, che impedisca lo scambio reciproco delle esperienze. Sono i confini che vanno eliminati, onde favorire decisioni autonome in relazione agli scambi culturali. L'omologazione o l'uniformità degli stili di vita va evitata come la peste. Solo la diversità arricchisce.

La trasformazione della borghesia

Ma questo argomento è così importante che Engels merita d'essere citato alla lettera, anche perché il cosiddetto "socialismo reale" è crollato proprio perché veniva amministrato dall'alto, e una qualunque alternativa al capitalismo oggi non può non prevedere un superamento del socialismo statale, pena l'impossibilità di scongiurare i rischi della burocratizzazione del sistema.

Scrive dunque Engels, mostrando, in questo, una certa perspicacia previsionale: "Se le crisi hanno rivelato l'incapacità della borghesia a dirigere ulteriormente le moderne forze produttive, la trasformazione dei grandi organismi di produzione e di traffico in società anonime e in proprietà statale mostra che la borghesia non è indispensabile per il raggiungimento di questo fine. Tutte le funzioni sociali del capitalista sono oggi compiute da impiegati salariati". E poi ancora: "Il capitalista non ha più nessuna attività sociale che non sia l'intascar rendite, il tagliar cedole e il giocare in borsa, dove i capitalisti si spogliano a vicenda dei loro capitali".

Si noti anzitutto la sopravvalutazione dell'importanza delle crisi, che spesso compie chi non è impegnato a costruire un vero partito rivoluzionario. Molti economisti marxisti han sempre sostenuto il contrario, e cioè che proprio grazie alle sue crisi periodiche il sistema si rafforza ulteriormente. Detto altrimenti: un conto è se la crisi viene sfruttata dai lavoratori per porre in atto una transizione; un altro conto è se i lavoratori la subiscono passivamente, permettendo al capitale di ristrutturarsi.

Nell'ambito del capitalismo, infatti, non esiste solo la contrapposizione tra operai e imprenditori, ma anche tra gli stessi imprenditori, che a volte può essere anche più forte. P.es. la II guerra mondiale non iniziò con uno scontro tra Paesi capitalisti e Russia socialista, ma all'interno dell'Europa occidentale. Soltanto quando la Germania nazista poté avvalersi delle risorse umane e materiali dell'Europa, avvenne l'attacco all'Urss.

La seconda cosa da sottolineare è che Engels non capiva che, pur nella sua varietà di forme in cui si presenta sulla scena, lo stile di vita borghese, in occidente, presuppone sempre sia il carattere privatistico dell'appropriazione del plusvalore, sia l'aspetto individualistico dei soggetti sfruttatori. Chi penserebbe oggi che il mafioso va in giro con la coppola e il fucile a canne mozze? Dunque, per quale ragione si dovrebbe pensare che il borghese non esiste più proprio in quanto l'attività capitalistica è gestita da società anonime o dallo stesso Stato? Non sono le forme che cambiano la sostanza. È questa che assume varie forme a seconda delle circostanze, restando immutata la sua essenza. La borghesia non coincide con soggetti specifici più di quanto non coincida con una rappresentazione ideale.

Già Marx l'aveva detto, in una Prefazione del *Capitale*: i soggetti dell'agire economico sono personificazioni di categorie astratte. Sotto questo aspetto è del tutto fuori luogo pensare che nell'attuale Cina non si possa parlare di capitalismo privato solo perché al governo vi è un partito comunista. Semmai – dal punto di vista borghese – ci si dovrebbe complimentare con quei dirigenti per aver compiuto un'operazione del tutto inedita sulla scena mondiale, per quanto l'idea di un "socialismo di mercato" fosse già presente nella ex-Jugoslavia degli anni Sessanta e nella cosiddetta "Primavera di Praga" del 1968.

In terzo luogo bisogna dire che i manager che gestiscono le imprese capitalistiche non possono far nulla senza confrontarsi con chi detiene la maggioranza dei pacchetti azionari. Essi prendono delle cifre colossali, sottratte al plusvalore estorto agli operai, ma restano dei dipendenti dei proprietari delle imprese. Il fatto che degli "impiegati salariati" svolgano un mestiere che in precedenza veniva svolto dagli stessi proprietari, sta solo ad indicare che la gestione delle imprese, su scala planetaria, è diventata una cosa molto complessa, richiedente competenze molto specifiche, studi qualificati, che non necessariamente deve possedere il proprietario (singolare o plurale) della stessa impresa (senza poi considerare che oggi una stessa impresa produce cose molto diverse tra loro, che esigono competenze multilaterali). I manager di oggi son come i fittavoli del periodo medievale, che il nobile assumeva per dirigere l'azienda agraria secondo criteri capitalistici. Se un proprietario agricolo ha una mentalità borghese, può anche mettersi a gestire in proprio i suoi terreni, ma se non l'ha, può tranquillamente vivere di rendita.

In quarto luogo bisogna dire che se è vero che oggi un capitalista tende a vivere come un parassita, è anche vero che non smette mai di controllare le sue proprietà, proprio perché è questo possesso materiale delle cose che dà *senso* alla sua vita. È solo in apparenza che gli imprenditori non svolgono più, direttamente, il lavoro di prima, preferendo approfittare della maturità del capitalismo per affidare a terzi la gestione dei loro patrimoni. È vero, si fidano molto di più dei loro consiglieri e non temono affatto di essere derubati dei loro averi a causa di una insurrezione popolare. Quando diventano molto sospettosi è perché hanno incontrato dei borghesi più furbi di loro (p.es. degli hacker che entrano nei loro conti correnti bancari, o dei manager estremamente capaci di falsificare i bilanci a loro vantaggio, o delle mogli che approfittano di risarcimenti colossali in caso di divorzio). Ma un imprenditore non smette mai di esserlo. Il senso della sua vita sta unicamente nell'accumulare capitali e, per farlo, è disposto a qualunque cosa, anche a far credere, con grande soddisfazione personale, che, avendo già il mondo in mano, non può essere corrotto da nessuno.

Socialismo utopistico e scientifico

L'esigenza di socialismo

Nell'*Evoluzione del socialismo dall'utopia alla scienza* (Editori Riuniti), rifacimento di tre capitoli dell'*Anti-Dühring*, Engels sostiene che il moderno socialismo è il risultato di tre elementi: 1) gli antagonismi di classe, dominanti nella società moderna, tra possidenti e non possidenti; 2) l'anarchia della produzione capitalistica; 3) la continuazione dei princìpi sostenuti dai grandi illuministi francesi del XVIII secolo.

In realtà vi è un quarto aspetto da considerare, ed è il fatto che dai tempi di Gesù Cristo gli uomini cercano di realizzare una società avente princìpi di uguaglianza sociale e non vi riescono. Sembra siano soggetti a una maledizione ineludibile. Anzi, quanto più ci si allontana dal tentativo del Cristo, tanto più si perde la *memoria* di ciò che si era abbandonato al momento della nascita dello schiavismo (e cioè la lunga fase storica del *comunismo primitivo*), per cui il socialismo moderno è unicamente basato sul *desiderio* di realizzare una società democratica: il che però non può impedire che si commettano errori macroscopici.

Rispetto ai tentativi di realizzare l'uguaglianza sociale, compiuti nel passato, il socialismo moderno ha questo di caratteristico: deve tener conto del fatto che tra sfruttato e sfruttatore esistono sia la *libertà giuridica* che il *macchinismo*. Lo schiavismo (privato o statale) e il servaggio non hanno mai conosciuto uno sviluppo imponente della tecnologia proprio perché non prevedevano che le persone da sfruttare potessero essere giuridicamente libere. Sarebbe parso un assoluto controsenso.

Viceversa, il socialismo moderno deve tener conto di uno sfruttamento altamente sofisticato della manodopera e, nel contempo, non può dare per scontato che per la propria realizzazione siano sufficienti la mera libertà giuridica e un potente macchinismo. Infatti la *libertà etica* è infinitamente superiore a quella giuridica, essendo basata più sulla *sostanza* dei rapporti umani che non sulla forma astratta e schematica della legge; e la necessità di rispettare le *esigenze riproduttive della natura* è parte costitutiva, e non marginale, della necessità di riconoscere all'essere umano una imprescindibile esigenza produttiva. Un macchinismo puramente economico e non anche *ecologico* sarebbe una minaccia insostenibile per l'ambiente.

Questo per dire che il fatto che l'Illuminismo abbia considerato come "cose irrazionali *tutte* le antiche idee tradizionali" non va considerato *di per sé* positivo. Rinunciare a qualunque forma di "memoria storica" in nome della *ragione scientifica*, può portare a fare della stessa ragione una nuova divinità da adorare (come fece espressamente Robespierre quando andò al potere). Gli uomini non hanno il dovere di prostrarsi davanti alla scienza e alla tecnica come se un qualunque sviluppo della ragione scientifica sia l'unica modalità espressiva o cogente del genere umano, la sola degna di credibilità.

Dai tempi dell'Illuminismo ad oggi la storia ha ampiamente dimostrato che non sempre ciò che è logico è razionale, non sempre ciò che è razionale è utile, non sempre ciò che è utile per il singolo è giusto per tutti, non sempre ciò che è dimostrabile empiricamente può pretendere d'essere assolutamente vero, non sempre le verità della ragione soddisfano quelle dei sentimenti o della coscienza morale, non sempre la libertà di ricerca individuale garantisce maggiore progresso della coesione etica di un collettivo, e così via. Oggi solo gli ingenui pensano che i guasti causati da un uso scriteriato della scienza e della tecnica possano essere risolti sviluppando la scienza o perfezionando la tecnica.

In nome della "razionalità illuministica" l'Europa occidentale e gli Stati Uniti hanno occupato quasi il mondo intero, imponendo rapporti economici basati sul colonialismo e sull'imperialismo (oggi chiamati, astrattamente, "globalismo"); l'occidente ha anche scatenato due catastrofiche guerre mondiali e una infinità di guerre locali e regionali, e ha devastato la natura spesso in maniera irreparabile, trovando, in questo, piena imitazione nelle società che si richiamano alle idee del socialismo scientifico.

La ragione illuministica ha assunto le fattezze della fede medievale; e i nuovi sacerdoti sono i politici che ragionano solo in termini di schieramento; gli scienziati sono i nuovi rabbini che credono nelle loro teorie e nelle loro scoperte come fossero dei dogmi indiscutibili; le industrie e i centri commerciali sono i templi in cui si coltiva la fede nel "dio progresso"; e tutte le merci capitalistiche svolgono la funzione di oggetti simbolici, sacramentali. Lo shopping è un rito laico. Tutto è stato secolarizzato. La potenza delle macchine, con cui ci illudiamo di poter "dominare" la natura, ci ha reso tutti atei, o almeno agnostici, e se non sempre lo siamo nelle convinzioni, di sicuro lo siamo nei comportamenti. Siamo infatti costantemente abituati a tenere separata la fede dalla ragione. La Chiesa si è trasformata in uno Stato aconfessionale, dove il diritto e l'economia hanno sostituito la teologia, dove la democrazia parlamentare ha sostituito sinodi e concili, e dove però l'esigenza di vivere di rendita, sfruttando il lavoro altrui, è rimasta assolutamente immutata.

Davvero quindi il socialismo moderno, sia esso utopistico o scientifico, ha il compito di ereditare acriticamente tutto ciò, limitandosi a porre in essere soltanto la proprietà pubblica dei mezzi produttivi? Davvero il socialismo può guardare retrospettivamente all'Illuminismo dicendo che "i grandi pensatori del secolo XVIII non potevano oltrepassare i limiti [borghesi] imposti loro dalla loro epoca"? Davvero ci si può sentire migliori di questi pensatori solo perché si è vissuti nel periodo della "grande industria"? Davvero si è più lungimiranti di loro a causa del fatto che le contraddizioni capitalistiche si sono acutizzate?

Una qualunque epoca storica può imporre dei limiti scientifici o tecnologici a chi la vive, ma non può imporre limiti *etici* al senso di giustizia. Leibniz pose le basi di un linguaggio informatico che, per trovare una qualche applicazione pratica, dovette prima attendere la creazione del computer. Ma la sua idea ottimistica, che vedeva nella società borghese il migliore dei mondi possibili, è stata una forma d'ingenuità simile a quella di chi ha osteggiato le riforme di M. Gorbačëv pensando che con esse si sarebbe, inevitabilmente, reintrodotto il capitalismo in Russia. L'ingenuità stava nel fatto di credere appunto il socialismo statale il migliore dei mondi possibili. E invece di chiedere a lui d'essere più radicale nella sua idea di "socialismo democratico", si preferì contrapporgli qualcosa di superato dalla storia: cosa che poi scatenerà la reazione scriteriata di B. El'cin a favore del capitalismo, che porterà la Russia alla bancarotta.

Se negli esseri umani, di qualunque epoca storica, non ci fossero elementi comuni, che prescindono completamente dalle forme in cui vengono vissuti, passato, presente e futuro sarebbero tre dimensioni temporali completamente staccate tra loro; e non potrebbero certamente stare insieme solo perché il presente viene "dopo" del passato e si sente autorizzato a giudicarlo. Il tribunale della storia giudicherà gli uomini per quello che sono sin dall'inizio della loro comparsa su questo travagliato pianeta, sulla base di ciò che essi hanno di più profondo, e cioè la *libertà di coscienza*, e nessun giudice potrà usare un'epoca storica come criterio di misura per giudicare tutte le altre; e se anche dovesse farlo, dovrebbe prendere come parametro quella in cui gli esseri umani vivevano dei rapporti "naturali", privi di alienazione: quella del *comunismo primordiale dell'uomo preistorico*.

È infatti a questo tipo di comunismo che si rifanno, a volte senza neppure saperlo, in quanto raramente lo dicono in maniera esplicita, i soggetti che lo stesso Engels cita: Thomas More, Campanella, gli Anabattisti guidati da Thomas Müntzer, i Livellatori nella rivoluzione inglese, gli abati Morelly[15] e Mably e gli antesignani del socialismo, Babeuf e

---

[15] Sua è la formula economica, adottata da Marx: "Da ognuno secondo le sue capacità, a ognuno secondo il suo bisogno".

Buonarroti, nel Settecento francese (e perché non mettere anche Rousseau?), i tre più importanti socialisti utopistici, Saint-Simon, Fourier e Owen, e tanti altri ancora non ricordati: p.es. i fratelli Gracchi e i tanti profeti del mondo ebraico.

Tracce di comunismo primitivo si trovano ancora oggi nelle ultime comunità indigene sparse nei luoghi più impervi del pianeta, in attesa d'essere eliminate dallo sviluppo delle forze più distruttive della storia: il capitalismo privato e statale, lo stesso socialismo statale o di mercato. Se al tempo di Engels le contraddizioni di questi sistemi antagonistici o non esistevano o non erano ancora così sviluppate come oggi, non avendo raggiunto quella acutezza e profondità su scala globale (per cui si poteva pensare a una transizione socialista abbastanza indolore, che di quei sistemi avrebbe potuto conservare gli aspetti più tecnico-scientifici), oggi invece va rimessa in discussione ogni cosa. Tuttavia, e paradossalmente, se tutti questi sistemi conflittuali crolleranno e la vita sarà ancora possibile in un piccolo luogo del pianeta, i sopravvissuti potranno dire di aver "chiuso il cerchio": il loro stile di vita non sarà molto diverso da quello "primordiale".

Dal socialismo utopistico a quello scientifico

Quando nell'*Anti-Dühring* Engels parla dei tre socialisti utopistici (Saint-Simon, Fourier e Owen), sembra essere convinto che sul piano teorico il socialismo avesse già detto quasi tutto (bisogna infatti escludere l'analisi economica compiuta da Marx), e che la vera differenza da quello scientifico stava soltanto nel fatto che quest'ultimo non si illudeva di poter costruire "isole di giustizia sociale" all'interno di un sistema altamente oppressivo come quello borghese (isole che lo stesso Engels definisce di "pura fantasia"). Pertanto la vera differenza era tutta racchiusa nell'organizzazione delle forme di lotta per la conquista del potere politico. Il socialismo di Marx ed Engels appare come una sorta di disincantamento del socialismo dei loro padri. E non dimentichiamo che in mezzo vi è il fallimento delle rivoluzioni degli anni 1848-50, ovvero il fallimento del progetto del *Manifesto del partito comunista*.

A proposito di Saint-Simon, Engels dice che aveva già capito che nella rivoluzione francese le classi antagonistiche non erano due: nobiltà e borghesia, bensì tre: vi erano anche i nullatenenti. Non solo, ma nel 1816 egli aveva dichiarato che il destino della politica era quello di diventare "scienza della produzione"[16], in quanto si sarebbe completamente

---

[16] La stessa cosa verrà detta dal suo principale discepolo, A. Comte, fondatore del positivismo, che però si poneva in antitesi al socialismo. Con Saint-Simon,

dissolta nell'economia. Aveva cioè previsto "la trasformazione del governo politico, esercitato su uomini, in un'amministrazione di cose e in una direzione di processi produttivi", in cui era inclusa "l'abolizione dello Stato". Engels ne parla come se condividesse pienamente queste idee, e non a caso cita Saint-Simon per primo. In lui – dice ancora – "sono contenute in germe quasi tutte le idee non rigorosamente economiche dei socialisti venuti più tardi", incluso evidentemente il Marx ideologo, visto che qui non lo esclude espressamente.

Quando parla di Fourier, lo considera inferiore a Saint-Simon sul piano dei princìpi teorici, anche se gli riconosce d'aver detto, per la prima volta, che "il grado di emancipazione della donna è la misura naturale dell'emancipazione generale".[17] Fourier aveva capito che la società borghese "raggiunge sempre il contrario di ciò che vuole raggiungere", proprio perché è ambigua o ipocrita per definizione e, a causa di queste sue contraddizioni insolubili, porterà l'umanità alla catastrofe.

Poi è la volta di Robert Owen, un imprenditore borghese che, di fronte ai disastri sociali del capitalismo britannico, aveva saputo creare condizioni di vita dignitose per i propri operai. Nelle sue imprese, nei suoi esperimenti sociali "totalizzanti", in cui non si trattava soltanto di lavorare ma anche di vivere un'esistenza sociale a misura d'uomo, Owen aveva posto le condizioni perché non vi fossero ubriachezza, polizia, processi penali, assistenza ai poveri... Inventò gli asili d'infanzia nel 1817. Faceva lavorare gli operai per dieci ore e mezza, contro le 13-14 ore della concorrenza. Era in grado di dare ai proprietari dello stabilimento scozzese di New Lanark il 5% d'interesse sul capitale investito.[18] Tutte le fabbriche che gestiva erano in attivo.[19]

Fourier e Owen le parole "socialismo" e "scienza sociale" (o "scienza della società") sono praticamente equivalenti.

[17] Da notare però che Engels parteggiava per Fourier anche perché questi rifiutava il matrimonio monogamico, che nella società borghese veniva inteso come proprietà della donna da parte dell'uomo. Fourier era a favore del libero amore e della reciproca infedeltà e quindi della necessità di educare i figli non nella famiglia nucleare, che favoriva l'atomizzazione sociale, bensì nel "falansterio".

[18] Da notare che i cotonifici di New Lanark, acquistati nel 1800 dal consorzio di cui Owen era socio, sono stati in funzione fino al 1968. Oggi la maggior parte degli edifici è stata restaurata e il villaggio è divenuto un'importante attrazione turistica. Dal 2001 è diventato uno dei quattro siti in Scozia definiti Patrimonio dell'Umanità dall'UNESCO.

[19] A dir il vero molti dei soci di Owen ritenevano eccessive le spese necessarie a sostenere il livello di vita dei lavoratori e delle loro famiglie, per cui egli si vide costretto a istituire una nuova compagnia (1813), di cui faceva parte anche il filosofo J. Bentham, e fu solo in questa che si poté garantire un ritorno del 5% sul capitale investito.

Poi improvvisamente nella vita di Owen cambiò tutto, e ciò avvenne quando cominciò a nutrire idee comuniste, mettendole anche in pratica nella colonia di Harmony Hall nello Hampshire, fondata nel 1839. Prese ad attaccare il principio della proprietà privata, la religione e il matrimonio borghese: inevitabilmente perse tutti i consensi da parte della borghesia più illuminata. Di qui la sua decisione di rivolgersi unicamente al miglioramento della classe operaia. S'impegnò così tanto – scrive Engels – che "tutti i movimenti sociali, tutti i veri progressi che in Inghilterra sono stati realizzati nell'interesse degli operai, sono legati al nome di Owen". P.es. nel 1819 "riuscì a far approvare la prima legge per la limitazione del lavoro delle donne e dei fanciulli nelle fabbriche"; "presiedette il primo congresso in cui le Trade Unions di tutta l'Inghilterra si unirono in un'unica grande organizzazione sindacale"; "introdusse le società cooperative (di consumo e di produzione)", fornendo la prova che "tanto il mercante quanto il fabbricante [cioè l'imprenditore privato] sono persone di cui si può benissimo fare a meno"[20]; istituì i magazzini di lavoro, in cui lo scambio dei prodotti del lavoro (beni e servizi) avveniva "per mezzo di una carta-moneta-lavoro la cui unità era costituita dall'ora lavorativa"[21].

Perché tutte queste forme di socialismo vengono definite "utopistiche", visto che Engels le apprezzava in modo così entusiastico? Semplicemente perché pretendevano di cambiare il sistema senza voler compiere alcuna rivoluzione politica. Sono tutte forme che esistono ancora oggi, in tutti i paesi capitalistici del mondo, senza avere alcuna denominazione di tipo "socialistico". Vengono accettate come forme di esperienza sociale ed economica collaterale a quella più propriamente capitalistica. Nessuno si sogna di considerarle come un'alternativa significativa al sistema. Il socialismo scientifico le ha fatte proprie, ma senza dare ad esse particolare importanza; a volte, anzi, le ha snobbate, ritenendo che con esse si distoglieva il proletariato dal compiere la cosa più importante, cioè la conquista del potere politico.

Il socialismo scientifico ha sempre considerato quello utopistico come una forma di illusione che, in ultima istanza, faceva gli interessi della borghesia, in quanto attutiva il peso delle contraddizioni, senza portare l'antagonismo sociale alle sue conseguenze più radicali. Tutto ciò che di utile il socialismo utopistico aveva fatto, poteva essere riprodotto a

---

[20] Cosa che oggi può essere paragonata ai "Gruppi di acquisto solidale", i quali prevedono un contatto diretto tra produttori e consumatori, senza intermediari, a chilometro zero, e con la garanzia di un prodotto ecologicamente sano.

[21] Cosa che, in un certo senso, può essere equiparata a quella che oggi viene chiamata, anche in Italia, "Banca del Tempo".

rivoluzione compiuta. In questa maniera la definizione stessa di "sociali-smo scientifico" metteva nel dimenticatoio tutte le teorie e le esperienze del socialismo non marxista.

La storia però dimostrò che, una volta compiuta la rivoluzione, era lo Stato socialista a gestire tutto. E questo fu un errore. Si mortificò l'iniziativa sociale, popolare, inclusa quella privata. Si era convinti che lo Stato avrebbe rappresentato, meglio di qualunque altra associazione o istituzione, tutte le esigenze di tutti i cittadini. Si fece dello Stato una sorta di *deus ex machina*, un totem da adorare, la panacea per tutti i mali.

Forse i due grandi teorici del socialismo scientifico avrebbero fatto fatica a riconoscersi nelle esperienze totalitarie del cosiddetto "socialismo reale", a meno che non le avessero sostenute come una forma provvisoria di resistenza al capitalismo mondiale, prescindendo dal loro effettivo tasso di democraticità. Una posizione, quest'ultima, ch'era poi quella dello stalinismo, secondo cui quanto più aumenta il socialismo, tanto più il capitalismo lo vuole distruggere; sicché – e questa era la logica conseguenza di quella tesi – è impossibile pensare di estinguere progressivamente lo Stato, anzi, bisogna rafforzarlo sempre più, almeno finché esiste il capitalismo. Il che, in pratica, voleva dire che quando si costruisce un'isola di socialismo, circondata dagli squali del capitale, gli abusi che il potere può compiere sui cittadini vanno considerati come il male minore, come una sorta di effetto collaterale, che non intacca la giustezza della posizione di fondo.

Oggi una considerazione del genere, molto machiavellica, appare inaccettabile. La ragion di stato non giustifica un bel nulla. E con questo non vogliamo affatto accusare M. Gorbačëv di aver prodotto l'implosione dell'Urss. Che gli effetti delle sue riforme non siano stati coerenti con le sue intenzioni non è cosa che può essere addebitata a lui e ai suoi collaboratori. Diciamo soltanto che il popolo russo non è stato capace di approfittare del momento per assumersi delle responsabilità a favore del socialismo democratico. A questo punto sarà la storia che s'incaricherà di far capire gli errori compiuti. Di sicuro non si poteva continuare a fingere che quella esperienza di socialismo statale fosse il miglior socialismo possibile al cospetto di un capitalismo guerrafondaio. Non ha alcun senso costruire il socialismo per prendere continuamente ordini dall'alto, né ha senso rinunciare alla libertà personale per avere la cosiddetta "giustizia sociale".[22]

Le possibilità del socialismo

---

[22] Su queste problematiche cfr Galarico Homolaicus, *Io, Gorbaciov e la Cina*, ed. Diderotiana.

La critica del socialismo utopistico, svolta da Engels per mettere alla berlina lo stesso Dühring, giudicato scarso sul piano teorico e del tutto inconsistente su quello pratico, è, tutto sommato, molto amara e, in fondo, ingiustificata. A suo parere gli utopisti andavano superati perché erano stati "obbligati a costruire gli elementi di una nuova società traendoli dal proprio cervello...; furono ridotti a fare appello alla ragione, precisamente perché non potevano ancora fare appello alla storia del loro tempo". E cosa diceva la storia al tempo di Marx ed Engels? Diceva che la "grande industria ha sviluppato le contraddizioni ch'erano latenti nel modo di produzione capitalistico, facendole diventare antagonismi così stridenti che l'imminente crollo di questo modo di produzione si può per così dire toccare con mano".

Chi era più utopista? Engels o i tre suddetti socialisti riformisti? E se anche volessimo vedere Engels come un anticipatore della I guerra mondiale[23], in che modo possiamo davvero considerare "scientifica" la strategia politica per la conquista del potere da lui elaborata e dal suo compagno di lotta, Karl Marx? Non è stato forse Lenin il vero organizzatore "scientifico" della rivoluzione? E Lenin non proveniva forse dal paese capitalistico più arretrato d'Europa? Non era forse stato Lenin a dire che la rivoluzione socialista si poteva realizzare più facilmente in un paese arretrato che non in un qualunque paese avanzato dell'Europa occidentale? Non era forse stato lui a dire che in Europa occidentale la corruzione era al 100%? E che i partiti socialisti erano stati dei traditori quando avevano votato i crediti di guerra con cui la borghesia poté scatenare il primo conflitto mondiale? E non era forse stato lui a dire che i dirigenti della II Internazionale socialista, con Kautsky e Bernstein[24] in testa, non avevano capito nulla della rivoluzione bolscevica? Davvero il fondamentale limite dei socialisti utopistici è stato quello di aver vissuto in un periodo in cui l'assenza della "grande industria" permetteva ancora di farsi

---

[23] Già nel 1886, a proposito dei contrasti tra potenze europee, egli scrisse che in Europa ci sarebbe stato sicuramente un massacro di massa di un'ampiezza sinora mai vista, e che, se si voleva vedere il crollo del capitalismo, la cosa migliore sarebbe stata una rivoluzione russa contro lo zarismo. Due anni prima di morire stilò un progetto di disarmo.

[24] Da notare che Dühring era apprezzato sia da Bernstein che da Bebel, due massimi dirigenti della socialdemocrazia tedesca. Spesso, quando si accetta l'idea marxiana secondo cui dopo la Comune di Parigi la forza del movimento operaio europeo fu ereditata da quello tedesco, si tende a considerare questo passaggio di testimone come una cosa positiva. Invece la vera eredità fu assunta unicamente dal proletariato russo, che dal 1905 al 1917 fu in grado di realizzare ben tre rivoluzioni.

delle illusioni sulla capacità del capitalismo di autoriformarsi in senso democratico? Davvero occorreva la "grande industria" per togliersi dalla testa delle false speranze?

E se invece i limiti dei socialisti utopistici dipendevano proprio dalla presenza di una *cultura borghese* che nell'Europa occidentale aveva cominciato a formarsi sin dal Mille di epoca feudale? E se volessimo considerare anche il socialismo scientifico una forma di pensiero che ha subìto pesanti condizionamenti da parte di quella stessa cultura, seppure in forme diverse? E se il socialismo di Marx ed Engels poteva dirsi "scientifico" solo perché si era sviluppato parallelamente alla formazione della "grande industria"? cioè perché aveva potuto vedere le cose col senno del poi, stando seduto sulle spalle dei giganti? E pensare ch'era stato proprio Marx a dire che, a parità di condizioni economiche, possono svilupparsi delle formazioni sociali molto diverse: p.es. lo schiavismo in epoca romana e il capitalismo in epoca moderna. Il motivo per cui non riuscì a spiegarsene la ragione, a dispetto dei vantaggi offerti dal capitalismo della "grande industria", fu semplicemente quello di non aver preso in considerazione che anche la *cultura* può avere un peso "strutturale". Nel mondo romano la schiavitù fisica era dipesa proprio dal fatto che mancava una cultura in difesa della persona. Solo quando iniziò a diffondersi il cristianesimo, s'intuì che lo schiavo, disposto a farsi ammazzare per difendere una propria idea religiosa, poteva essere trasformato da "res parlante" a servo dotato di una certa libertà personale.[25] In presenza di questa confessione si preferì parlare di "dipendenza personale" in luogo della "schiavitù fisica" *stricto sensu*. E a partire dal Mille si poté parlare addirittura di "libertà giuridica" (comunale): l'ideale per trasformare la dipendenza *personale* in una dipendenza *contrattuale* (salariale).[26]

---

[25] Attenzione però: è vero che il cristianesimo pre-teodosiano, pur non chiedendo allo schiavo di ribellarsi alla sua condizione sociale, in quanto di fronte a Dio si può essere liberi interiormente (e tutti saranno giudicati alla fine dei tempi), esigeva che difendesse tenacemente la propria fede contro le pretese totalitarie dello Stato romano e dei suoi imperatori divinizzati. Ma è anche vero che con la nascita dello Stato cristiano o della Chiesa di stato, si tolse al servo della gleba il diritto di ribellarsi, concedendogli soltanto il dovere di cristianizzare, con le crociate, chi la pensava diversamente. Sul ruolo del cristianesimo primitivo cfr E. M. Staerman e M. K. Trofimova, *La schiavitù nell'Italia imperiale* (Editori Riuniti, Roma 1975).

[26] La schiavitù che i cristiani vollero praticare in epoca moderna non contraddice quanto detto, poiché con essa i cristiani, di mentalità già imborghesita (e quindi "anticristiana"), affermavano di voler sottomettere dei lavoratori che, essendo sostanzialmente di religione pagana, non venivano neppure considerati delle persone. Gli amerindi e gli africani furono brutalmente schiavizzati almeno fino a

34

E se dicessimo che il leninismo superò molti limiti del socialismo scientifico proprio perché, provenendo dalla Russia feudale, di religione ortodossa, era stato meno influenzato dalla cultura borghese (nata in ambito cattolico, poi sviluppatasi in quello protestantico)? Sono legittime queste domande, oppure ci direbbero subito che non sono abbastanza "scientifiche" per uno che pretende di rifarsi al socialismo?

Dopo aver scritto l'*Ideologia tedesca* (1846), Marx ed Engels dissero che non si preoccuparono di pubblicarla, poiché per loro era stato sufficiente fare i conti con la filosofia tedesca da cui provenivano (in primis l'hegelismo e la sinistra hegeliana, la quale pensava di combattere l'hegelismo e lo Stato prussiano limitandosi a perorare la causa dell'ateismo e del repubblicanesimo). Tuttavia, quella filosofia idealistica aveva influenzato solo una piccola parte della società tedesca: quella intellettuale. I conti, quelli veri, Marx ed Engels dovevano farli con la mentalità, con la cultura, coi valori dell'*intera* società tedesca, che non erano certamente filosofici, bensì *religiosi*, quelli individualistici del protestantesimo borghese.

Da ingenui hegeliani quali erano, essi pensavano che la filosofia idealistica avesse assorbito, laicizzandoli, tutti i contenuti della Riforma luterana e calvinistica. Ma la religione, purtroppo, ha ben altra presa sulle masse: penetra in profondità, deforma le menti. A loro sembrava sufficiente portare alle estreme conseguenze l'idealismo hegeliano, dichiarandosi apertamente atei e, contro la stessa sinistra hegeliana, spostare il centro dell'attenzione dall'ateismo all'economia, e quindi dalla critica filosofica alla prassi politica rivoluzionaria, ma, di fatto, non riuscirono mai ad approfondire gli strettissimi legami tra religione ed economia borghese (ci vorrà l'ideologo borghese Max Weber per iniziare a farlo). Marx ed Engels han sempre sostenuto che la religione è una semplice sovrastruttura alienata di un'economia alienante: lo dicevano come se secoli e secoli di cultura religiosa potessero essere spazzati via da una semplice dichiarazione di ateismo e dalla volontà di ribaltare politicamente il sistema.

I limiti del socialismo scientifico

L'idea che avevano i classici del marxismo, secondo cui "le forze produttive [quelle che Engels nell'*Anti-Dühring* individua nella nascita della "grande industria"] possono essere mantenute e ulteriormente svi-

---

quando, nell'ambito dello stesso cristianesimo (cattolico per gli uni, protestante per gli altri), non si cominciò a parlare di *indegnità morale*, ma, per arrivare a dirlo, gli schiavi dovettero prima essere convertiti al cristianesimo.

luppate solo mediante l'introduzione di un nuovo modo di produzione, adeguato al grado di sviluppo che al presente hanno raggiunto", è un'idea superata, o almeno è un'idea molto limitata.

In pratica che concezione aveva Engels del socialismo? Abbacinato dalle conquiste tecnico-scientifiche della borghesia, per lui il socialismo non poteva fare altro, se voleva ottenere consensi significativi, che porsi come "erede materiale" del capitalismo, salvo che in un aspetto: *la proprietà dei mezzi produttivi*, che andava *socializzata*, proprio per garantire un migliore sviluppo delle forze produttive. Se il socialismo si fosse limitato a predicare la giustizia sociale, senza garantire un diffuso benessere economico, non avrebbe mai vinto. Questa era la sua idea.

Ora, nel cosiddetto "socialismo reale" il benessere economico non era neanche lontanamente paragonabile a quello di livello medio dei Paesi occidentali, benché i servizi sociali fossero quasi gratuiti. Non avendo colonie da sfruttare, gli Stati socialisti imponevano ai loro cittadini di accontentarsi del minimo vitale, e i dirigenti comunisti sostenevano, non senza ragione, che in occidente il benessere era frutto dell'oppressione e dello sfruttamento dei lavoratori, residenti sia nelle madrepatrie occidentali che nelle colonie terzomondiali.

Tale posizione, finché l'occidente era in guerra aperta contro il socialismo, riuscì a mantenersi in vita. Subì invece un progressivo indebolimento nel periodo post-staliniano, quando alcuni Paesi socialisti cominciarono a simpatizzare per le libertà e i diritti dell'Europa occidentale, e a vedere di buon occhio il livello del loro benessere economico: l'Ungheria nel 1956, la Cecoslovacchia nel 1968, la Polonia nel 1980.[27]

Ad un certo punto anche in Russia si disse, con Gorbačëv, nel 1985, che era ora di finirla con la stagnazione economica, col socialismo amministrato dall'alto, coi privilegi dei funzionari di stato (la *nomenklatura*), con l'autoritarismo del partito ideologico e delle forze dell'ordine... Si voleva un socialismo più democratico, più autogestito e cooperativistico. I risultati furono catastrofici per l'idea stessa di socialismo: come se nulla fosse, le popolazioni approfittarono delle profonde crepe che s'intravvedevano nella diga dell'autoritarismo per abbracciare in toto il capitalismo. Si voleva più benessere economico, più libertà individuale; si voleva la possibilità di gestire una proprietà privata. E così, mentre pochissimi si arricchirono smisuratamente, molti diventarono assai più poveri di prima; e nel frattempo i capitali occidentali penetrarono in questi Paesi ex-socialisti approfittando del basso tenore di vita, che comportava anzitutto la possibilità di ottenere molta manodopera poco esigente sul

---

[27] A dir il vero già al tempo di Stalin l'Urss ostacolava il cosiddetto "socialismo autogestito" promosso nella Jugoslavia di Tito.

piano salariale e sindacale. Per il capitalismo occidentale fu una fortuna inaspettata: poteva addirittura mettersi a sfruttare delle risorse naturali che fino a poco tempo prima gli erano del tutto interdette. L'idea e la pratica del socialismo venivano praticamente azzerate, e chi pensava di poterle rilanciare partendo dalle posizioni del passato, non aveva alcuna chance. Oggi è assodato che o il socialismo rinasce su basi completamente nuove, o il capitalismo è destinato a durare ancora per molto tempo.

Dunque chi o cosa aveva vinto? Aveva vinto la rivoluzione tecnico-scientifica, che per imporsi anche nel cosiddetto "socialismo reale" non aveva avuto bisogno di sparare neanche un colpo di cannone. Alle popolazioni socialiste impressionava la ricchezza dell'occidente e non interessava affatto che, per ottenerla, si dovesse sfruttare selvaggiamente il Terzo Mondo. A loro premeva di poter associare il benessere economico all'iniziativa privata. Erano convinti di potersi improvvisare tutti "borghesi".

Si dovettero però scontrare con la dura realtà dei fatti. L'Europa orientale era passata, al tempo di Lenin, dal feudalesimo al socialismo, salvo un certo sviluppo industriale in qualche grande città, spesso alle dipendenze dei capitali stranieri: non possedeva affatto la millenaria cultura borghese dell'Europa occidentale. Accettare, in quattro e quattr'otto, una cultura del genere poteva voler dire soltanto una cosa: diventare delle "colonie" dell'occidente. Oggi, Paesi come l'Ungheria, la Polonia, l'Ucraina, la Cekia e la Slovacchia, la Romania, la Bulgaria, l'Albania, i tre Stati Baltici e tutti gli Stati nati dallo smembramento della Jugoslavia (preteso dall'occidente per ridurre al minimo il potere della Serbia) sono economicamente alle dipendenze dell'Unione Europea. La Russia non lo è semplicemente perché dispone in Siberia di immense riserve energetiche, le quali però non le impedirono di andare in default al tempo di Eltsin.

Perché tutto questo discorso? Semplicemente per dire una cosa: la rivoluzione tecnico-scientifica, compiuta dalla borghesia, non può essere presa *così com'è*. Non è possibile pensare di svilupparla ulteriormente, una volta intrapresa la strada del socialismo, senza porsi alcuna domanda sul suo significato "ontologico". Anche perché non è detto che il socialismo si debba sentire in una condizione d'inferiorità se non dispone degli stessi strumenti scientifici e tecnologici del capitalismo. Bisogna avere assolutamente chiaro che il benessere economico connesso a quella rivoluzione tecno-scientifica non dipende solo da questa rivoluzione, ma anche dallo sfruttamento del Terzo Mondo. Ed è assolutamente sbagliato sostenere che il Terzo Mondo potrà svilupparsi soltanto quando avrà fatto una propria rivoluzione tecnologica. Questa rivoluzione, storicamente, è stata frutto di una cultura borghese nata nell'Italia comunale e sviluppa-

tasi nelle nazioni protestantiche; una cultura sommamente individualistica, cioè non interessata a un benessere davvero collettivo e, ancor meno,
al rispetto della natura. Quella fu una rivoluzione che doveva anzitutto
favorire chi disponeva già di capitali o di proprietà privata. Sono stati i
mercanti, arricchitisi in maniera fraudolenta, a favorire lo sviluppo tecnologico, proprio perché questo doveva servire ad aumentare i capitali con
più facilità e meno rischi (rispetto ai lunghi e faticosi e imprevedibili
viaggi in oriente, alla ricerca di merci introvabili in Europa).

Questa cultura borghese è nata nei Comuni italiani e si sviluppò
enormemente grazie all'Umanesimo, al Rinascimento, alla Riforma protestante e alle Rivoluzioni borghesi (olandese, inglese, americana e francese). Sono occorsi molti secoli prima ch'essa entrasse nella mentalità
dell'uomo comune. Si sono dovute fare molte guerre contro l'aristocrazia
feudale, appoggiata dalla Chiesa romana, che vedeva nel possesso della
terra e dei servi della gleba la fonte principale del benessere economico.
E soprattutto si sono dovute sottomettere con la forza militare un'infinità
di popolazioni che vivevano al di fuori dell'Europa occidentale.

Ora, pensare di creare il socialismo acquisendo, *sic et simpliciter*,
le conquiste tecno-scientifiche della borghesia, non ha senso. È una posizione superficiale, positivistica, che non tiene neppure conto del fatto che
l'industrializzazione *in sé* costituisce, a prescindere dall'uso dei mezzi
produttivi, la minaccia più grande per la sopravvivenza della natura. La
Russia "socialista" devastò in maniera irreparabile gran parte delle proprie risorse ambientali, e non solo in forza dei propri esperimenti nucleari, ma anche semplicemente sulla base dello sfruttamento economico.[28] Il
disastro di Chernobyl, nel 1986, ha avuto conseguenze che ancora oggi si
fanno sentire e che dureranno per molto tempo ancora.

Oggi è assolutamente da irresponsabili non chiedersi quali conseguenze, anche solo ipotetiche, può avere sui ritmi riproduttivi della natura una qualunque invenzione tecnologica. Nessun socialismo democratico sarà mai possibile se a livello *locale* la collettività non sarà in grado di
gestire con oculatezza e parsimonia le risorse offerte dall'ambiente naturale. Non ha alcun senso usare qualcosa di cui non si sappia con esattezza
la provenienza geografica e le modalità di produzione. Le idee di Marx
ed Engels, sotto questo aspetto, non servono a nulla.

---

[28] Si pensi p.es. alla devastazione del Lago Bajkal, o al poligono di Tockoe, ove
vennero condotti test militari nucleari molto pericolosi per gli abitanti della
zona, o alla provincia di Čeljabinsk, a ridosso degli Urali meridionali, nonché al
Mar Glaciale Artico, fortemente contaminati da depositi di scorie radioattive.

Teoria e pratica del socialismo

Determinismo e materialismo economicistico

Reductio ad unum: questo il materialismo economicistico dei classici del marxismo euroccidentale. Nell'Engels dell'*Anti-Dühring* il determinismo pare assoluto: l'*economia*, con la sua produzione e i suoi scambi (ovvero i bisogni materiali di sopravvivenza e le risposte che si danno a questi bisogni), è la fonte primaria del senso della storia. Tutto il resto è superfetazione, epifenomeno. Esiste solo l'*homo oeconomicus*, che deve sottostare a leggi materiali, oggettive, indipendenti dalla sua volontà. Altre leggi sono relative, transitorie o dipendenti dalla produzione economica.

Nella lettera a J. Bloch (21 settembre 1890) Engels ammise che l'importanza da lui e Marx attribuita al "lato economico" era stata eccessiva, in quanto esiste una reciproca influenza tra struttura e sovrastruttura, ma aggiunse che non ebbero il "tempo" per precisare l'effetto retroattivo, essendo troppo preoccupati a smontare le posizioni idealistiche. In particolare scrisse: "secondo la concezione materialistica della storia la produzione e riproduzione della vita reale è nella storia il momento *in ultima istanza determinante*. Di più né io né Marx abbiamo mai affermato. Se ora qualcuno distorce quell'affermazione in modo che il momento economico risulti essere l'*unico determinante*, trasforma quel principio in una frase fatta insignificante, astratta e assurda. La situazione economica è la *base*, ma i diversi momenti della sovrastruttura – le forme politiche della lotta di classe e i risultati di questa (costituzioni stabilite dalla classe vittoriosa dopo una battaglia vinta, ecc.), le forme giuridiche, anzi persino i riflessi di tutte queste lotte reali nel cervello di coloro che vi prendono parte, le teorie politiche, giuridiche, filosofiche, le visioni religiose e il loro successivo sviluppo in sistemi dogmatici –, esercitano altresì la loro *influenza* sul decorso delle lotte storiche e in molti casi ne *determinano* in modo preponderante la *forma*. È un'*azione reciproca* di tutti questi momenti, in cui alla fine il movimento economico s'impone come fattore necessario attraverso un'enorme quantità di fatti casuali (cioè di cose e di eventi il cui interno nesso è così vago e così poco dimostrabile che noi possiamo fare come se non ci fosse e trascurarlo)". Apparentemente un pensiero che non fa una grinza. Però, poco più avanti aggiunge: "la storia, quale è stata finora, si svolge a guisa di un processo *naturale*, ed essenzialmente è soggetta anche alle stesse leggi di movimento [sottinteso: della natura]", le quali leggi vanno al di là delle singole volontà umane. Vi è azione e reazione tra struttura e sovrastruttura, ma chi decide, in ultima istanza, il significato di questa reciprocità è *solo l'economia*. Engels lo ribadisce anche nella sua lettera a Starkenburg del 1895, senza rendersi conto che: 1) la "legittimità" delle forze produttive non è neutrale ma tendenziosa, in quanto il fatto che, sotto il capitalismo, si usi la tecnologia per fare della natura quel che si vuole, non può essere considerato "naturale"; 2) una scienza sociale o storica non può essere determinata esclusivamente dalla categoria della "necessità", come accade nelle scienze naturali. L'uomo è fatto di possibilità, realtà e necessità, proprio perché possiede la facoltà del *libero arbitrio*. Se vogliamo parlare di "scienza umana", dobbiamo farlo anzitutto in riferimento alla *possibilità di scegliere*. Solo dopo che si sono compiute determinate scelte, le conseguenze possono assumere un carattere di necessità, benché nessuna necessità possa mai essere considerata "assoluta", cioè immodificabile. Il fatto che un essere umano nasca in un contesto sociale in cui le scelte sono già state compiute, non significa ch'egli non abbia in sé la possibilità di modificarle. Se non esistesse questa facoltà di scelta, non si capirebbe alcuna transizione da un sistema produttivo a un altro, se non nei suoi aspetti meramente fenomenici.[29]

David B. Rjazanov disse che "tutti i giovani marxisti... che si fecero le ossa dal 1880 al 1885, partirono dallo studio dell'*Anti-Dühring*". Evidentemente sembrava loro d'aver a che fare con un testo didattico, di facile lettura. E prosegue aggiungendo che "nessun libro dopo il *Capitale* ha operato per la diffusione del marxismo, in quanto metodo e sistema particolare, come l'*Anti-Dühring*".[30] E nella "Nota editoriale" al libro in

---

[29] Engels morì proprio nel 1895, senza poter vedere gli effetti deleteri causati dalla sua Prefazione alla riedizione delle *Lotte di classe in Francia dal 1848 al 1850*, di Marx; poté soltanto lamentarsi, con Lafargue, ch'era stata pubblicata con dei tagli ingiustificabili (cfr. F. Albertini, *L'ultimo scritto di Federico Engels*, in "Quarto Stato", 1946). Egli era convinto, a causa della grande depressione capitalistica del periodo 1873-96, che verso gli inizi del Novecento sarebbe stata possibile la transizione socialista in Europa. Ma proprio nel 1896 cominciò un nuovo ciclo economico espansivo che sarebbe durato sino allo scoppio della guerra mondiale. Fra il 1895 e il 1905 la sintesi engelsiana fu oggetto di un dibattito lacerante tra Kautsky, Bernstein e la Luxemburg, che a tutt'oggi ha conservato un grande interesse.

[30] Kautsky dirà che solo a partire dall'*Anti-Dühring* i tedeschi cominciarono a capire qualcosa del *Capitale* di Marx. In effetti su questo libro, in cui si parlò per la prima volta di "socialismo scientifico", si formarono tutti i maggiori leader della II Internazionale (ivi inclusi, tra gli italiani, Turati e Labriola, che cominciarono a divulgare le opere di Marx ed Engels negli anni 1885-90). Non solo, ma lo stile di pensiero oggettivistico-evoluzionistico dell'autore divenne parte

oggetto si precisa, non senza qualche rimpianto e nostalgia, a dispetto dell'incredibile fiasco del cosiddetto "socialismo reale": esso fu l'arma per la lotta teorica e politica contro l'eclettismo, contro la malattia infantile del comunismo: l'estremismo; il marxismo divenne "scienza che si traduce in militanza, che diviene lotta". Arrigo Cervetto sostiene che su questo testo si formò lo stesso Lenin. È vero, ma lo utilizzò soltanto contro i populisti, nella sua fase giovanile. Quando cominciò ad attaccare i marxisti veri e propri, a partire da *Che fare?*, era già un Lenin molto diverso, assai più maturo.

In effetti, se un merito al testo va riconosciuto, è quello di essere riepilogativo di tutto il marxismo più essenziale. Engels era fenomenale nel dare una divulgazione sistematica, rigorosa, efficiente, facilmente comprensibile alle idee di Marx, a volte prolisse, altre volte involute, altre ancora scritte di fretta, sempre attraversate da un filo di genialità.

Senza Engels, la cui cultura, peraltro, era non meno vasta e approfondita, Marx sarebbe stato conosciuto e apprezzato come economista soltanto molto più tardi; anzi, la sua stessa vita e quella della sua famiglia, oppressa costantemente da esigenze finanziarie, sarebbe stata molto diversa. Il *Carteggio* tra i due presenta momenti che a dir strazianti è poco. Il loro rapporto assomiglia a quello dei fratelli van Gogh: il "genio" non avrebbe potuto far nulla senza il costante aiuto dell'altro.

Se Engels avesse dovuto restare coerente ai princìpi materialistici della borghesia, avrebbe dovuto dire: chi non sa badare a se stesso, chi non sa provvedere alle esigenze della propria famiglia, non ha diritto di vivere. È questa la logica borghese dell'economia, che a volte entrambi facevano propria dicendo che nella storia è l'*interesse* che determina gli avvenimenti. Invece fece tutto il contrario, anche a costo di mettersi a fare l'imprenditore nell'azienda di suo padre, cioè anche a costo – lui che si diceva "comunista" – di svolgere un lavoro esecrabile.

Da dove gli veniva tutto questo affetto per l'amico ebreo e tedesco? per il compagno di lotta politica e culturale? Solo dal fatto che gli riconosceva un intelletto geniale, mentre lui si accontentava di essere semplicemente "talentuoso"? Possibile che uno, per tutta la sua vita, possa vivere in funzione di una persona geniale? Possibile che Engels non si fosse accorto che un atteggiamento del genere poteva soltanto essere la

---

costitutiva di quella ideologia kautskyana con cui si subordinava la prassi attiva del movimento operaio all'egemonia delle leggi della storia. L'immobilismo della II Internazionale, tutta intenta a una politica di progressive riforme sociali, meramente parlamentare, verrà criticato per la prima volta da Rosa Luxemburg, che nel 1905 cominciò a proporre l'idea di organizzare continui scioperi di massa, allo scopo di conquistare il potere politico, come già il proletariato russo aveva tentato di fare nella rivoluzione di quello stesso anno.

conseguenza di una *cultura*? di determinati *valori esistenziali*? di una certa *etica sociale e personale*? di una particolare *filosofia di vita*, che con l'economia politica non aveva nulla da spartire?

Leggendo il suo testo, sembra di avere a che fare con una persona molto diversa: avrebbe potuto scriverlo, assai tranquillamente, un economista borghese, dopo aver scoperto che il socialismo, sul piano economico, è più efficiente del capitalismo. Infatti se l'unica differenza tra i due sistemi economici sta nella *proprietà* dei mezzi produttivi, che da individuale deve diventare sociale, non si capisce perché la borghesia non abbracci le idee del socialismo. Si troverebbe in una condizione molto più sicura, senza sbalzi commerciali nella compravendita, senza bolle speculative e crack borsistici, senza timori di fallimenti causati dalla concorrenza, insomma senza imprevisti cui lo Stato non possa far fronte e, in più, con la possibilità di continuare a sviluppare le forze produttive, la tecnologia, il business nei limiti della legalità.

Stando alle tesi engelsiane sembra che tutta la storia dell'umanità sia stata soltanto una lotta tra individualismo e collettivismo. L'individualismo non sarebbe altro che una sorta di stupido egoismo, incapace di capire che i successi conseguiti sul piano materiale (soprattutto con la rivoluzione tecnico-scientifica applicata all'industria) possono trovare una migliore applicazione, uno sviluppo più sicuro se si eliminano tutte le forme di antagonismo sociale causate dalla proprietà privata dei mezzi produttivi.

Ecco dunque che cosa sarebbe il socialismo nella mente di Engels: una semplice *evoluzione del capitalismo*, una sua conseguenza necessaria, anzi inevitabile, in quanto il capitalismo, se rifiuta tale svolgimento, è destinato ad autodistruggersi o a provocare immani disastri all'umanità. A Marx ed Engels pareva una somma bestialità sacrificare un intero pianeta alle esigenze del profitto individuale, quando, in nome della scienza e della tecnica borghese, tutti avrebbero potuto avere un tenore di vita più che dignitoso.

Il socialismo scientifico riconosce al capitalismo tutti i meriti per aver abbattuto il feudalesimo e per aver ridimensionato di molto il ruolo della Chiesa. Ora però deve essere il capitalismo a capire che senza socialismo il suo destino è segnato. Perché dunque rischiare le tragiche conseguenze di una rivoluzione politica quando una semplice transizione economica sarebbe indolore per tutti? I capitalisti devono solo prendere atto che con la loro "grande industria" han posto le basi del loro stesso superamento come imprenditori privati. La gestione di un'economia complessa, imponente, ampiamente diversificata e dal respiro mondiale non può che essere *socializzata*, cioè condivisa tra tutti i produttori.

Questa idea di fondo che aveva Engels non era forse la stessa che avevano i cosiddetti "marxisti legali", i "marxisti economicistici", i menscevichi, i marxisti scolastici, i riformisti della II Internazionale, i marxisti delle cattedre universitarie, i socialisti parlamentari – contro cui Lenin combatté tutta la sua vita? Che cos'ha a che fare, sul piano pratico, il socialismo di Lenin con quello di Marx ed Engels? Lenin difendeva i due "maestri tedeschi", fondatori del "socialismo scientifico", per non sentirsi escluso dalle idee e dalle organizzazioni del socialismo già consolidato, ma sul piano pratico le differenze erano enormi, sin dalla pubblicazione del suo *Che fare?*, il suo primo, grande capolavoro. Tant'è che Lenin fece di tutto per promuovere le *proprie idee* e per creare un *proprio partito*. Questo perché non si riconosceva in alcuna idea fondamentale dei comunisti della II Internazionale né in quelle dei comunisti del suo Paese, e quando usava i testi di Marx ed Engels, prendeva solo quelle parti che potevano servirgli per giustificare una rivoluzione comunista.

Il suo magistrale testo sull'*Imperialismo* fu l'unica vera prosecuzione originale del *Capitale* (l'altra fu quella della Luxemburg, *L'accumulazione del capitale*). Quando, nell'imminenza dell'Ottobre, scrisse *Stato e rivoluzione*, trasse dalla Comune di Parigi idee assolutamente inedite, che, insieme alle *Tesi d'Aprile* (dette anche *Lettere da lontano*), posero le basi per realizzare la vittoriosa rivoluzione bolscevica nel Paese capitalistico più arretrato di tutti. Al loro confronto il *Manifesto del partito comunista*, che pur rappresentava la quintessenza della battaglia politica di Marx ed Engels, appariva come il punto più avanzato del socialismo utopistico.

Se si esclude l'accettazione della teoria marxiana del plusvalore (ch'era la scoperta di uno sfruttamento economico oggettivo nell'ambito del capitalismo: cosa che però si poteva vedere anche a occhio nudo), Lenin ha ribaltato il marxismo come un calzino, facendolo davvero diventare una teoria e una prassi rivoluzionaria. Soprattutto l'ha fatto uscire dal rischio di vederlo come una semplice prosecuzione (ovviamente più logica e razionale) delle teorie degli economisti classici della borghesia.

Lenin dimostrò chiaramente che la *politica* è superiore all'economia e che non si può aspettare che le cose evolvano spontaneamente, limitandosi a fare rivendicazioni salariali o a condurre una politica riformistica. Se la politica è soltanto un "prodotto" dell'economia, ci sarà sempre qualcuno pronto a dire che i tempi non sono "maturi" per ribaltare il sistema. In realtà i tempi, in astratto, finché permane lo sfruttamento del lavoro, sono *sempre maturi*; semmai è il partito che deve saper porre le condizioni affinché le masse proletarizzate capiscano la necessità di un rivolgimento destabilizzante generalizzato. E queste masse devono esser pronte a difendersi militarmente, poiché le classi sfruttatrici non rinunceranno mai spontaneamente ai loro privilegi, anzi, faranno di tutto per conservarli e possibilmente accrescerli. Che poi il partito riesca in questa impresa sediziosa di carattere generale soltanto quando l'economia è sconvolta da una guerra catastrofica o da un improvviso tracollo finanziario dello Stato, ciò va imputato all'immaturità delle masse, le quali, prima d'impegnarsi in senso rivoluzionario, hanno bisogno di vedere che l'acqua arrivi alla gola e che si sia fatto di tutto per risolvere i problemi più gravi coi mezzi legali e parlamentari offerti dal sistema.

Gli intellettuali più consapevoli vorrebbero che le masse reagissero con prontezza ai loro appelli rivoluzionari. Ma le masse sono lente a muoversi, vanno conquistate con un lavoro paziente, anche se solerte, incalzante, senza ricorrere ad alcuna forma di terrorismo, senza offrire pretesti al sistema per imporre una dittatura esplicita del capitale. Questo ci ha insegnato il leninismo, ed è stato su queste basi, non su quelle del marxismo occidentale (di sicuro non su quelle espresse dalla II Internazionale), che s'è potuta compiere la rivoluzione bolscevica, un *unicum* nella storia degli oppressi.

Determinismo ed evoluzionismo storico

L'*Anti-Dühring*, almeno nella parte relativa alla transizione dal capitalismo maturo (quello monopolistico-statale) al socialismo dei produttori diretti, sembra un libro dei sogni. Engels usa lo stesso linguaggio dei socialisti utopistici, anzi, vien quasi da pensare che sul piano politico il socialismo scientifico non abbia mai fatto dei decisivi passi avanti rispetto a quello utopistico. Esso si è semplicemente limitato a dare una base teorico-scientifica all'analisi economica, cioè a far capire che, essendo *oggettiva* la natura dello sfruttamento, il proletariato non può aspettarsi nulla di positivo da parte degli organi istituzionali della borghesia.

Nel breve *excursus storico* di Engels vi sono aspetti risibili o del tutto inventati, per certi versi addirittura fantascientifici. Il primo l'abbiamo già detto: l'uomo non viene visto in maniera *olistica*, ma come un soggetto puramente economico, che decide di cambiare modo di produzione non quando inizia a scorgerne le contraddizioni insolubili, ma solo quando il sistema ha ridotto ai minimi termini tutta la sua forza propulsiva. Gli uomini cioè possono stare migliaia di anni sotto lo schiavismo (che oggi è di tipo "contrattuale") senza riuscire a far nulla per liberarsene. Prima d'essere superato, lo schiavismo deve esaurire tutte le proprie potenzialità produttive come sistema. In pratica, di tutte le generazioni che avranno sofferto delle sue antinomie, solo l'ultima potrà considerarsi fortunata. Infatti – scrive Engels – "le cause ultime di ogni mutamento sociale e di ogni rivolgimento politico vanno ricercate non nella testa degli uomini..., ma nei mutamenti del modo di produzione e di scambio".

Engels vedeva gli uomini come degli automi che non "pensano", agiscono soltanto, e quando "pensano" per cercare di risolvere i loro problemi economici, devono prima chiedersi se sia il momento giusto per farlo. Infatti i problemi vanno affrontati e risolti solo quando lo decide l'economia, cosa che avviene quando si produce molto di più di ciò che la popolazione riesce a consumare. Il capitalismo si esaurisce per la troppa produzione, di cui peraltro non può fare a meno, avendo come unico obiettivo il profitto, l'accumulazione di capitali da investire.

Cos'è questo se non un modo deterministico di vedere le cose? Marx non dava per scontato che nell'ambito del socialismo il valore di scambio avrebbe dovuto continuare a prevalere sul valore d'uso. Anzi, nell'ultima fase della sua vita si era messo a studiare etno-antropologia proprio perché aveva capito che il valore d'uso doveva avere una certa priorità sul valore di scambio. Aveva preso a interessarsi anche della comune russa, delle comuni germaniche primitive. In un abbozzo di lettera alla populista Vera Zasulič (1881)[31] dirà addirittura che "il nuovo sistema sociale in cui potrebbe finalmente affermarsi il comunismo sarà un ritorno, in una forma superiore, di un tipo arcaico di società".[32] Stava chiaramente parlando del *comunismo preistorico*. Ecco perché non escludeva il passaggio dalla società agraria dell'obščina russa al socialismo industriale senza passare per le forche caudine del capitalismo, ovviamente con l'aiuto del proletariato occidentale, che avrebbe dovuto impedire alle potenze euroccidentali di fare della Russia una loro colonia.

Si noti che nel cap. X dell'*Anti-Dühring* lo stesso Engels scrive che "nell'epoca più recente e nel quadro del sistema più avanzato... valore d'uso e valore di scambio hanno fatto tutti il loro tempo". Lo dice nel senso che il valore d'uso è stato sì soppiantato da quello di scambio, ma anche questo sta per esserlo dalla *pianificazione*. Statale? Non lo dice esplicitamente, anzi, nella pagina successiva scrive: "la dissoluzione di nessi sociali precedentemente esistenti e la divisione del lavoro che ne consegue hanno creato il mercato". Quali nessi? Di che periodo? Lo lascia intendere alla fine del capitolo: tutta la storia ha inizio dalla "proprietà comune del suolo delle tribù e dei villaggi". Il periodo è quindi quello in cui il valore d'uso aveva la sua grande importanza e il mercato non era altro che un baratto in cui si scambiavano le eccedenze. In questo periodo non c'era alcuno Stato, il che non vuol dire che non ci fosse alcuna "pianificazione".

---

[31] Cfr il testo di Ettore Cinnella, *L'altro Marx*, ed. Della Porta, Cagliari-Pisa 2014.

[32] Cfr K. Marx, *Quaderni antropologici*, ed. Unicopli, Milano 2009, p. 21.

Memoria e desiderio di quanto perduto

Nessuna vita economica, se non quella animalesca, è priva di etica, di ideologia, di filosofia, di estetica... Ogni aspetto dell'esistenza si trova a subire condizionamenti da parte di tutti gli altri. Non esiste un aspetto particolare prevalente; c'è solo l'*essere umano*, che prevale su tutto. Ed è questo essere umano, preso nella sua interezza, che va *liberato*. Non ha alcun senso pensare che *prima* va liberato economicamente e *poi* eticamente, culturalmente, ecc. Non può esistere alcuna vera liberazione economica se questa non è supportata da una *liberazione etica*. Gli uomini e le donne han bisogno d'essere se stessi non solo nel momento in cui producono e consumano e si riproducono, ma in ogni cosa che fanno, in ogni momento della loro vita. È ridicolo pensare che una concezione di vita di tipo economicistico non dipenda da alcuna filosofia o ideologia. Qui, leggendo l'*Anti-Dühring*, sembra d'essere in presenza di una filosofia materialistica in senso positivistico, eticamente cinica, non molto diversa da quella borghese.

Peraltro nella storia, quando gli uomini s'accorgono che un determinato sistema economico presenta dei gravi problemi da risolvere, raramente pensano di dover compiere delle rivoluzioni per abbattere quel sistema dalle fondamenta. In genere si limitano a compiere delle semplici riforme, ancorché radicali per chi non le tollera (come p.es. fecero i Gracchi con quella agraria). Il passaggio dallo schiavismo romano al servaggio feudale avvenne in maniera decisiva solo *dopo* le invasioni barbariche e sotto l'influenza dei Franchi e della Chiesa romana. Gli schiavisti romani, da soli, non vi sarebbero mai riusciti, anche se nelle zone periferiche, dopo la fine dell'espansione geografica dell'impero, trasformarono lo schiavo in colono. A dir il vero si fece qualcosa di meglio, senza l'aiuto dei barbari, sotto l'impero bizantino: si crearono comunità di contadini liberi in grado di difendere da sole i confini dell'impero, facendo scomparire la differenza tra competenze militari e amministrative. Ma si poté farlo solo *dopo* aver trasferito in oriente la capitale politica dell'impero e aver adottato il cristianesimo come religione statale, e senza creare un feudalesimo analogo a quello euroccidentale, in quanto anche gli agrari erano sotto il controllo dello Stato: in sostanza solo *dopo* aver ricominciato quasi tutto da capo.

Quando gli uomini vivono per secoli e secoli sotto una forma diffusa di schiavitù (gestita ovviamente dai privilegiati), finiscono col perdere la memoria di come dovrebbe essere una società democratica, egualitaria. Si abituano con rassegnazione alle contraddizioni, accentuando, a dismisura, tutte le forme di corruzione. Quindi non è affatto vero che le transizioni avvengono quando all'interno di una determinato sistema economico ci si accorge che non è più possibile andare avanti nella stessa direzione. Può benissimo essere vero il contrario: quanto più, all'apparire degli antagonismi sociali, si evita di reagire con decisione e lungimiranza, impedendo che si generalizzino, tanto più quegli antagonismi, col passare del tempo, verranno dati per scontati. Non a caso durante il periodo in cui l'impero romano sembrava essere militarmente più forte, sotto Diocleziano, le classi e i ceti più oppressi, del tutto incapaci di opporsi alla dittatura dello Stato e dei generali, cominciarono a vedere negli stessi "barbari" i loro liberatori.

Ma c'è di più. Quando Engels scriveva che "il sorgere della conoscenza che le istituzioni sociali vigenti sono irrazionali e ingiuste... è solo un segno del fatto che nei metodi di produzione e nelle forme di scambio si sono inavvertitamente verificati dei mutamenti per i quali non è più adeguato quell'ordinamento sociale...", quando scriveva questo, aggiungendo altresì che "nello stesso tempo i mezzi per eliminare gli inconvenienti che sono stati scoperti debbono del pari esistere, più o meno sviluppati, negli stessi mutati rapporti di produzione", non si rendeva conto che il capitalismo occidentale, campando sulle spalle delle colonie, è in grado di trasferire su quest'ultime la gran parte del peso delle proprie contraddizioni. Cioè mentre nelle colonie è sotto gli occhi di tutti che chi comanda sono le multinazionali dell'occidente, che causano apertamente tutte le forme dell'antagonismo sociale, in quanto mandano in rovina i piccoli produttori, imponendo determinate monocolture per l'export, monopolizzando i loro mercati, sfruttando con pochi capitali le loro immense risorse umane e naturali, provocando spesso degli immani disastri ambientali e fortissimi degradi sociali (in una parola finalizzando tutta la loro produzione ad esigenze estranee); in occidente invece beneficiamo impunemente di questo saccheggio, senza chiederci minimamente da dove provenga la nostra ricchezza e in quali forme venga estorta. Questo per dire che nell'attuale Terzo Mondo potrebbero accorgersi molto prima di noi della necessità di dover compiere una transizione verso il socialismo, benché, nonostante il mezzo millennio di colonialismo, siano stati pochi i casi in cui si sia cercato davvero di creare un'alternativa.

Noi in occidente non riusciamo neppure a capire i veri problemi del Terzo Mondo. Quando vediamo taluni leader sudamericani contestare il nostro sistema di vita, li accusiamo subito d'essere ideologici, estremisti, avventuristici... Perché mai – ci chiediamo – i Paesi colonizzati dovrebbero desiderare il socialismo quando il nostro capitalismo è in grado di garantire anche il loro sviluppo? Anche quando si presentano le periodiche crisi, si dà per scontato che prima o poi vi sarà la ripresa, per cui non ha alcun senso desiderare il socialismo. Noi occidentali saremo gli ultimi ad accorgerci che il nostro sistema economico è giunto al capolinea. In America Latina lo sanno da 500 anni ch'esso non ha nulla di umano.

Il valore della sovrastruttura

Quando Engels scrive che "l'ordinamento sociale vigente... è stato creato dalla classe oggi dominante, la borghesia", sembra non sapere ch'essa ci ha messo dei secoli prima di arrivare alla "grande industria". Ci sono voluti illustri filosofi, giuristi, economisti, studiosi di molteplici discipline prima che il sistema borghese si assestasse in maniera definitiva. Possibile che non sapesse che qualunque sistema economico ha bisogno di idee convincenti per reggersi in piedi?

I primi a mettere in dubbio la legittimità del sistema feudale furono addirittura dei teologi cattolici di formazione aristotelica. L'ultima Scolastica, soprattutto quella inglese, pose addirittura le basi della successiva filosofia empiristica. La cosa strana è che, molto più di Marx, Engels aveva studiato il cristianesimo primitivo, la Riforma protestante, l'anabattismo...; proprio lui aveva detto che il primato della struttura economica sulla sovrastruttura andava considerato valido solo *in ultima istanza*, in quanto non si poteva escludere una retroazione del pensiero o della cultura sull'economia. Lui stesso aveva detto che insieme a Marx si era visto costretto a dare così tanta importanza alla struttura economica per poter combattere efficacemente l'idealismo hegeliano, lo spiritualismo cristiano e le filosofie borghesi che eternizzavano il capitalismo, facendolo passare per un sistema economico del tutto naturale, compatibile con l'essenza umana. Evidentemente l'*Anti-Dühring* fu scritto, nel 1878, da un altro Engels.

A suo parere sembra sia sufficiente, per compiere la transizione, individuare "nei fatti materiali esistenti della produzione" i *mezzi*, più o meno sviluppati, che devono servire allo scopo. Cioè il politico socialista non deve escogitare una propria, originale, tattica operativa, con cui cogliere di sorpresa il governo al potere; non deve elaborare una strategia specifica che serva non solo ad abbattere il sistema, ma anche a crearne uno alternativo. Deve semplicemente "scoprire" nella realtà quel che *c'è già* per superarla.

Qui viene in mente quel che dicevano Platone e sant'Agostino: "la verità è già dentro di te, devi solo farla venir fuori". Eppure Engels non era un professore universitario come Dühring: chi lo obbligava a fare ragionamenti così schematici, così accademici? Chi lo obbligava a sentirsi discepolo di Hegel?

Un politico rivoluzionario non dovrebbe mai dare per scontato che la realtà economica abbia *in sé* gli elementi per superare i propri problemi strutturali. Generalmente infatti non li ha ed è compito di chi sta peggio inventarseli. Nell'ambito del sistema capitalistico non si ha la più pallida idea di come possano essere risolti i problemi strutturali che lo affliggono (p.es. la cronica disoccupazione, la dilagante corruzione, le crisi periodiche, la sovrapproduzione delle merci, la caduta tendenziale del saggio di profitto, i crolli borsistici, la trasformazione del profitto industriale in rendita finanziaria, ecc.). Di regola si naviga a vista. Nessuno vede i mezzi e i modi per risolvere i problemi di fondo del sistema. E un politico rivoluzionario non si dovrebbe neppure preoccupare di cercarli, poiché il suo obiettivo principale è quello di *abbattere* il sistema, non quello di puntellarlo o di ristrutturarlo.

A differenza di Lenin e di tanti altri bolscevichi, Engels non era in grado di dirigere un partito di avanguardie coscienti, sufficientemente addestrate su come organizzare una mobilitazione di massa contro i governi che fanno gli interessi prioritari del capitale. Nell'*Anti-Dühring* egli sembra che parli come un economista borghese (in quanto "proveniente" dalla borghesia), che fa presente ai suoi colleghi, agli imprenditori, alle istituzioni di potere che loro stessi, se non vogliono la totale rovina del sistema, si devono mettere a cercare i mezzi e i modi (che sono poi quelli della *proprietà sociale dei mezzi produttivi*, poiché altri non se ne vedono in questo suo libro) per riuscire a tenere in piedi il sistema, e anzi a svilupparlo ulteriormente.

In pratica le cose, nella visione engelsiana del socialismo, avrebbero dovuto svolgersi nella maniera seguente: posta una grave contraddizione sistematica, il politico rivoluzionario (novello profeta di sventura) la interpreta come se fosse l'anticamera dell'inferno; spaventati dalla prospettiva di perdere tutto, i ceti borghesi si devono fidare di quel che lui dice e, pur di salvare il salvabile, accettano l'idea di condividere la *proprietà*, *tutta* la proprietà (non come Anania e Saffira che, negli Atti degli apostoli, se ne vollero tenere una parte).

Ora, s'è mai vista una cosa del genere? Lenin sparava delle cannonate contro quei socialisti revisionisti alla Bernstein che, vedendo i risultati dell'imperialismo nei loro paesi, dicevano che il capitalismo non aveva affatto esaurito tutte le proprie potenzialità e che, per far star bene gli operai, sarebbero state sufficienti delle semplici riforme. Quando passò questa linea revisionistica, il socialsciovinismo, alla vigilia della I guerra mondiale, fu una conseguenza quasi inevitabile.

Questo per dire che nei processi storici la *soggettività politica* ha un'importanza equivalente all'*oggettività economica*. Anzi, senza coscienza rivoluzionaria l'economia brancola nel buio, si muove senza saper dove andare, e se non interviene qualcuno a darle una direzione *collettivistica*, sicuramente interverrà qualcun altro a dargliene una di tipo sempre più individualistico.

A volte vien da chiedersi se non si possa essere idealisti anche assumendo posizioni materialistiche: come quando, p.es., si dice che le contraddizioni strutturali del sistema sono una "evidenza"; come se la verità delle cose debba essere lì, alla portata di tutti. Ci si chiede cioè se il concetto di "materia" che avevano i classici del marxismo fosse così diverso dal concetto di "idea" o di "spirito assoluto" che aveva Hegel. A volte si ha l'impressione che il socialismo scientifico non sia stato altro che una semplice prosecuzione, sul versante economico (a motivo dello sviluppo industriale della società europea), della filosofia hegeliana, del socialismo utopistico e dell'economia politica borghese.

Si volevano ereditare gli enormi progressi della "grande industria", senza chiedersi quali fossero state le *cause culturali* che avevano portato gli uomini a rinunciare al lavoro autonomo, artigianale, rispondente a esigenze di piccole comunità locali, rispettose delle necessità riproduttive della natura. Si dava per scontato che il benessere economico, procurato dalla grande industria, non potesse essere messo in discussione. Il socialismo scientifico ne avrebbe garantito l'ulteriore sviluppo, eliminando i difetti dell'anarchia produttiva dovuti alla gestione privatistica della proprietà dei mezzi industriali. In pratica si trasformava la scienza in una nuova religione.

Che cos'è dunque il socialismo scientifico? Un nuovo modo di gestire il capitalismo? Come sta appunto avvenendo oggi in Cina? Il futuro del capitalismo più avanzato è dunque in Asia, dove i diritti umani quasi non esistono e la gente lavora 24 ore al giorno, senza mai mettere in discussione le direttive del governo, ovvero del partito unico, del partito-Stato? Il socialismo scientifico avrebbe anticipato la trasformazione del capitalismo da privatistico a statalizzato? Lo stalinismo e il maoismo sarebbero dunque falliti perché non avevano saputo prevedere che il socialismo, per affermarsi, può anche permettersi che sul piano sociale si sviluppi il capitalismo? Sono falliti per eccesso di ideologia? Cioè perché non avevano capito che non è importante che un gatto sia bianco o nero, ma che catturi i topi?

A dir il vero anche Lenin aveva previsto, con la Nuova Politica Economica (NEP), di concedere spazi di manovra economica borghese alla popolazione russa, subito dopo aver vinto la controrivoluzione bianca e l'interventismo straniero, che avevano stremato l'intero Paese, ma si trattava, rispetto alle attuali concessioni che fa il governo cinese, di ben poca cosa. Veniva concessa una forma di capitalismo che non avrebbe mai potuto intaccare le basi del socialismo statale. Semmai fu lo stalinismo a nutrire seri dubbi sulla possibilità di contenere la possibile espansione di tale modalità borghese, per cui si preferì fare piazza pulita di qualunque iniziativa privata. Anche Stalin fu vittima di quella unilaterale cultura borghese che non tollera alternative al proprio stile di vita.

Nelle intenzioni di Marx *Il capitale* voleva essere una "critica" dell'economia politica classica (condotta più che altro con le armi della dialettica hegeliana), ma non era certamente sulla base di quel capolavoro intellettuale che il politico socialista avrebbe potuto desumere le idee per organizzare una rivoluzione. *Il capitale* sembra essere il testo di un professore universitario che ha ereditato la cattedra di Hegel, dando alla filosofia un contenuto molto concreto, anche se, tutto sommato, molto unilaterale. La storia non è affatto "un processo senza soggetto", come diceva L. Althusser, marxista strutturalista. D'altronde è difficile anche considerare "lo sviluppo della formazione economica della società come un processo di storia naturale", in cui il singolo non è responsabile di nulla. Queste parole di Marx potrebbero avere un senso per un tipo di economia *preistorica*, priva di antagonismi sociali, ove l'uguaglianza tra tutti i componenti di un collettivo regnava sovrana. Il soggetto era lo stesso *collettivo*.

Tuttavia, da quando è nato lo schiavismo la storia viene fatta in maniera individualistica, dai soggetti che detengono una qualche forma di potere: fisico, personale, materiale... È la *forza* di qualcuno in particolare che fa la storia di classe; e la forza dipende da determinati *interessi*; e questi interessi particolari vengono mistificati da una *ideologia* precisa (mitologia, religione, diritto, economia politica...). La storia è malata di individualismo: lo è così tanto che si è malati d'individualismo anche quando si predica il collettivismo. Non erano forse individualisti soggetti come Mao e Stalin? Semplicemente usavano il collettivismo, ereditato da tradizioni ancestrali, per le proprie ambizioni personali. La soddisfazione di tenere in mano le leve del potere, con cui si può decidere, in qualunque momento, la sorte di qualcuno, non appartiene forse ai deliri di onnipotenza di soggetti psicologicamente disturbati? Questi leader politici vivevano in maniera rancorosa; in gioventù avevano subìto umiliazioni, frustrazioni e da adulti volevano prendersi la rivincita. Dare il potere politico a soggetti del genere può comportare effetti catastrofici per un numero sproposito di persone. Alla fine si creano dei meccanismi automatici, tali per cui ci si sente autorizzati a imitare chi sta al governo. La follia diventa di massa. Tutti diventano complici delle mostruosità del sistema.

Anche quando lo schiavismo si presenta in forma statalizzata e non privatistica; anche quando lo sfruttamento è compiuto in maniera anonima o burocratizzata, si tratta sempre di forme contrarie agli interessi dell'intera collettività. Contro questa spersonalizzazione dell'economia (che appare come una forma superiore alla gestione individualistica del profitto) occorre necessariamente l'azione di un soggetto alternativo, che riporti le cose alla loro normalità, di cui il lungo periodo preistorico fu ampiamente caratterizzato.

Non va cercata soltanto un'alternativa al modo di produzione capitalistico, ma bisogna uscire completamente dal concetto di "civiltà", poiché quel "modo" economico particolare, denominato "borghese", che è storicamente determinato, in quanto ha avuto un'origine precisa, ha permeato di sé qualunque aspetto della vita umana, nessuno escluso. Bisogna uscire dalla storia delle classi contrapposte. Bisogna ripensare tutti i criteri che contraddistinguono il concetto di "civiltà", non solo quelli economici, ma anche quelli tecnico-scientifici, culturali, giuridici, formativi...

Uscire dalla civiltà borghese vuol dire, *necessariamente*, uscire dalle città. Anche quando queste offrono alla campagna i mezzi per produrre più efficacemente, il fine è sempre quello di soddisfare esigenze urbane, e gli agricoltori sono costretti a trasformarsi in capitalisti agrari. La terra viene sfruttata selvaggiamente da questi stessi agrari, che la avvelenano e alla fine la portano a insterilirsi, a diventare un deserto.

Solo che farlo individualmente, come John Zerzan, teorico del primitivismo[33], non ha senso: bisogna farlo in maniera collettiva, allestendo comunità di villaggio, e con persone che sappiano lavorare la terra, allevare animali utili alla soddisfazione di bisogni primari. Non solo bisogna tornare all'agricoltura e all'allevamento, ma bisogna anche riconvertire entrambi a una dimensione naturale, non capitalistica.

Il benessere non coincide tanto con la redditività quanto piuttosto con la *naturalità dei rapporti umani*. Noi abbiamo bisogno di essere noi stessi, non di competere continuamente con qualcuno che consideriamo come un acerrimo nemico. Non ha alcun senso vivere in città la cui manutenzione richiede incredibili risorse, tali per cui, se vivessimo nelle campagne, sarebbero sufficienti per un tempo infinitamente più lungo. Le città sono cantieri costantemente aperti, dove i problemi da risolvere non finiscono mai. Dobbiamo attrezzarci a prendere decisioni simili a quelle del tardo impero romano, quando l'emigrazione non era più dalle campagne alle grandi città, ma il contrario.

Dovremmo dire queste cose anche agli immigrati che provengono dall'Africa: "Siamo noi che dobbiamo venire da voi, non voi da noi. Eliminate dai vostri Paesi ciò che vi costringe a emigrare e poi, per favo-

---

[33] Zerzan rifiuta anche l'agricoltura e l'allevamento a favore di un modello di vita nomadico, simile a quello dei cacciatori-raccoglitori del periodo paleolitico. Ma la stanzialità e l'agricoltura di per sé non costituiscono un problema nell'ambito di un socialismo locale autogestito.

re, ospitateci, perché da noi le campagne sono state tutte distrutte dal profitto e le città sono invivibili. Ve lo diciamo anche per il vostro bene: voler diventare come noi, quando noi vorremmo essere diversi da quel che siamo, è una vera follia". Ma se glielo dicessimo, la risposta che ci darebbero la conosciamo già: "Voi, col vostro colonialismo, avete completamente distrutto il nostro continente e adesso vi meravigliate se veniamo da voi? Smettete prima voi di fare i colonialisti e vedrete che noi resteremo nei nostri Paesi".

Come dar loro torto? Se ognuno fosse capace di sopravvivere nel territorio che il destino gli ha riservato, non staremmo tutti meglio? Oggi quanta fetta di umanità deve scomparire prima che questa domanda trovi una risposta soddisfacente? Purtroppo per noi non ci sono due pianeti da sfruttare, ed è vano pensare che gli errori compiuti nel passato non abbiano, prima o poi, un prezzo da pagare. È la natura che deve dettare legge, poiché le sue leggi sono le più antiche di tutte, e sicuramente non sono irrazionali come le nostre. Solo una persona terribilmente frustrata, come p.es. Leopardi o Schopenhauer, può pensare che la natura sia "matrigna". Chi lo pensa, si legga il Pascoli per convincersi del contrario.

Insomma, il socialismo deve compiere una transizione di ben più ampio respiro rispetto a quella preventivata dai classici; e non è affatto detto che non sarà chi dice d'ispirarsi al cosiddetto "socialismo scientifico" a impedirne la realizzazione. Il socialismo statale ha dimostrato d'essere un'aberrazione non meno grave del capitalismo privato. Tale forma di socialismo poteva al massimo essere tollerata nella fase in cui la rivoluzione doveva difendersi dagli attacchi furiosi delle forze reazionarie che volevano conservare i loro privilegi o dagli attacchi delle potenze straniere; ma, subito dopo aver vinto la partita, si dovevano porre le condizioni per un progressivo smantellamento dello Stato, a tutto vantaggio dell'*autonomia della società civile*, che avrebbe dovuto imparare ad auto-tutelarsi contro i nemici interni ed esterni. Cosa che invece non fu mai fatta, in quanto si preferì uno Stato autoritario e burocratico, fondamentalmente paternalistico, incapace d'aver fiducia nella società civile. Anzi, si costruì uno Stato paranoico, che vedeva nemici da tutte le parti, talmente preoccupato d'essere abbattuto dalla stessa società che si capacitò solo all'ultimo momento, quando ormai era troppo tardi, che il vero nemico era se stesso.

L'interconnessione di economico e sociale

Separare l'*economico*, cioè l'aspetto quantitativo della produzione, dal *sociale*, un fattore più comprensivo, che indica meglio la qualità della vita in generale, è stato uno dei principali errori teorici del marxismo, tutto di derivazione borghese.[34]

Nell'*Anti-Dühring* si vede bene tale errore nel modo in cui Engels delinea la transizione dal feudalesimo al capitalismo. Ma lo si vede anche in questa semplice affermazione con cui si vorrebbe giustificare il passaggio dal capitalismo al socialismo: "Le nuove forze produttive hanno ormai superato la forma borghese del loro sfruttamento". Il "superamento" è di tipo *quantitativo*. Engels sta pensando alle macchine della grande industria, che riescono a produrre in un'ora di lavoro un'enorme quantità di merci, molte delle quali, per colpa dell'anarchia borghese, rischiano spesso di restare invendute; e questo solo perché la borghesia è incapace di pianificazione, essendo una classe basata, per definizione, su presupposti individualistici, cui fanno capo il profitto industriale, la rendita finanziaria e il guadagno commerciale.

Engels sta qui ragionando come Hegel: è la quantità che, ad un certo punto, fa la qualità. Infatti, subito dopo aver fatto la sua bella considerazione matematica, si sente autorizzato ad aggiungere, come se voles-

---

[34] Oggi, a dir il vero, persino nelle statistiche borghesi si cerca di fare differenza, per indicare il benessere di un Paese, tra indici quantitativi (come p.es. il prodotto interno lordo, nazionale e pro-capite) e indici sociali relativi a istruzione e salute (Indice di Sviluppo Umano). Dopo non pochi secoli si è finalmente capito che il benessere non è solo "materiale", di natura strettamente economico-finanziaria, ma anche "immateriale" o comunque di diversa natura sociale. Ma è stato un economista pakistano, di nome Mahbub ul Haq, nel 1990, a capire la differenza. Secondo l'indice ISU il più sviluppato Paese al mondo sarebbe la Norvegia, che, rispetto a una media mondiale di 0,717, è a quota 0,949 (forse per questo non ha avvertito il bisogno di entrare nella UE). Gli ultimi venti posti sono tutti occupati da Paesi africani: il che può forse spiegare gli attuali flussi migratori verso l'Europa, iniziati circa una ventina d'anni fa. L'Italia, su cui sembra sempre aleggiare il rischio del default, a causa dell'enorme debito pubblico (che non dipende certo dal "popolo italiano", risparmiatore per antonomasia, bensì dai suoi governi corrotti), è, su 188 Paesi, al posto n. 26. Naturalmente i dati ISU si riferiscono a una media nazionale e non tengono conto delle disparità regionali. Inoltre per ottenere tale indice si fa una media aritmetica fra le sue tre componenti fondamentali: speranza di vita (salute), istruzione e pil pro-capite. Il che può falsare di molto il risultato finale. Occorrerebbe dare un peso diverso a ognuno dei tre fattori. Forse per questo l'economista indiano Amartya Sen, esperto di "povertà sociali", ha detto che l'ISU dovrebbe tener conto anche della presenza di libere elezioni, di una stampa indipendente, di un sistema politico multipartitico, di garanzie di libertà di espressione, di sostenibilità ambientale, di fruizione alla cultura, ecc. Tutte cose però che con la "povertà sociale" contano relativamente. Forse sarebbe meglio considerare anche la disponibilità d'acqua potabile, di cibo sufficiente, di abitazioni decenti, di rapporto funzionale tra studio e lavoro, e così via.

se far capire che i dati quantitativi sono di un'evidenza lapalissiana, che solo a motivo del proprio interesse egoistico o particolare, la borghesia non sa cogliere l'importanza della seguente, oggettiva, "verità": "esiste nei fatti, obiettivamente, fuori di noi, indipendentemente dalla volontà e dalla condotta stessa di quegli uomini che l'hanno determinato". A cosa si riferisce? Al conflitto tra forze produttive e forma borghese di appropriazione del prodotto. È la categoria della *necessità* che domina la concezione engelsiana della vita (e non solo di quella economica): come il capitalismo è stato necessario rispetto al feudalesimo, così lo sarà, anzi già lo è – sembra dire –, il socialismo rispetto al capitalismo. Una categoria che fa molto comodo a chi non ama assumersi delle responsabilità personali.

Scriveva queste cose negli anni Settanta dell'Ottocento: se le avesse dette oggi, a distanza di 150 anni, l'avrebbero preso per matto, nonostante la periodicità e la gravità delle crisi di sistema.[35] Questo perché, se anche può esistere una qualche necessità teorica di passare da un sistema economico a un altro, non è affatto chiara la modalità in cui ciò può avvenire. Oggi infatti non manca solo l'*intelligenza delle cose* (quella che appunto avevano Marx ed Engels), ma anche la *strategia* per risolvere i problemi alla radice (quella che aveva Lenin): si vive letteralmente alla giornata, navigando a vista. D'altra parte, se le cose sono "indipendenti" dalla volontà degli uomini, è facile sentirsi indotti a vivere con rassegnazione. Solo che così si lascia ai potentati economici la decisione di come devono andare le cose. Cioè, paradossalmente, proprio nel momento in cui ci si sente in balìa degli eventi, si permette a chi dispone di grandi risorse di decidere in che direzione andare. Al che però Engels avrebbe obiettato che la direzione più giusta viene decisa non dagli uomini bensì dalla *natura delle cose*: in caso contrario la vita diventa invivibile.

---

[35] Nei suoi *Princìpi del comunismo* Engels aveva detto che le crisi avvenivano ogni sette anni, anche se, in realtà, la prima grande crisi del capitalismo finanziario fu quella del 1637, detta "bolla dei tulipani". Citando Fourier, le fa risalire al 1825 e dice che la sesta era iniziata nel momento stesso in cui scriveva l'*Anti-Dühring* (1877). Marx invece, avendo in mente il periodo dal 1847 al 1867, dirà ch'esse ricorrono all'incirca ogni decennio, benché proprio lui spiegasse ai capitalisti come poterle evitare rispettando determinate proporzioni matematiche o parametri produttivi. Infine Engels arriverà alla conclusione che il ciclo decennale si era trasformato in un alternarsi, a carattere più cronico e di lunga durata, di periodi di ripresa relativamente brevi e poco accentuati, e di periodi di depressione relativamente lunghi e senza soluzione. Cioè in sostanza la periodicità delle crisi è abbastanza casuale. Non solo, ma la loro presenza non indebolisce affatto il capitale, se non vi è una forza politica che ne sappia approfittare, ma lo rafforzano, in quanto le imprese più forti inglobano quelle più deboli.

Questo suo modo di ragionare vien voglia di qualificarlo come "cinico". Infatti, s'egli avesse ragione, gli uomini, prima di capire che è davvero giunto il momento di far cambiare direzione di marcia al sistema, avrebbero bisogno di guerre catastrofiche, tali per cui essi siano indotti a trovare delle soluzioni solo perché disperati; senza considerare che il più delle volte non basta neppure questo, poiché nella disperazione si possono compiere errori ancora più grandi.

Se Engels potesse vedere la realtà odierna, si meraviglierebbe alquanto che dopo due guerre mondiali, sui morti e feriti delle quali non abbiamo neppure dati certi, e una lunga "guerra fredda", che più volte ci ha fatto provare l'angoscia di una catastrofe nucleare, per non parlare di quelle infinite guerre regionali, che si presentano con una periodicità disarmante, e che determinano imponenti flussi migratori, e dopo una pesantissima devastazione ambientale su quasi tutto il pianeta, l'idea di una transizione al socialismo non solo non ha fatto un passo avanti, da quando è rovinosamente crollato quella parodia di socialismo messa in piedi dallo stalinismo e dal maoismo, ma è addirittura uscita di scena da tutti i pubblici dibattiti, da tutti i mass-media di rilevanza nazionale, da tutti i programmi politici dei partiti parlamentari.

Oggi, se si fanno cose anche solo vagamente somiglianti all'ideologia socialista, ci si guarda bene dal classificarle in questi termini. La fine del cosiddetto "socialismo reale", simbolizzata dal crollo del muro di Berlino, ha comportato la fine di qualunque idea di socialismo, alla faccia di quei "processi senza soggetto" propagandati da chi pensa che nella vita ci si debba limitare a prendere atto delle cose.

La storia purtroppo dimostra – questo sì con un'evidenza disarmante – che il capitalismo è in grado di assumere le forme più stravaganti, come Proteo, a seconda delle situazioni: in Cina addirittura viene gestito da un partito sedicente "comunista". E in questo il capitalismo viene aiutato dal fatto che riesce a muoversi in una dimensione planetaria, senza incontrare alcuna vera resistenza, almeno non a livello internazionale. È da un pezzo che non esistono più le "Internazionali" comuniste, salvo la "Quarta", ideologicamente astratta, in quanto trotskista, e politicamente irrilevante, anche per le sue varie spaccature interne. Oggi un qualunque Paese volesse dichiararsi "socialista", scatenerebbe subito l'ira funesta del mondo intero. Neppure la terribile crisi americana dei "subprime" (i cosiddetti "derivati") che, a partire dal 2008, ha coinvolto e sconvolto il mondo intero, soprattutto quello bancario, essendo eminentemente finanziaria, ha fatto venire in mente a qualcuno che forse è il caso di verificare meglio la solidità delle fondamenta del sistema.

Se le cose vanno avanti indipendentemente dalla nostra volontà, non ci resta che fare piccoli lavori di ristrutturazione, sperando che, nell'insieme, la casa non crolli al prossimo terremoto. Abbiamo tutti un atteggiamento così fortemente fatalista proprio perché non siamo in grado di controllare il nostro "particolare". Ci sentiamo schiacciati da due entità esterne, che ne hanno rimpiazzate altre due, tipiche del Medioevo: Dio e la sua Chiesa. Oggi queste entità si chiamano *Stato* e *Mercato*. È vero, ci siamo laicizzati, ma per vivere sempre alle dipendenze di forze estranee, che ci impediscono d'essere noi stessi, cioè soggetti con potere decisionale autonomo.

La Terra ha smesso d'essere per noi il luogo ove potersi muovere liberamente, alla ricerca di nuovi ambienti, nuove risorse, nuove esperienze di vita, nuovi contatti umani, ma è diventata un'immensa prigione, da cui una semplice evasione individuale non avrebbe alcun senso, poiché sicuramente verrebbero a riprenderci. Bisogna piuttosto pensare a come distruggere questa prigione dall'interno, con la collaborazione di gran parte dei detenuti.

Il ruolo dello Stato nel socialismo

Nell'*Anti-Dühring* vi è una frase, scritta in corsivo, che pare la quintessenza del socialismo scientifico: "*Il proletariato s'impadronisce del potere dello Stato e anzitutto trasforma i mezzi di produzione in proprietà dello Stato*. Ma così sopprime se stesso come proletariato, sopprime ogni differenza di classe e ogni antagonismo di classe e sopprime anche lo Stato come Stato" (p. 337). Questo perché lo Stato è, nelle mani della borghesia, uno strumento per opprimere i lavoratori, così come lo era – aggiunge Engels – anche nel periodo dello schiavismo e del servaggio.

In pratica egli sosteneva che se lo Stato non rappresenta una classe particolare, ma l'intero popolo, la sua ragion d'essere viene meno. Da cosa debba essere sostituito lo spiega usando le parole di Saint-Simon: "Al posto del governo sulle persone appare l'amministrazione delle cose e la direzione [razionale, pianificata, autoconsapevole] dei processi produttivi. Lo Stato non viene 'abolito': esso si *estingue*". Qui Engels usa la stessa denominazione di Stato che si aveva durante il periodo della "stagnazione" nel cosiddetto "socialismo reale": lo "Stato popolare, libero" (lo "Stato di tutto il popolo") serve provvisoriamente, "in sede di agitazione", ma poi esso mostra "la sua definitiva insufficienza in sede scientifica".

Engels sembrava avere una concezione "magica" dello Stato, come di uno strumento che si può utilizzare a propria discrezione, a seconda delle finalità che ci si pone. Uno strumento in un certo senso astratto, neutrale, che può anche scomparire da sé quando tutti i suoi possibili utilizzi sono stati pensati.

Per tutto il periodo post-staliniano lo Stato sovietico aveva ereditato la morte della borghesia, già decisa e compiuta sotto lo stalinismo. Tutta la proprietà era stata da tempo espropriata e statalizzata. Eppure durante i governi di Chruščëv, Brežnev, Andropov, Suslov e Černenko si continuava a parlare di "Stato di tutto il popolo", come se si dovesse ancora combattere qualche nemico interno, oltre che esterno ovviamente, data la persistente "guerra fredda". Quella denominazione era una contraddizione in termini. Engels aveva detto che uno "Stato popolare" doveva servire "temporaneamente", al fine di eliminare la proprietà privata, "in sede di agitazione", contro la resistenza delle classi privilegiate. Ma poi si sarebbero dovute porre le basi per una "autoamministrazione" delle cose da parte della società civile: cosa che nella Russia rivoluzionaria era avvenuta solo nel momento iniziale dei soviet (consigli di operai, contadini e militari), che furono il vero organismo sociale che gestì in maniera collettiva tutte le fasi della rivoluzione bolscevica.

Sotto lo stalinismo i soviet furono sostituiti dal parlamento nazionale e quindi dai Ministeri, Dicasteri e dai loro organi periferici, e tutta la gestione dell'economia fu pianificata dall'alto, in maniera piuttosto autoritaria. Quando nel 1985 Gorbačëv volle por fine a questa assurdità, cioè di tenere in piedi uno Stato forte in presenza di un socialismo maturo, cominciò a dire che sarebbe stato sufficiente parlare di "Stato di diritto" e che il socialismo avrebbe dovuto essere più democratico e autogestito. Ma l'opposizione più forte l'incontrò proprio all'interno del partito comunista, per cui fallì tutto, sia il socialismo statale che quello democratico. E oggi bisogna ricominciare tutto da capo, senza rimpianti per il passato autoritario e burocratico del socialismo da caserma.

A ben guardare però il "socialismo reale" aveva messo in pratica un principio dell'*Anti-Dühring*: il proletariato deve impadronirsi dello Stato, se vuole eliminare se stesso come tale. Ma aveva completamente trascurato il secondo principio: una volta occupato dal proletariato, lo Stato deve progressivamente venir meno, decadere, spegnersi, a tutto vantaggio della società civile. Sia sotto lo stalinismo che sotto la successiva stagnazione burocratica lo Stato socialista sembrava essere perennemente in guerra con qualcuno. Il che, in parte, era vero: il capitalismo occidentale ha sempre voluto abbattere il socialismo sovietico. Lenin dovette affrontare l'interventismo straniero subito dopo la fine della I guerra mondiale; Stalin affrontò il nazismo; durante il periodo post-staliniano si dovette affrontare la "guerra fredda" contro gli Stati Uniti, che, per le ripercussioni che aveva, sembrava una sorta di guerra mondiale. Tutte queste continue minacce dall'esterno hanno forse giustificato il fatto che lo Stato, invece di estinguersi, si rafforzasse sempre più? Engels non era riuscito a prevedere che i nemici del socialismo non sono solo all'interno di una nazione, ma anche al suo *esterno*: era forse questo il messaggio che il cosiddetto "socialismo reale" voleva dare al proletariato mondiale?

Le cose dovevano andare così? E allora perché, dopo aver superato l'interventismo straniero, dopo aver vinto il nazismo, dopo aver fronteggiato la "guerra fredda" senza perdere alcun territorio, è crollato tutto? Ci sarà pur stata una motivazione di carattere "interno". Ha senso affibbiare tutte le responsabilità del crollo a Gorbačëv? Dopo 70 anni di socialismo statale, come mai s'è formata in Russia una "grande borghesia", i cosiddetti "oligarchi", tra i più ricchi del mondo? Cos'è che non ha funzionato in questo esperimento socialistico, sicuramente da non ripetere? Si poteva trovare nei testi del "socialismo scientifico" qualcosa che potesse scongiurare un esito così inglorioso? Davvero sono state solo le minacce esterne a impedire che, internamente, lo Stato avviasse la procedura della sua progressiva autoeliminazione a vantaggio della società civile? Per quale motivo la società non è stata messa nelle condizioni di doversi difendere autonomamente dagli attacchi dei nemici esterni? Quando avvengono attacchi del genere è assolutamente indispensabile la presenza di uno Stato centralizzato? E perché in tali casi particolari non è possibile avere uno Stato del genere quando la società è già suddivisa in comunità locali autogestite?

Forse è stato questo che non si è capito. È vero, quando si è attaccati da nemici esterni, la direzione della difesa va centralizzata, al fine di meglio coordinare tutte le operazioni, che ad un certo punto non potranno essere solo difensive ma anche offensive. Ma questo non vuol dire che lo Stato debba essere sempre presente come un'entità superiore che gestisce quotidianamente la società. Un socialismo sufficientemente maturo non ha bisogno di uno Stato autoritario, burocratico, dirigistico e paternalistico. Ha solo bisogno di darsi una direzione centralizzata in caso di guerra, come facevano le tribù barbariche quando dovevano eleggere provvisoriamente un re per affrontare meglio il nemico; finita la guerra però tutto tornava alla normalità dell'autogestione dei vari clan.

Lo Stato socialista, dai tempi dello stalinismo, non si è mai *fidato* della propria società. Ha soltanto voluto imporsi. E si è comportato così perché il partito comunista (che si identificava con lo Stato) voleva far diventare la Russia una nazione altamente industrializzata, in grado di competere, se non economicamente, almeno militarmente con l'occidente capitalistico. È stata l'idea di industrializzazione accelerata, da imporre con la forza alla gran massa di contadini, a rendere inevitabile il rafforzamento dello Stato. Si temeva che senza questa industrializzazione, sarebbe stato impossibile per la Russia resistere agli attacchi dell'occidente.

E fu così che si raggiunsero in pochissimo tempo livelli incredibili di prodotto interno lordo, sfruttando selvaggiamente la natura, tenendo bassi i salari e i prezzi (non influenzati da logiche di mercato) e opponendosi a qualunque forza sociale e politica che non capisse la necessità di tale svolta. La repressione fu durissima sotto lo stalinismo, mentre sotto la stagnazione la società si difese con la rassegnazione, i bilanci truccati, la corruzione a tutti i livelli e l'ipocrisia di chi dice di voler eseguire le direttive dall'alto e poi non lo fa.

L'esperienza del cosiddetto "socialismo reale" è fallita proprio perché la si era gestita, nei suoi livelli istituzionali, secondo criteri presi dal mondo borghese. In nome di una rivoluzione tecnico-scientifica si erano calpestati tutti i princìpi della democrazia, qualunque forma di rispetto della natura. Quell'esperienza non fu gestita tanto dal proletariato industriale, quanto dall'intellighenzia politica e burocratica. Gli intellettuali si trasformarono in una casta di privilegiati, indottrinati ideologicamente. Per l'idea di socialismo fu un disastro assoluto, senza precedenti storici. Da allora l'unica nazione di rilevanza mondiale che parla ancora di socialismo è la Cina, dove il partito comunista al governo gestisce una società che ha imboccato la strada del capitalismo.

Dunque, ci sono alternative al capitalismo? Sì, quelle di tipo socialistico. Sono alternative realizzabili in presenza di uno Stato forte? No, è la società che deve essere forte. E se la società, ad un certo punto, sceglie la strada del capitalismo? È un rischio che si deve correre. Gli uomini e le donne devono decidere da soli il loro destino: non ci può essere qualcuno o qualcosa che lo fa al loro posto.

Il ruolo degli intellettuali nel socialismo

Poniamoci ora una domanda decisiva per la realizzazione del socialismo democratico e per la quale sarebbe difficile trovare una risposta nei testi di Marx ed Engels: qual è la condizione (sempre che esista) per impedire che il ceto degli intellettuali, una volta statizzata l'economia, non diventi la nuova classe antagonistica del proletariato (rurale e industriale)? Questa domanda è resa necessaria dal fatto che in genere, a rivoluzione compiuta, gli uomini che hanno più capacità intellettuali o culturali tendono a prevalere su tutti gli altri. Si può evitare questo solo in virtù del fatto che viene abolita la proprietà privata dei mezzi di produzione?

Il proletariato potrà anche scomparire come classe sfruttata da imprenditori privati, ma se i mezzi di produzione sono "statalizzati" e al potere ci vanno solo gli intellettuali, cioè una élite di persone intellettualmente dotate (che, beninteso, possono anche provenire, socialmente, dalle classi inferiori), com'è possibile garantire che il proletariato (come qualunque altra classe sociale) non venga sfruttato dai funzionari statali, siano essi politici, amministrativi o militari? Ha senso creare un socialismo in cui lo Stato si sostituisce agli imprenditori privati per diventare una sorta di capitalista collettivo? Il plusvalore, quando le aziende sono pubbliche, non può forse essere sfruttato anche dallo Stato? Cioè nel caso in cui lo Stato garantisca la gratuità dei principali servizi sociali, cosa impedisce di distribuire un salario alla maniera capitalistica, ben al di sotto dell'effettiva capacità produttiva di un lavoratore? Se il salario deve soltanto servire a riprodurre la forza-lavoro, allora sotto il socialismo bisognerebbe lavorare, con gli strumenti tecnologici del capitalismo, solo poche ore al giorno.

Peraltro nei Paesi del cosiddetto "socialismo reale" lavorare, peraltro giustamente, era considerato un "obbligo", un dovere sociale, e non solo un diritto, come nei Paesi capitalistici: si poteva essere sanzionati se lo si rifiutava. È facile quindi rendersi conto che se non lavorare è un reato, il plusvalore è assicurato per legge. E in quei paesi non vi era certo lo strumento sindacale dello "sciopero" per riuscire ad aumentare i salari.

In un socialismo statalizzato, dove i salari sono molto bassi per poter garantire la gratuità dei servizi sociali e un costo della vita molto contenuto, il lavoro obbligatorio rischia di diventare una condanna come sotto il capitalismo. Anzi, è peggio, poiché il lavoratore socialista deve anche avere la convinzione ideale che sta lavorando per il bene dello Stato; deve sforzarsi di vedere lo Stato come qualcosa di positivo, anche se lo Stato non gli fornirà incentivi economici di sorta.

Come noto, il lavoratore occidentale, se è un minimo cosciente del ruolo che ricopre, vede sempre il capitalista privato come un soggetto negativo, e le uniche cose positive che ha sono la propria famiglia, i propri amici o i propri interessi. Se vuole compiere degli "sforzi intellettuali", si iscrive a un partito o a un sindacato, pensando, con ciò, di migliorare la propria condizione di vita o persino, se ha obiettivi eversivi, di abbattere il sistema.

Sotto questo aspetto, partire dal primato del capitale sul lavoro per arrivare al primato del lavoro sul capitale, in cui però il vero primato lo esercita lo Stato sullo stesso lavoro, non ha alcun senso. Il gioco non vale la candela. Il fatto che il nazismo non abbia vinto lo stalinismo dobbiamo considerarlo puramente casuale. Probabilmente se i tedeschi avessero occupato Stalingrado o se Hitler avesse deciso di occupare una città per volta, senza dividere le armate (contro il parere dei suoi generali) in tre diverse direzioni (Mosca, Leningrado e Stalingrado), i sovietici non ce l'avrebbero fatta. La vittoria dipese dalla volontà del popolo russo di resistere ad oltranza, avendo visto che il nazismo non era sicuramente migliore dello stalinismo e che quindi non poteva costituire alcuna vera alternativa. La Russia non ha certo vinto per merito della sua dirigenza politica. Anzi, Stalin, facendo vedere che la vittoria era dipesa anzitutto da lui, ne approfittò per rafforzare ancor di più le leve dello Stato, continuando a fare quel che aveva sempre fatto, sino alla fine dei suoi giorni, sempre più crudele e paranoico che mai.

Il problema grave da risolvere è quindi quello del "potere". Se si tiene in piedi lo Stato, la gestione del potere diventa molto rischiosa: facilmente si finisce in situazioni autoritarie. Stalin cominciò a diventare un "terrorista legalizzato" dopo aver tolto Trotsky di scena. Dopodiché a Trotsky piacque fare la vittima del carnefice, quando in realtà anche lui, al suo posto, avrebbe usato gli stessi strumenti amministrativi per far pagare ai contadini i costi della forzata industrializzazione. Quando Stalin si oppose a Bucharin, che stava dalla parte dei contadini, fece approvare le teorie di Trotsky a favore dell'industrializzazione forzata, non prima però di averlo espulso dalla Russia.

I bolscevichi non hanno voluto tenere minimamente in considerazione il cosiddetto "testamento politico" di Lenin, sicché tutta la Russia ne subì tragicamente le conseguenze. Eliminata l'opposizione interna, lo stalinismo divenne una forma di nazismo nei panni del socialismo statale. Nel socialismo scientifico c'è dunque un virus che rischia d'infettare l'intera transizione socialista. Per evitare la pandemia non solo la proprietà va "socializzata" e non "statalizzata"; non solo la società civile deve sostituire le istituzioni statali; ma anche all'interno della stessa società bisogna fare in modo che la gestione dei bisogni, l'amministrazione della cosa pubblica, l'esercizio del potere politico vengano il più possibile decentrati in piccole *comunità locali autogestite*, dove tutti i componenti si conoscono e si possono controllare a vicenda. In sé e per sé questo non può scongiurare gli abusi di potere, ma può favorire meglio una reazione positiva agli abusi di qualunque natura.

Se il cittadino vede che le istituzioni sono a portata di mano, è disposto a difenderle meglio o, se necessario, a contestarle con decisione, e non assume atteggiamenti fatalistici (quelli di chi vede le istituzioni così lontane da ritenerle del tutto immodificabili) o, al contrario, atteggiamenti fideistici (quelli di chi attribuisce sempre alle istituzioni, qualunque cosa compiano, una qualche plausibile ragione). È disposto ad assumersi delle responsabilità, in un senso o nell'altro, proprio perché sa che da esse possono scaturire degli effetti in tempi brevi. L'esercizio della democrazia popolare non può essere affidato a organismi statali; non ci può essere rappresentatività popolare nelle istituzioni parlamentari statali. *La democrazia o è diretta o non è*. I soviet praticavano la democrazia diretta e non a caso lo stalinismo li eliminò.

Una democrazia diretta deve per forza essere *locale*, circoscritta geograficamente: su questo Rousseau aveva perfettamente ragione. La concessione di poteri politici a organismi nazionali o sovralocali deve essere *limitata nel tempo, circoscritta ad argomenti specifici* e sempre *inversamente proporzionale alla distanza che separa gli organi nazionali dalle comunità locali.* Cioè quanto più un delegato è lontano geograficamente dalla comunità che l'ha eletto, tanto meno potere deve avere (o comunque tanto più limitato deve essere nel tempo). I rappresentanti degli interessi locali devono poter essere *revocati in qualunque momento* e sono tenuti a una *periodica rendicontazione.* Non possono fruire di alcuna immunità parlamentare e sono responsabili di qualunque parola che dicono o azione che compiono nell'esercizio del loro mandato. Poste queste condizioni, non occorre porre un limite al numero di volte in cui qualcuno può essere scelto come delegato di una comunità.

I presupposti materiali e immateriali della rivoluzione

Quel che del materialismo storico-dialettico va superata è l'idea, di derivazione marxiana, secondo cui è possibile socializzare i mezzi produttivi *solo* quando esistono le condizioni materiali per poterlo fare, cioè quando vi è una *necessità storica* dettata dal contrasto irriducibile ed evidente tra forze e rapporti produttivi. Tale contraddizione appare molto evidente nel capitalismo, in quanto pochi imprenditori privati (o monopoli) gestiscono un'intera economia nazionale, con risvolti internazionali.

Marx intendeva dire, a partire dal 1850, che nel capitalismo a lui coevo non era possibile una transizione al socialismo, non essendoci ancora i presupposti materiali per farla (Engels poi dirà che mancava lo sviluppo impetuoso della grande industria). Tuttavia si dava per scontato che prima o poi il becchino avrebbe suonato la campana a morte per gli espropriatori. Engels arrivò a dire che solo sotto il capitalismo più sviluppato ha senso il passaggio al socialismo, poiché così vengono ereditate le migliori conquiste tecnologiche. Entrambi erano dell'avviso che se anche fosse stata possibile una transizione socialista in un paese arretrato come la Russia, essa non avrebbe potuto reggersi in piedi senza una contestuale rivoluzione proletaria in Europa occidentale.

Tutte queste tesi vanno riviste completamente, se vogliamo salvare qualcosa del socialismo scientifico. Anzitutto il contrasto tra sfruttati e sfruttatori si verifica in ogni epoca storica posteriore al comunismo primitivo, per cui in una qualunque formazione sociale può prospettarsi la necessità di una realizzazione della proprietà comune. È assurdo pensare che la possibilità del socialismo sia una prerogativa soltanto nell'ambito del capitalismo. Anzi, la storia ha dimostrato che quanto più il capitalismo è avanzato, tanto meno si sviluppa la coscienza rivoluzionaria, ovvero che questa può emergere solo quando il capitalismo soffre di crisi recessive molto gravi o si lascia coinvolgere in guerre catastrofiche. In ogni caso senza l'apporto soggettivo delle forze rivoluzionarie, senza una capacità tattica e strategica di tali forze, non si prospetta alcuna transizione, ovvero non vi è "necessità storica" che tenga. Se anche le contraddizioni antagonistiche fossero acutissime, non per questo si ha diritto di pensare che la transizione sia imminente. Non ci sono automatismi di sorta quando si tratta di passare da una formazione sociale a un'altra.

Marx era arrivato ad assumere una posizione vicina all'hegelismo dopo il fallimento delle rivoluzioni borghesi e proletarie del 1848, cioè in piena crisi politica e personale. Ma non aveva mai escluso il ruolo rivoluzionario del proletariato industriale. Engels invece è più deterministico, più vicino alle idee del darwinismo e positivismo: è più propenso a credere che sarà la stessa borghesia a rendersi conto che andrà in rovina se continuerà a gestire la propria attività economica, utile all'intera società, in maniera privatistica, a meno che non sia lo stesso proletariato a insorgere. Diceva questo come se non sapesse che spontaneamente, nella storia, le forze privilegiate (intese come classe sociale) non hanno mai ceduto neppure un capello delle loro posizioni di rendita; come se non sapesse, sul versante del proletariato, che quando si è costretti ad agire istintivamente, perché spinti da circostanze estreme, si possono compiere cose tutt'altro che rivoluzionarie.

Se avesse potuto vivere nel Novecento si sarebbe facilmente accorto che tutte le esperienze di fascismo sono nate proprio per risolvere situazioni sociali molto precarie, ponendosi in alternativa alle proposte della sinistra, anzi, dimostrando che quelle proposte avrebbero potuto essere meglio realizzate proprio contro la sinistra. Il fascismo non è che una parodia del socialismo dal punto di vista piccolo-borghese. Le condizioni economiche erano assolutamente mature per compiere una rivoluzione socialista (come lo erano in Germania al tempo di Rosa Luxemburg). Quello che mancò fu proprio l'apporto *soggettivo* della dirigenza partitica, troppo abituata a un'opposizione più parlamentare che sociale, più legale che clandestina, più nel palazzo che nelle piazze. Una opposizione che, peraltro, non cercava l'apporto delle masse contadine, guardava con sufficienza la piccola-borghesia e non cercò mai di penetrare nelle forze armate: essa stessa si trovò quasi disarmata nel momento dello scontro fisico vero e proprio. Il socialismo dell'Europa occidentale, pur dichiarandosi laico, ha sempre dato l'impressione di voler ereditare la cultura cristiana; e siccome in tale cultura l'idea di violenza è, almeno teoricamente[36], bandita, non s'è mai preoccupato di unire alla strategia politica una strategia militare.

Il fascismo invece appare come una forma di neo-paganesimo, non avendo scrupoli ad usare la violenza. Ma appena riesce ad avere la meglio nello scontro con le forze socialiste, cerca subito con la Chiesa un compromesso politico per far fronte al nemico comune.

Dunque le tesi di Engels vanno riformulate. In astratto si può anche dire che la rivoluzione è facilitata dall'acutezza della crisi, ma nel concreto bisogna saperne approfittare, in quanto non vi è nulla di scontato, di automatico, e per riuscire a farlo con successo, bisogna addestrarsi a contestare il sistema, dentro e fuori dal parlamento, nei periodi di momentanea stabilità.

Prendiamo l'esempio dello schiavismo romano. Quando l'impero smise di espandersi e gli schiavi, di conseguenza, diminuirono, vi fu, in alcune situazioni produttive, la loro trasformazione in coloni, cioè in semi-schiavi, dotati di una certa libertà d'azione. Dai coloni ai servi della gleba il passaggio però non fu né breve né generalizzato, poiché, per poterlo fare, ci vollero le invasioni barbariche. Cioè gli schiavisti trasformarono gli schiavi in coloni per i loro interessi, non perché ritenevano ingiusto lo schiavismo. Ci volle una forza esterna per abolirlo. Dai tempi di Spartaco gli schiavi non ebbero mai la forza per emanciparsi, neppure quando lo schiavismo era giunto a un periodo di profonda crisi.

Questo vuol forse dire che non vi erano le condizioni storico-materiali per passare al socialismo? Al contrario: erano molto più forti allora che oggi. Infatti lo schiavismo aveva appena eliminato uno stile di vita diffuso in tutto il pianeta, quello del *comunismo primitivo*. La *memoria storica* di ciò che si era perduto era ancora presente. I barbari non praticavano lo schiavismo e quando si sostituirono agli agrari romani non pensarono affatto di ereditarlo, neppure mitigandolo nella sua durezza. Anzi, in un primo momento molti schiavi e coloni si liberarono del peso dei loro padroni. Il servaggio fu un'istituzione contestuale al rapporto vassallatico tra sovrano e feudatari, voluta soprattutto dai Franchi. Le altre popolazioni barbariche spesso si accontentavano di avere propri territori, ove poter portare avanti i propri usi e costumi.

Il cristianesimo contribuì sicuramente a rendere più umani i rapporti sociali, tant'è che l'impero bizantino non ebbe bisogno dei barbari per togliere di mezzo lo schiavismo. Gli bastò trasferire la capitale pagana in un territorio molto lontano, dove fu ribattezzata in senso cristiano,

---

[36] Almeno "teoricamente" perché sul piano pratico il cristianesimo ha praticato la violenza contro i pagani, gli eretici, le religioni ebraico-islamiche, le popolazioni colonizzate, ecc.

la "Nuova Roma".

Sotto il capitalismo la transizione socialista può far leva unicamente sul *desiderio di liberazione*, in quanto la memoria del comunismo primitivo è del tutto scomparsa. Quindi non è affatto detto che il proletariato sia maggiormente agevolato, come non è detto che la sua rivoluzione e la gestione del potere politico avvengano rispettando le modalità del comunismo primitivo. È anzi verosimile che all'inizio si proceda alla cieca, compiendo un errore dietro l'altro. Peraltro, essendo il capitalismo concentrato in una ristretta area metropolitana, che vive sulle spalle di una gigantesca area coloniale, tale istanza di liberazione in teoria dovrebbe essere molto più forte là dove si soffre molto di più, nonostante vi sia molta meno industrializzazione (e questo a dispetto delle teorie del socialismo scientifico). L'idea che aveva Engels di industrializzare tutto il mondo per poter avere un vasto proletariato operaio, che sicuramente avrebbe avuto la forza d'imporre il socialismo su scala mondiale, oltre che essere ecologicamente pericolosa, è politicamente quanto meno utopistica.

Probabilmente Engels era giunto a tale conclusione perché aveva una considerazione piuttosto negativa degli intellettuali (era forse una sua eredità psicologica mutuata dal pietismo paterno?). Scrive infatti: il socialismo "diviene realizzabile non già per mezzo della conoscenza acquisita che l'esistenza delle classi contraddice alla giustizia, all'uguaglianza, ecc., non già per mezzo della semplice volontà di abolire queste classi...". Ma diviene realizzabile per un'esigenza intrinseca ai processi produttivi.

Tuttavia, se le cose fossero così, non sarebbe dovuta nascere alcuna rivoluzione borghese, anticipata dalle riflessioni di intellettuali che ritenevano la posizione privilegiata degli aristocratici un'autentica vergogna. O forse Engels voleva dire che proprio quegli intellettuali borghesi non arrivarono mai a formulare delle idee socialiste proprio perché, al loro tempo, il capitalismo non era sufficientemente maturo? Questa però sarebbe una sciocchezza. La classe dei sanculotti aveva idee "socialiste" (come prima di loro le avevano avute i Livellatori al tempo della rivoluzione inglese, o Thomas More al tempo dello scisma anglicano); Babeuf, Darthé e Buonarroti anticiparono nettamente il socialismo utopistico[37]; i rivoluzionari francesi chiesero di abolire lo schiavismo coloniale e in al-

---

[37] Nel *Manifesto degli Eguali* (1796) Babeuf, seguace di Robespierre, dichiara che il popolo lavoratore deve impadronirsi del potere, spazzare via le classi sociali, ecc. Al suo tempo vi era già la piena consapevolezza dei limiti del capitalismo, per cui non vi sarebbe stato alcun bisogno di aspettare i suoi ulteriori sviluppi.

cune colonie lo si fece davvero, ribellandosi politicamente.[38] Le idee francesi di emancipazione femminile (quelle per le quali Olympe de Gouges pagò con la testa) anticiparono di molto quelle delle suffragette inglesi.[39] Se vogliamo tutte le idee della "democrazia diretta", sin dai tempi del modello ateniese, contengono elementi che possono essere rapportati al socialismo.

Semmai potrebbe esser giusto dire che non basta avere consapevolezza delle ingiustizie per saper come fare a superarle, cioè che occorre non solo una determinata volontà politica ma anche una certa capacità organizzativa. Ma dire che tale conoscenza e tale volontà dipendono strettamente dalla presenza di "certe nuove condizioni economiche", non ha senso. Vien quasi da credere che quando Engels lo diceva stava forse pensando che uno sviluppo maturo della grande industria avrebbe fatto capire ai lavoratori ch'essi hanno le chiavi in mano per dominare la natura e che devono abbandonare qualunque atteggiamento di deferenza nei confronti della divinità e quindi nei confronti di chi, sulla Terra, se ne fa rappresentante, predicando astratte teorie sul peccato originale, sulla non-violenza, sulla grazia da meritarsi, ecc.

Diciamo che la conoscenza e la volontà sono in relazione alla *gravità* di una crisi economica in atto, cioè alla sua profondità o vastità. Il solo fatto di pensare che le transizioni maturino spontaneamente in virtù di determinate "condizioni economiche", implica che si abbia, quanto meno, una concezione magica della realtà.

Se Lenin non avesse puntato sulla *conoscenza* ("nessuna prassi rivoluzionaria senza teoria rivoluzionaria") e contemporaneamente sulla *volontà* ("è necessario un partito di professionisti della politica"), non sarebbe mai stata fatta alcuna rivoluzione comunista, proprio perché la gran parte dei socialisti russi riteneva che i tempi non fossero maturi. Aveva ragione Gramsci quando diceva che quella rivoluzione era stata fatta *contro* il *Capitale* di Marx. Gramsci fu forse il primo comunista italiano a capire che il leninismo era superiore al marxismo, anche se non ebbe mai la capacità d'imitarlo. Di qui forse la sua idea, un po' idealistica, di far conquistare *culturalmente* agli intellettuali organici la società civile *prima* di conquistare *politicamente* lo Stato. Come se esistesse un "prima" e un "dopo"; come se si possa essere, così facilmente, così tranquillamente, a seconda delle situazioni, prima "riformisti" e poi "rivoluzionari"; come se, quando si è "culturalmente riformisti", la sinistra non abbia a che fare con una potente borghesia, che, coi mezzi a disposizio-

---

[38] Cfr C.L.R. James, *I giacobini neri*, ed. Feltrinelli, Milano 1968.

[39] Cfr A. Rossi Doria, *Il primo femminismo (1791-1834)*, ed. Unicopli, Milano 1993.

ne, non sia capace di distogliere gli intellettuali dal trasformarsi in soggetti politicamente rivoluzionari. Anche Gramsci, in carcere, scontava la delusione del fallimento dei moti rivoluzionari nel cosiddetto "Biennio rosso", e fu indotto a inventarsi delle tesi "socialdemocratiche".

In realtà esiste soltanto la preparazione di un largo consenso di massa (il che non vuol dire avere la "maggioranza assoluta"), mediante l'uso di vari organi informativi, gestiti da un partito di militanti adeguatamente addestrati, "pescatori di uomini", che sanno approfittare della grave debolezza del sistema per compiere una rivoluzione popolare. Sulla transizione al socialismo non si può e non si deve dire altro, poiché tutto quello che di diverso può essere detto, è solo l'azione del momento che può deciderlo.

Di sicuro completamente sbagliata è la tesi engelsiana secondo cui "la divisione della società in una classe che sfrutta e una classe che è sfruttata... è stata la conseguenza necessaria del precedente angusto sviluppo della produzione". Una tesi così marcatamente spinoziana (ma Engels avrebbe detto hegeliana) è tipica di un socialista "scientifico", ma non ha riscontri storici. La scienza (quella "sociale", non quella naturalistica) non si basa sulla *necessità* più di quanto non debba basarsi sulla *libertà*. Il materialismo storico-dialettico ha a che fare con *soggetti umani*, non con animali e piante che vivono d'istinto. Non esistono necessità umane improrogabili, se non quelle legate ai bisogni fisiologici. Non esistono aspetti inevitabili cui non sia possibile porre un'alternativa, se non appunto quelli determinati dalle leggi ancestrali della natura. Semmai esistono conseguenze necessarie che dipendono da determinate scelte. Ma prima esistono le *scelte*, le decisioni che vanno prese sulla base di almeno due *opzioni*. Se non fosse così, la vita su questa Terra non meriterebbe d'essere vissuta.

A partire dalla nascita dello schiavismo la storia è certamente storia di lotte di classe, ma non è storia di passaggi obbligati da una formazione sociale a un'altra, o da un modo di produzione a un altro, o da una mentalità a un'altra. Non solo il crollo dello schiavismo, ma anche quello del servaggio feudale avrebbero potuto portare tranquillamente al *socialismo della proprietà comune* (cosa che si ritrova, p.es., in certe esperienze monastiche), ovvero al ripristino, in forme diverse, del comunismo primordiale. Avrebbe potuto farlo il crollo dello schiavismo, poiché solo in alcune aree del pianeta esso fu responsabile della distruzione di quel comunismo; ma anche il crollo del servaggio, poiché questo era prevalentemente agricolo, e quindi più attento alle esigenze riproduttive della natura.

Feudalesimo, capitalismo e socialismo

La comunità locale autogestita

Quando un intellettuale scrive – sia egli socialista o liberista – che nel Medioevo "i mezzi di lavoro, terra, attrezzi agricoli, laboratori, utensili, erano mezzi di lavoro individuali, destinati solo all'uso individuale, quindi necessariamente modesti, minuscoli, limitati", offre solo l'impressione d'essere un soggetto esclusivamente urbanizzato, cioè totalmente estraneo a una comunità agricola.

Engels, come d'altra parte Marx, era un intellettuale borghese con idee socialiste.[40] In Inghilterra non era solo uno sradicato perché profugo dalla Germania, ma lo era anche perché detestava il mondo rurale, la classe contadina, che giudicava del tutto incapace a realizzare la transizione socialista. Di qui il giudizio sprezzante verso i cosiddetti "popoli senza storia" dell'Europa dell'est e di quei continenti oggetto di colonialismo. Di qui il suo giudizio parzialissimo sul Medioevo.

Nella sua visione urbanistica e industrializzata delle cose la comunità locale era asfittica per definizione; la sua produzione economica era inevitabilmente minimalistica, in quanto non-tecnologica e quindi incapace di vero progresso, anzi d'intralcio a quest'ultimo. La comunità di villaggio, col suo autoconsumo, col suo baratto, con la vendita al mercato solo delle eccedenze, col suo primato del valore d'uso, per lui era affetta da "individualismo". Eppure Marx gli aveva scritto in una lettera del 1869 che l'invasione inglese aveva truffato l'Irlanda di tutto il suo sviluppo, rigettandola indietro di secoli, e l'Irlanda – secondo i canoni di Engels – doveva già essere considerata molto indietro, visto che, a detta dello stesso Marx, fino al 1600 aveva avuto ancora la proprietà comune della terra.

Qual è dunque la differenza tra l'economista borghese e quello socialista? O tra l'intellettuale tedesco e quelli inglesi, che avevano saputo fare della loro isola il fulcro del capitalismo mondiale? La differenza, in ultima istanza, stava nell'*idealismo filosofico*. Esattamente come Marx, Engels era cresciuto in una nazione che sul piano filosofico poneva gli interessi delle istituzioni, dello Stato, dell'etica sociale al di sopra di quelli individuali, tipicamente borghesi, che non a caso in Inghilterra avevano

---

[40] Bisogna anche dire che il tasso di eticità di entrambi era in rapporto esclusivo a una giustizia di tipo economico. Nessuno dei due ha mai attribuito all'etica un valore autonomo, né scritto qualcosa su questo argomento.

fatto nascere l'*empirismo*, che negli Stati Uniti si chiamerà *pragmatismo*.

Nella mente idealistica di Engels, abituata a guardare le cose secondo la categoria hegeliana della *necessità*, la Germania sarebbe dovuta diventare il modello perfetto di socialismo per l'intera umanità. Se il proletariato fosse riuscito a espropriare i capitalisti, essa avrebbe addirittura posto le basi per la progressiva estinzione dello Stato politico. Non ci sarebbe stato, beninteso, un ritorno al Medioevo, in cui i mezzi di lavoro "appartenevano, di regola, al produttore stesso", ma ci sarebbe stato un balzo in avanti, in quanto il proprietario sarebbe stato un *collettivo industrializzato*, una classe operaia in grado di pianificare razionalmente tutta la propria attività, la quale sarebbe divenuta un modello efficiente di organizzazione produttiva anche per il mondo contadino.

Che cos'è dunque il socialismo nella mente borghese di Engels? È la costruzione di una società in cui dei lavoratori sradicati dalla terra, finiti in agglomerati tecnologici costruiti dalla borghesia, in cui si trovano completamente spersonalizzati, in quanto semplici ingranaggi di macchine imponenti, vengono liberati (o si liberano da soli) della loro schiavitù salariata, cominciando finalmente ad appropriarsi del senso del loro lavoro, ovviamente non senza la guida di intellettuali non meno sradicati di loro, che fanno del lavoro teorico la loro unica occupazione e che naturalmente ambiscono a diventare dei dirigenti politici, dei funzionari amministrativi, degli educatori di masse rozze e ignoranti.

È questo il "socialismo scientifico" che dobbiamo realizzare? Il vero socialismo "democratico"? Davvero una vita vissuta all'interno di una società che da molto tempo è industrializzata (e che addirittura appartiene a una "civiltà borghese" ad essa di molto antecedente) può favorire la nascita di idee *alternative* al sistema?

Un intellettuale che avesse davvero avuto a cuore la vita dei contadini non avrebbe mai detto che "la funzione storica" del capitalismo (e quindi della borghesia) è stata quella di "concentrare i mezzi di produzione sparpagliati e ristretti [del mondo rurale], estenderli, trasformarli nelle leve potentemente efficienti della produzione attuale".

Come può un intellettuale democratico accettare l'idea che, in nome del "progresso tecnologico", si possa far fuori un numero spropositato di individui e di comunità? Valeva la pena rinunciare a tradizioni ancestrali, che avevano fatto vivere per secoli e secoli intere generazioni di lavoratori e di famiglie, in nome di un convulso progresso tecnico-scientifico, in continua trasformazione proprio a causa della concorrenza antagonistica tra gli imprenditori privati, e che, per questa ragione, rende impossibile preventivare tutte le possibili e più gravi conseguenze.

Peraltro quello borghese è stato un progresso vantaggioso per chi? Davvero gli operai industriali fruivano di condizioni di vita migliori di quelle dei servi della gleba? Fino a quando non saranno organizzati sindacalmente, gli operai di fabbrica (uomini, donne e bambini) vivevano in condizioni terribili, assolutamente disumane: erano molto più affamati loro dei contadini, molto più malati e con meno speranza di vita. Lo stesso Engels, quand'era giovane e aveva appena iniziato a lavorare per l'azienda di suo padre a Manchester, aveva scritto un importante libro sulla condizione degli operai inglesi (settembre 1844 - marzo 1845): un libro che aprì gli occhi allo stesso Marx sui problemi economici dell'industrializzazione avanzata.

Ora invece, a distanza di trent'anni, domina il cinismo più subdolo, quello ammantato di idealismo: sull'altare della storia della produzione economica viene sacrificata qualunque considerazione etica, umanitaria, semplicemente in nome del progresso scientifico e tecnologico della specie umana. A differenza di Marx, che non escludeva, nel suo carteggio con la rivoluzionaria Zasulič, una transizione russa che passasse direttamente dal feudalesimo (o comunque dalla comune agricola) al socialismo, Engels invece non aveva dubbi nel sostenere che l'unica transizione possibile dal feudalesimo al socialismo è quella che passa per il capitalismo. Come se i contadini non avessero sostenuto lotte imponenti per liberarsi del servaggio! Come se queste lotte non le avessero fatte con l'intenzione di diventare liberi, padroni della terra che coltivavano! Come se i contadini avessero aiutato la borghesia a eliminare il potere nobiliare perché potessero diventare degli operai salariati! Come se i contadini, nella lotta contro l'aristocrazia fondiaria, non siano stati ingannati dalla borghesia, quando questa prometteva loro che la città li avrebbe resi liberi di arricchirsi in maniera facile e veloce! Come se non potesse esistere un "socialismo agrario" indipendentemente dagli sviluppi dell'industria! Come se tale socialismo, per potersi definire tale, avesse necessariamente bisogno di dotarsi delle più avanzate tecnologie per lavorare la terra nel migliore dei modi!

In realtà Engels ricostruiva i processi storici a proprio uso e consumo; e bisogna stare attenti quando dice che si limitava a dare corpo, sul piano teorico, alla concezione materialistica della storia sviluppata, a grandi linee, da Marx. Indubbiamente egli è stato il primo e principale interprete di Marx, ma anche quello che ha forzato il suo pensiero in una direzione eccessivamente deterministica, di tipo economicistico. Engels guardava la storia col senno del poi: il senno delle ferrovie, delle estrazioni minerarie, delle macchine a vapore, dell'elettricità, dei telegrafi, delle grandi industrie e delle grandi comodità quotidiane (per chi poteva permettersele). Per lui era evidente che il passato, essendo privo di tutte queste cose, non avrebbe potuto sperimentare alcuna transizione al socialismo.

Ecco qual era il progresso borghese che lo affascinava: quello che produceva molto in poco tempo, quello che faceva risparmiare fatica e tempo di lavoro, quello che riduceva le distanze tra gli spazi geografici (si pensi solo alle navigazioni transoceaniche grazie al vapore), quello che garantiva tempo libero per coltivare i propri interessi[41] e che faceva del denaro non solo un mezzo di circolazione e uno strumento per equiparare tra loro le merci, per facilitare la compravendita, ma anche un mezzo per fare investimenti d'ogni sorta, allargando così la ricchezza generale di una nazione.

Che cosa c'era di "socialista" in questa concezione economica della vita? Per dirsi "socialisti" era davvero sufficiente perorare la causa della proprietà *pubblica* dei mezzi produttivi? Qui ci viene in mente il libro che Engels scrisse nel 1850 sulla guerra contadina in Germania contro la nobiltà, in cui aveva sostenuto che i contadini, *proprio perché tali*, proprio perché vissuti nel XVI secolo, proprio perché guidati da un leader religioso, Thomas Müntzer, non avrebbero mai potuto vincere. Quando scrisse quel libro gli bruciava ancora la sconfitta subita dalla borghesia tedesca nel 1848-49, in cui lui stesso si era lasciato coinvolgere: una borghesia che non aveva saputo liberarsi dell'egemonia aristocratica degli junker, appoggiati politicamente dall'assolutismo della monarchia ereditaria prussiana.

In Germania Engels vedeva sia i contadini che la borghesia come classi politicamente molto deboli, incapaci di interfacciarsi in maniera costruttiva con gli operai industriali, incapaci di compiere qualunque rivoluzione democratica. Era vero, e forse per poter recuperare il tempo perduto, la borghesia tedesca sarà costretta a far scoppiare due guerre mondiali. Ma che cosa avevano fatto gli intellettuali socialisti per avvicinare il proletariato industriale ai contadini e alla piccola-borghesia in vista di una rivoluzione politica? Poco e nulla. Gli intellettuali socialisti si rivolgevano prevalentemente al proletariato industriale e solo secondariamente alla piccola-borghesia, la quale, in ogni caso, al tempo di Engels veniva mal vista, proprio perché incoerente, timorosa di finire tra le fila del proletariato e desiderosa però di arrivare, un giorno, alle vette della grande borghesia. Quanto ai contadini, non venivano neppure presi in

---

[41] Non dimentichiamo che Engels poté fare il teorico del socialismo e mantenere la famiglia di Marx lavorando per vent'anni presso l'azienda cotoniera Ermen & Engels di Manchester, che aveva permesso a suo padre (pietista e calvinista), comproprietario sin dal 1838, di raddoppiare il proprio capitale in dodici anni. Dal 1850 al 1870 Engels condusse un'esistenza, mentre era impiegato nella ditta, da perfetto "borghese", ancorché soffrisse in coscienza di questa curiosa contraddizione. Nel 1864, dopo la morte del padre, egli divenne socio dell'azienda, beneficiando di un 5% su tutti i profitti.

considerazione: troppo rozzi e ignoranti, troppo meschini ed egoisti, i peggiori tra la piccola-borghesia. Tutto il contrario di quel che fecero i bolscevichi, assai più duttili e flessibili dei loro colleghi tedeschi, per preparare la loro rivoluzione.

L'esule politico Engels s'illudeva che nei due paesi più avanzati d'Europa (Francia e Inghilterra) la borghesia stesse esaurendo la sua forza propulsiva e che il suo potere fosse soltanto la "sopravvivenza" di un glorioso passato (quel passato che la Germania non aveva potuto avere, pur avendo fatto la Riforma protestante). Era assolutamente convinto che una borghesia troppo forte economicamente non è più grado di gestire il sistema in maniera razionale. Per questo sosteneva, con una frase tanto lapidaria quanto ingenua, che "dietro i grossi borghesi stanno i proletari", nel senso che quanto più la borghesia imprenditoriale si sviluppa, tanto più aumenta il proletariato che porrà fine alla proprietà privata.

Ai suoi occhi tutto doveva apparire semplice e lineare. Vedeva già la borghesia più avanzata costretta a cercare intese con gli operai, onde evitare derive autoritarie di tipo militare, mentre disprezzava quella tedesca, ancora molto debole, che, per sopravvivere, preferiva allearsi con le forze più reazionarie, cioè con la monarchia, l'esercito, la burocrazia, la grande nobiltà, i piccoli nobili rurali, persino la Chiesa. Non avrebbe mai potuto immaginare che sarebbe stato proprio il grande imperialismo anglo-francese a scongiurare, nelle loro rispettive nazioni, la deriva autoritaria e a permettere una grande intesa opportunistica (avallata proprio dalla socialdemocrazia), secondo cui per evitare la transizione socialista sarebbe stato sufficiente aumentare i salari degli operai industriali. L'autoritarismo militare caratterizzerà invece nel Novecento molte altre nazioni europee con scarsa rilevanza imperialistica: Spagna, Portogallo, Italia, Germania, Belgio... Gran parte dei governi "fascisti" si svilupparono persino nell'Europa agricola dell'est (Bulgaria, Romania, Ungheria, Grecia...), ancora a digiuno di una vera e propria rivoluzione borghese. Per non parlare dell'America Latina, ove quasi tutti i Paesi conobbero il fascismo negli anni Trenta.

Engels non era un politico "socialista"; era solo un intellettuale che, mentre sponsorizzava la causa del proletariato, si rivolgeva alla classe borghese più avanzata, chiedendole di prendere atto che il suo ruolo politico era al capolinea, e che se voleva continuare ad aumentare, migliorandola, la produzione, doveva accettare l'idea di pianificarla razionalmente, rinunciando all'anarchia conseguente alla proprietà privata dei mezzi produttivi. Il socialismo, per lui, non era che uno sforzo moralistico, di tipo kantiano, che doveva compiere una classe egoista in direzione del bene comune, nella consapevolezza, questa volta tutta hegeliana, che i processi storici sono assolutamente oggettivi e non possono essere impediti dalla volontà umana: o ci si adegua, più o meno velocemente, o si viene travolti. Come già Darwin aveva detto nel campo delle scienze naturali.

La funzione storica della borghesia

Sarebbe sciocco non ammettere che se la borghesia ha avuto una "funzione storica" positiva, è stata quella di aver abbattuto i privilegi di un ceto aristocratico (laico ed ecclesiastico) che non voleva riconoscere ai contadini alcun diritto e che guardava dall'alto i benestanti privi di ascendenze nobiliari. Il possesso della terra dava ai concetti di "razza e sangue" il loro notevole peso.

E la borghesia riuscì nell'impresa di togliere alla nobiltà il potere politico, ridimensionando di molto quello economico, proprio grazie all'aiuto dei contadini. La sua funzione positiva non è certo stata quella di aver trasformato i contadini in operai salariati o in capitalisti agrari.

D'altra parte anche la nobiltà, che in origine proveniva dalle orde barbariche, aveva svolto una funzione storica progressiva, quella di trasformare lo schiavismo, che per sua natura era ripugnante, in servaggio, servendosi della maggiore eticità del cristianesimo, che riconosceva alla persona un certo valore. Quando i barbari, già cristianizzati (seppur solo nella forma ariana), penetrarono nell'impero romano, furono considerati dei "liberatori" da parte degli schiavi, ma anche da parte delle persone libere che, a causa dei debiti e delle vessazioni statali, si stavano proletarizzando.

I barbari non riuscirono a distruggere le fondamenta della parte orientale dell'impero, perché qui, a partire da Costantino, si cominciò a capire che il cristianesimo era migliore del paganesimo e la servitù migliore dello schiavismo. Gli stessi proprietari terrieri dovevano sottostare alle direttive dello Stato, ovvero dell'imperatore, che aveva tutto l'appoggio della Chiesa. Nell'impero bizantino i barbari furono progressivamente assorbiti, culturalizzati, senza particolari traumi, in quanto si riconobbe il loro giusto peso. Bisanzio non ebbe nei loro confronti un atteggiamento egemonico. La Chiesa ortodossa non ebbe mai le ambizioni di una giurisdizione universale, come quelle della Chiesa romana.

Gli imperatori bizantini avevano capito che se i confini del loro impero non fossero stati difesi dagli stessi contadini, non ce l'avrebbero mai fatta contro i barbari, gli arabi, i turchi... Per questo furono costretti a riconoscere ai contadini molti più diritti di quelli che avevano i loro colleghi nell'area occidentale occupata dai barbari di religione ariana o, in misura minore, pagana.

Quando i Franchi, una volta accettato il compromesso ideologico-politico col papato, vollero imporsi su tutta l'Europa non bizantina, rivaleggiando col basileus, i rapporti agrari cominciarono ad assumere quella caratteristica di "dipendenza personale" che in occidente resterà immutata fino alle rivoluzioni borghesi. Il feudalesimo dell'Europa occidentale prevedeva che su un territorio locale il nobile, proprietario terriero, potesse comportarsi come un sovrano. I contadini diventavano strumenti a sua completa disposizione.

È stato forse un caso che proprio in Europa occidentale sia nata la cultura borghese? Cioè quella cultura che non riconosce alcuna autorità politica che non sia la propria? Una cosa del genere sarebbe stata impensabile nell'impero bizantino. Qui si aveva molto di più la concezione dello Stato e, almeno tendenzialmente, non si permetteva alle classi sociali di comportarsi come volevano. Tale concezione fu ereditata dall'impero zarista, quando Bisanzio crollò sotto il peso delle occupazioni latine, arabe e turche, anche se, al tempo degli zar, la nobiltà terriera aveva molto più potere di quello che aveva la sua collega nei territori bizantini (un potere così grande che, a causa della propria frammentazione, determinerà il successo dell'invasione mongola, la cui direzione era invece molto centralizzata).

Nell'Europa orientale la borghesia non si formò come nell'area occidentale, proprio perché essa era tenuta sotto controllo da parte dell'autorità statale. Lo stesso avvenne in Cina o in India e nel mondo islamico. Viceversa, quando nell'Europa cattolica si impose un papato che voleva sottrarsi a qualunque controllo imperiale, e che anzi, esso stesso, voleva trasformarsi in uno Stato a tutti gli effetti, fu evidente che l'autorità politica imperiale aveva perduto la propria totale sovranità, e la conclusione della lotta per le investiture ecclesiastiche stava lì a dimostrarlo.

La Chiesa romana si servì sia della nobiltà rurale che della borghesia urbana per vincere la propria battaglia contro gli imperatori e per diventare essa stessa un potente Stato, tale da rendere difficilissima l'unificazione nazionale della penisola italica. Il papato permise alla stessa borghesia di opporsi alla nobiltà, perché, in cambio, nelle città riceveva grandi favori, e soprattutto perché, grazie ai capitali della borghesia, poteva pagare gli eserciti mercenari con cui opporsi con efficacia alle ambizioni egemoniche di qualunque sovrano, almeno fino a quando non accettò di patteggiare coi reali di Spagna l'imposizione della Controriforma. Solo i contadini dovevano stare sempre sottomessi.

Senonché la borghesia, per sua natura, non tollera, alla lunga, padroni che la possano dominare, per cui inevitabilmente finì col ribellarsi alla stessa Chiesa. Nel nord Europa il conflitto produsse la Riforma protestante e quindi la libertà borghese di agire indisturbati (salvo che in Germania, dove gli stessi sovrani e la nobiltà divennero protestanti, continuando a dominare come prima). In Italia invece, ove pur era nata la borghesia come classe sociale autonoma, la Chiesa romana, fortemente politicizzata, reagì scatenando la Controriforma, con cui, grazie al decisivo appoggio spagnolo, reso fortissimo dalla colonizzazione americana, si pose fine allo sviluppo borghese.

Olanda, Francia e Inghilterra furono i motori dello sviluppo mondiale del moderno capitalismo. In tutte e tre le nazioni fu il calvinismo ad avere la meglio: in Olanda unendosi virtualmente all'ebraismo e dedicandosi prevalentemente ai commerci transoceanici, senza sviluppare una forte ed estesa industria; in Francia unendosi al cattolicesimo secondo la formula della Chiesa gallicana, ch'era cattolica sul piano politico e calvinista su quello socio-economico, e mirando a conquistare anzitutto l'Europa continentale; in Inghilterra trasformandosi in anglicanesimo, un ibrido tra cattolicesimo formale e calvinismo sostanziale, e puntando decisamente alla produzione industriale e, dopo aver perso la guerra dei Cent'anni, alla conquista degli oceani e relative colonie.

La cultura borghese, la prassi economica tipicamente individualistica della borghesia è un prodotto dell'Europa occidentale, che riuscì a trovare nel Nordamerica il terreno più fertile ove svilupparsi, proprio perché qui non doveva combattere né la nobiltà feudale, né i sovrani cattolici, né la Chiesa romana, ma solo le tribù indiane, tecnologicamente molto arretrate rispetto agli standard europei.

Dunque che "funzione storica" ha avuto la borghesia? È forse stato un caso che nell'Europa dell'est si sia passati dal feudalesimo al socialismo? Per eliminare i privilegi della nobiltà era davvero così importante lo sviluppo di una borghesia individualistica? Il fatto che anche nell'Europa dell'est la cultura borghese abbia avuto la meglio sul socialismo statalizzato, dobbiamo vederlo come un progresso dell'umanità? Davvero non c'era altra alternativa? Davvero i contadini, ribellandosi al loro servaggio, non avrebbero potuto costruire un *socialismo agrario*, saltando la fase del capitalismo? Perché dobbiamo vedere la storia come un susseguirsi inevitabile di formazioni sociali secondo lo schema del cosiddetto "socialismo scientifico"? Non è forse giunto il momento di chiedersi che tipo di socialismo vogliamo edificare, visto che quello statalizzato è fallito clamorosamente?

Hosea Jaffe, grande economista marxista, alla fine della sua vita si chiese se era davvero necessario il capitalismo per realizzare il socialismo.[42] Forse sarebbe il caso di ripartire da qui.

---

[42] *Era necessario il capitalismo?*, ed. Jaca Book, Milano 2010. Ma di lui bisogna leggersi anche *La liberazione permanente e la guerra dei mondi* e *Abbandonare l'imperialismo*, tutti della medesima casa editrice.

La socializzazione nel capitalismo

Engels considerava la socializzazione vissuta dagli operai nelle fabbriche infinitamente superiore all'individualismo agrario dei contadini. Questo non solo perché, grazie al macchinismo, si potevano produrre moltissime merci in poco tempo, ma anche perché, dovendo lavorare tutti insieme nello stesso momento, era molto più facile organizzarsi sindacalmente, acquisire una coscienza di classe e combattere il padronato al fine di realizzare la proprietà comune dei mezzi produttivi.

È assai curioso, in questa sua analisi, ch'egli vedesse i contadini come degli individui isolati. Un'osservazione del genere avrebbe avuto senso in riferimento ai grandi latifondisti o ai capitalisti agrari o anche ai fittavoli, i quali comunque utilizzavano i servi della gleba o i salariati agricoli. Ma i contadini non sono mai stati isolati, neppure quando nacque la borghesia, che infatti prima di affermarsi, introducendo il capitalismo nelle campagne, ci mise non pochi secoli.

Le comunità di villaggio sono sempre state molto diffuse: basterebbe leggersi i tre volumi curati da M. Guidetti e P. H. Stahl per convincersene.[43] Semmai erano gli aristocratici agrari che cercavano di sottomettere tali comunità, di ridurre i loro diritti, d'imporre loro varie forme di tributi o di *corvées*. In Europa orientale addirittura le comunità di villaggio sono esistite sino alla fine dell'Ottocento, cioè sino a quando non è cominciato a essere introdotto il capitalismo proveniente dall'Europa occidentale. Esse riuscirono a difendersi egregiamente per molto tempo dalle pretese dei nobili.

In ogni caso, anche quando lavorano la terra, i contadini non sono mai isolati: i lavori agricoli, sempre molto faticosi, non possono essere condotti individualmente. Le loro stesse famiglie, essendo patriarcali, erano molto numerose, allargate, in quanto i figli, una volta sposati, non si allontanavano dal villaggio, anzi, continuavano a fare i lavori di sempre. Semmai erano le famiglie ristrette, monogamiche, degli operai a incontrare un'infinità di problemi dovuti al carovita, all'esiguità dei salari, all'esosità degli affitti.

La vita dell'operaio, agli albori del capitalismo, era assolutamente disperata, ai limiti della sopravvivenza, non molto diversa da quella degli schiavi al tempo dei Romani. Lo stesso Engels l'aveva documentato

---

[43] *Il sangue e la terra*; *Le radici dell'Europa*; *Un'Italia sconosciuta*, ed. Jaca Book. Sembra che Engels non sappia nulla delle lotte sostenute dai contadini contro la nobiltà. Cfr., a titolo puramente esemplificativo, B. P. Porchnev, *Lotte contadine e urbane nel grand siècle*, ed. Jaca Book, Milano 1976.

nella sua splendida opera giovanile sulla *Situazione della classe operaia in Inghilterra*. La vita del contadino era solo molto faticosa, e cominciò a diventare davvero insopportabile quando, con la nascita dei mercati borghesi, i nobili pretendevano molto denaro per soddisfare le loro esigenze di lusso, le loro comodità, i loro vizi. I contadini cominciarono a star peggio proprio nel basso Medioevo, quando lo sviluppo della borghesia imponeva alle campagne la trasformazione della rendita feudale da naturale a monetaria, nonché la rinuncia all'autoconsumo e al baratto in favore della produzione agraria mercantile.

Pur di giustificare i successi materiali della produzione capitalistica, Engels si è inventato l'isolamento sociale dei contadini. Così facendo, si è comportato come un classico economista borghese. Eppure doveva sapere che senza l'aiuto collettivo dei contadini, le rivoluzioni borghesi non avrebbero mai potuto avere la meglio sulla nobiltà terriera, sugli eserciti mercenari che questa aristocrazia guerriera poteva permettersi, e sulle monarchie assolutistiche, che non avevano il coraggio di opporsi decisamente alla nobiltà anarcoide, pur cercando di realizzare un assolutismo moderno, su scala nazionale, ben disposto all'espansione coloniale del capitale.

Engels doveva sapere che, una volta realizzate le proprie rivoluzioni, la borghesia, immancabilmente, finiva col tradire i contadini, rimangiandosi tutte le proprie promesse relative alla socializzazione delle terre nobiliari. Quando queste venivano espropriate con la forza, al massimo erano messe all'incanto, in aste pubbliche, dove venivano ricomprate dagli stessi nobili o dalla borghesia rurale, non certo dai contadini. Oppure assegnavano a quest'ultimi le terre meno fertili o quelle su cui dovevano pagare un indennizzo talmente oneroso che continuava a renderli servi a vita. Tutte le forme di abolizione del servaggio compiute dalla borghesia furono un puro e semplice inganno per i contadini più poveri.

D'altra parte la borghesia ha sempre avuto bisogno di manodopera a buon mercato per allestire le proprie fabbriche. Non poteva permettere che tutti i contadini diventassero padroni della terra su cui lavoravano. Per questo cercò sempre dei compromessi con gli aristocratici, anche per reprimere le stesse rivolte contadine. La borghesia aveva soltanto bisogno di togliere alla nobiltà un'ampia fetta del potere politico; aveva bisogno di dimostrare che la ricchezza ottenuta coi commerci era più importante di quella ottenuta con la terra; e che tale ricchezza mobiliare, per essere investita liberamente nell'industria, aveva bisogno di rivoluzionare l'intera società, al punto che anche la nobiltà sarebbe stata costretta a trasformarsi in una classe capitalistica agraria, bisognosa di poca manodopera e unicamente dedita a soddisfare le esigenze del mercato: una classe indotta ad acquistare i macchinari che la stessa borghesia produceva nelle proprie fabbriche. L'importante per la borghesia industriale era di avere molto contadini costretti a diventare operai salariati: contadini giuridicamente liberi, liberi di morire di fame se non avessero accettato la schiavitù salariata. E la nobiltà, sopravvissuta alle rivoluzioni, si piegò a queste esigenze, e con essa anche i sovrani. Persino la Chiesa, che pur aveva sfruttato i contadini, giudicati ignoranti e superstiziosi, per diffondere la propria ideologia falsa e bugiarda, finì col tradirli.

Socializzazione borghese, operaia e contadina

Cerchiamo ora di capire meglio cosa intende Engels per "socializzazione operaia nella produzione industriale capitalistica".

A ben guardare la *socializzazione*, dal punto di vista borghese, avviene soltanto al momento dello scambio, sul mercato, che non è solo un mercato di beni materiali, ma anche di manodopera salariata (manuale e intellettuale), di titoli e valori, e persino di beni immateriali (in genere quelli culturali). Lo scambio avviene tra chi offre e chi acquista, ed è completamente mediato dal denaro. Lo scambio serve per far guadagnare, nell'immediato, chi vende, poiché ottiene del denaro e, secondariamente, chi compra, che può ottenere dalla merce un qualche vantaggio e, virtualmente, riutilizzarla per ottenere, a sua volta, del denaro. L'acquirente deve naturalmente difendersi da una possibile truffa, che è sempre dietro l'angolo. Il fine della compravendita è sempre determinato dal profitto o dall'interesse, poiché si tende ad accumulare capitali generalmente per poterli reinvestire, ma anche semplicemente per poterli risparmiare, ricavandoci sempre un qualche vantaggio. Non si fa mai niente per niente.

L'altra forma di socializzazione che ha la borghesia è tutta interna alla propria classe, ed è quella che serve per ottenere clienti fidelizzati e per vincere la concorrenza. Sono sempre forme di scambio sociale finalizzate a un unico obiettivo: come incrementare i capitali investiti nella fase della partenza (una volta si usava il termine *take off*, oggi si preferisce *start up*).

In un certo senso è il capitale stesso che decide come comportarsi, cioè come stare sul mercato da vincenti e non da perdenti. La fede nella potenza del capitale è, in forma laicizzata, la fede che nel Medioevo si aveva nei confronti della divinità. Si tratta soltanto di metterla a frutto guadagnandosi un paradiso su questa Terra invece che nei Cieli. In tal senso è giusto parlare di "teologia del mercato". I nuovi templi da frequentare solo gli ipermarket o le borse di titoli e valori. I nuovi sinodi le assemblee dei G8 o del FMI. I mass-media, con la loro pubblicità, si sono sostituiti ai sermoni dei sacerdoti. Le facoltà di diritto ed economia hanno rimpiazzato quelle di teologia e dogmatica. Le leggi hanno eliminato i trattati canonistici e i catechismi *ad usum populi*. La socializzazione borghese passa sempre attraverso la mediazione amorale del denaro. Per essere all'altezza di questo stile di vita, per fruire di una certa considerazione sociale, bisogna disporre di un reddito annuale che rientri in una media statistica nazionale, altrimenti non si è nessuno.

Questo tipo di "socializzazione borghese" ci ha messo dei secoli prima di abbattere quella contadina. Se i lavoratori rurali fossero stati dei soggetti isolati – come dice Engels –, ci avrebbe messo sicuramente molto meno. E il fatto che i processi d'imborghesimento generale siano stati in Europa occidentale molto più veloci che in Europa orientale, lascia capire che le rispettive forme di "socializzazione rurale" siano state piuttosto diverse e che tale diversità sia dipesa sostanzialmente dal tipo di "cultura religiosa", che nel Medioevo costituiva l'ideologia dominante (e che è rimasta in alcune aree europee almeno sino alla seconda metà dell'Ottocento).

Probabilmente l'immagine di agricoltore che aveva Engels era quella già caratterizzata da un certo imborghesimento, in riferimento ai contadini tedeschi protestantizzati, i quali però non avevano appoggiato la borghesia negli anni in cui la Germania sarebbe potuta passare dalla monarchia (prima assoluta, poi costituzionale) alla repubblica democratica. Se fosse stato lui, e non Marx, a rispondere alle lettere della Zasulič, le avrebbe sicuramente detto che la comune agricola russa non aveva scampo; anzi, i socialisti avrebbero dovuto favorirne la dissoluzione, al fine di puntare tutte le loro aspirazioni sul proletariato industriale, poiché senza borghesia è impossibile parlare di "rivoluzione socialista". D'altra parte a P. N. Tkačëv non aveva proprio detto questo?[44] La proprietà comune della terra andava considerata un indice del basso livello di sviluppo economico della Russia, e questa avrebbe potuto evitare il proprio sfacelo solo se in Europa occidentale fosse avvenuta una transizione socialista che avesse permesso alla stessa Russia di svilupparsi in tutta tranquillità secondo i crismi borghesi della rivoluzione tecnico-scientifica.

Era un ragionamento davvero curioso. A suo parere se non ci fosse stato non solo in Russia ma in qualunque altro paese al mondo un grado di sviluppo avanzato delle forze produttive, la realizzazione del socialismo avrebbe rischiato di soffocare nella culla la stessa industrializzazione. Si sarebbe realizzato una specie di "socialismo della miseria", mettendo in discussione il valore della rivoluzione borghese compiuta sul terreno tecnico-scientifico. Abolire le differenze di classe quando tutte le classi sono a un livello produttivo assai modesto e il capitalismo è ancora

---

[44] K. Marx - F. Engels, *India, Cina, Russia*, ed. Il Saggiatore, Milano 1976.

in fasce, significava, per lui, portare la nazione ancora più indietro di quello che era.

Poste le cose in questi termini, sembra che almeno cinque cose non le avesse proprio capite:

1. uno sviluppo elevato del capitalismo può non avvicinare bensì allontanare dalla "necessità" del socialismo, in quanto la borghesia ha molte più armi ideologiche per corrompere le menti e infondere illusioni; cioè non può essere considerato automatico né che un maggiore sviluppo del capitale determini una maggiore acutezza delle proprie contraddizioni, né che l'aumento degli antagonismi sociali comporti di per sé una maggiore coscienza di classe:

2. se anche uno sviluppo elevato del capitalismo può far aumentare le sue contraddizioni antagonistiche, resta il fatto che, in virtù dell'imperialismo, il peso maggiore di tali contraddizioni viene scaricato sulle colonie, per cui nelle madrepatrie occidentali vi sono meno motivi per pretendere una transizione socialista;

3. finché le colonie vengono tenute in uno stato di soggezione, obbligandole a produrre ciò di cui le madrepatrie hanno bisogno, l'esigenza di passare al socialismo può nascere soltanto in queste aree del pianeta, che, di regola, sono tra le più depresse del capitalismo mondiale;

4. se la sottomissione delle colonie diminuisce ed esse pretendono di diventare nazioni capitalistiche come le loro madrepatrie, le contraddizioni si pongono immediatamente a livello mondiale e non è detto che per risolverle si cerchi una soluzione socialista; è anzi più facile ricorrere alla guerra interimperialistica. Con sicurezza si sa soltanto che nell'ambito del capitalismo mondiale vi sono nazioni che vogliono dominare e altre che devono subire: non può esserci "imperialismo" se tutte vogliono dominare;

5. quando il livello di sviluppo del capitale è molto elevato, ed esiste il rischio concreto che altre nazioni vogliano diventare capitalistiche allo stesso livello di quelle occidentali, o che, al contrario, scelgano la strada del socialismo, è il capitale stesso che scatena conflitti mondiali, ed esso, coi mezzi sofisticati di cui dispone, è in grado di bloccare lo sviluppo di qualunque paese. In altre parole, uno sviluppo eccessivo delle forze produttive può permettere al capitale di difendersi dalla concorrenza economica o dalla rivalità ideologica e politica in maniera apocalittica.

Insomma, noi possiamo anche considerare esatta l'affermazione secondo cui la borghesia, per poter realizzare un profitto privato, ha comunque dovuto provvedere a creare una sorta di "socializzazione" tra gli operai (peraltro indotta dall'alternativa della fame). Ma bisogna stare attenti all'uso delle parole.

Quando Engels, riferendosi alla produzione capitalistica, scrive che nessun operaio, individualmente, può dire: "Questo l'ho fatto io, è il *mio* prodotto", lo dice in polemica a quello che, per lui, era l'individualismo dei contadini. Ma in realtà sta facendo solo del moralismo kantiano. Infatti la socializzazione degli operai non è, per il borghese, che una mera conseguenza indiretta, derivante dall'uso degli strumenti lavorativi. Cioè non vi è *prima* la socializzazione e *poi* la decisione comune su come utilizzare questi strumenti. La partenza di tutto il processo produttivo è data dai capitali privati (che storicamente furono ottenuti mediante i rischiosi e difficili commerci sulle lunghe distanze); poi vi è la proprietà privata acquistata tramite questi capitali. Quindi sia l'accumulazione dei capitali che la decisione d'investirli in determinati macchinari e procedure di lavorazione sono assolutamente individuali. Lo è anche il contratto che l'imprenditore fa con l'operaio, nel senso che non si viene assunti come "membri di un collettivo". Solo nelle carceri si trovano dei "lavoratori collettivi", oppure in certe comunità di recupero o terapeutiche, dove, volendo, è possibile sfruttare il lavoro dei tossicodipendenti, degli alcolisti, ecc., offrendo in cambio, e nel migliore dei casi, un salario puramente simbolico, oltre naturalmente a tutto ciò che serve alla riproduzione fisica o materiale della manodopera.

Semmai si può essere licenziati in massa, come quando p.es. l'azienda chiude perché si trasferisce all'estero, dove sono migliori le condizioni per il capitale, o perché viene accorpata da un'altra, la quale, per ripagarsi delle spese sostenute, non trova di meglio che fare tagli sul personale.

È vero, oggi si fanno contratti "collettivi" di lavoro, ma riguardano determinate categorie di lavoratori, oppure determinati comparti produttivi. Questa è stata un'esigenza *egualitaria* dei sindacati o un'esigenza *specifica* di taluni lavoratori, convinti d'aver diritto a un particolare salario o stipendio. Ma gli imprenditori fanno sempre di tutto per dividere i lavoratori, per metterli in antagonismo tra loro, diversificando le mansioni, le forme di responsabilità, la tipologia dei salari o degli stipendi (si pensi solo alla giungla delle singole gratifiche). Gli imprenditori non vogliono che i loro dipendenti socializzino troppo tra loro. Quando chiedono di farlo (il cosiddetto "lavoro di squadra" o in équipe), il fine è sempre quello privatistico di aumentare la redditività dell'impresa o la sua pubblica visibilità. E chi gestisce il team è sempre il proprietario dell'impresa o chi detiene la maggioranza delle quote azionarie, oppure il manager o il funzionario pagato profumatamente dai proprietari effettivi.

I lavoratori si devono costruire *da soli* la loro socializzazione, per poi farla valere al momento della contrattazione sindacale. In caso contrario finiscono per svolgere un mero ruolo ausiliario al funzionamento delle macchine o dell'apparato (amministrativo, burocratico ecc.). A dir il vero l'operaio è sempre una rotella dell'ingranaggio, anche quando è sindacalizzato. Lo è proprio perché non è padrone di ciò che produce. È padrone solo della propria forza-lavoro, manuale e/o intellettuale, che cede, in maniera giuridicamente, cioè formalmente libera, a chi gli propone un contratto di lavoro. Generalmente l'operaio non prova alcuna soddisfazione a produrre cose che non gli appartengono, cose che, se hanno un alto valore, potrebbe anche non acquistare mai. L'unica soddisfazione che può avere è relativa alla remunerazione, con cui può permettersi di acquistare determinate cose prodotte dal capitalismo in generale, a loro volta frutto di altre forme specifiche di "alienazione" o di "estraneazione".

L'operaio (o l'impiegato) è un alienato a prescindere dal lavoro che svolge e anche a prescindere dal salario che percepisce: lo è *oggettivamente*, proprio in quanto non è padrone di ciò che produce o realizza. Nessun operaio sarebbe mai orgoglioso di dire: "Questo l'abbiamo fatto insieme". Se lo dicesse, sarebbe un ingenuo o passerebbe per un venduto, per uno totalmente privo di coscienza di classe. Peraltro nel capitalismo tutti i meriti vanno sempre agli imprenditori o ai loro manager: non vengono mai ricordati gli operai, come non lo erano nelle società schiavistiche, quando edificavano i monumenti che dovevano esaltare la grandezza dei sovrani.

Solo nell'ambito del socialismo un gruppo di operai potrebbe dire con orgoglio di aver compiuto un'opera comune progettata insieme. Ma il socialismo non dovrebbe essere statalizzato, poiché sostituire un proprietario concreto, individuale, o una società anonima (a responsabilità limitata o per azioni) con un ente totalmente astratto, gestito da un partito al governo, non servirebbe minimamente a risolvere il problema dell'alienazione. Un qualunque lavoratore, comandato dall'alto, perde d'interesse, prima o poi, ai risultati del proprio lavoro, si demotiva, lavora controvoglia, anche quando la remunerazione è alta; anzi, quanto più questa lo è, tanto più non vede l'ora di smettere di lavorare per godersi quanto ha guadagnato.

Quindi se davvero vogliamo parlare di *socializzazione del lavoro* (o nel lavoro), bisogna farlo *prima* ancora di mettersi a lavorare. Il lavoro è un'attività pratica che non ha in sé il proprio significato, tant'è che molte mansioni possono essere fatte tranquillamente dalle macchine; spesso anzi i robot lavorano anche meglio degli operai, perché non si stancano mai (pur essendo soggetti a usura), non sono mai distratti, producono le cose in serie senza alcuna discontinuità. Solo la fantasia non hanno.[45]

Il significato del lavoro sta nel *collettivo* che glielo dà. Cioè il lavoro ha un senso se questo gli viene dato collettivamente da una comunità che lo precede nel tempo o che è comunque in grado d'impostarlo, di stabilirne tutte le caratteristiche, nessuna esclusa. La socializzazione del lavoro (e nel lavoro) non può essere qualcosa di meccanico, ma deve essere qualcosa di *assiologico*. Il lavoro ha un valore che non dipende dal lavoro in sé, in senso stretto o economico (come appare oggi), né dal tempo medio, socialmente necessario, per produrre un determinato bene. Il significato del lavoro non sta tanto nella misura del valore delle merci o dei beni di consumo, ma nel valore del *collettivo* che lo pratica, cioè che lo imposta, lo organizza, lo stabilisce in tutti i suoi particolari.

Sotto questo aspetto il *collettivo* (composto sia dagli operai che andranno a lavorare in un'azienda, la cui proprietà sarà socializzata, sia da quanti acquisteranno i loro prodotti) potrebbe anche orientarsi verso una produzione non standardizzata, o comunque preposta a soddisfare specifici bisogni, prestabiliti da una comunità locale. Se il valore d'uso deve prevalere su quello di scambio, è assurdo pensare a una produzione in serie per il mercato. Il collettivo deve decidere prima, sulla base delle proprie esigenze effettive, calcolate con realistica approssimazione, come produrre un determinato bene di consumo. Deve per forza esserci un *organo locale di controllo*. Infatti *solo una comunità locale ha un potere decisionale autonomo*. E qualunque operaio, prima ancora di mettersi al lavoro, deve sentirsi parte di questa comunità, altrimenti si troverà sempre a eseguire decisioni prese dall'alto. La socializzazione del o nel lavoro è possibile, senza alcuna forma di alienazione, se è preceduta o almeno contestuale a una *socializzazione comunitaria* che decide per sé il significato della propria vita. Non deve esistere alcuna entità esterna che stabilisca tale significato, né lo Stato né il Mercato, e tanto meno un imprenditore privato o collettivo. Se il socialismo democratico non capisce l'importanza di queste condizioni, la differenza dal capitalismo è quasi inesistente.

---

[45] Indubbiamente il capitale tende a sostituire la forza-lavoro umana con le macchine, ma proprio questa continua sostituzione porta a una caduta tendenziale del saggio di profitto, come già Marx aveva dimostrato. Bisogna dire che se oggi, nonostante le periodiche crisi, non abbiamo assistito ad alcuna vera minaccia per la stabilità del capitalismo, è perché siamo in presenza di una rivoluzione informatica che ha rimodellato completamente i processi produttivi, i quali, peraltro, hanno contribuito non poco al successo mondiale dell'attuale Cina, che non ha avuto bisogno di ripercorre tutte le fasi capitalistiche tipiche dell'area occidentale.

La concezione del lavoro

La divisione del lavoro

È proprio vero che il meglio di sé un intellettuale o un politico lo dà in gioventù, quando il desiderio di cambiare le cose lo fa essere originale e combattivo. Poi, nella maturità, quando le cose non cambiano, ci si rassegna all'evidenza e si assumono atteggiamenti conservativi, a volte dettati dal rancore e sempre dalla disillusione, dal disincanto. E si comincia a dire – come fece Marx quando mise piede a Londra, da profugo politico – che fino a quando i sistemi sociali non hanno esaurito tutte le loro potenzialità produttive, è impossibile fare delle rivoluzioni proletarie.

Tuttavia Marx, vivendo una vita personale e familiare assolutamente disastrosa sul piano finanziario, non poteva permettersi il lusso d'essere pessimista, per cui sino alla fine dei suoi giorni sperò in un colpo di fortuna, conseguente alla pubblicazione dei suoi libri, dai quali però ricavò assai poco. Credette anche nel valore della Comune di Parigi (1871), pur se, in un primo momento, fosse alquanto scettico. Mise in piedi nel 1864 la I Internazionale comunista, esportando all'estero le proprie idee, anche se poi, a causa dei continui dissensi con mazziniani, proudhoniani ed anarchici, fu costretto a trasferire la sede a New York nel 1872, dove poi quattro anni dopo sarebbe stata sciolta. I suoi avversari o non volevano un rapporto privilegiato con la classe operaia, o non volevano una lotta di classe ma solo parlamentare, o non volevano una rivoluzione politica ma semplici riforme sociali, o non volevano alcun rapporto con lo Stato... Insomma fu molto difficile far valere i princìpi fondamentali del socialismo scientifico.

Dopo aver visto che la prima traduzione del *Capitale* (edito nel 1867) era avvenuta in Russia nel 1872, auspicò che la rivoluzione proletaria potesse avvenire proprio in quel Paese, non senza ovviamente un aiuto significativo da parte dei comunisti euroccidentali. Cosa che effettivamente avverrà oltre 30 anni dopo la sua morte, grazie a Lenin e ai bolscevichi e senza l'appoggio della II Internazionale.

Engels invece, che non ha mai vissuto nelle ristrettezze, essendo figlio di un industriale, assunse nella maturità, pur restando sempre socialista, un atteggiamento piuttosto cinico o, se si preferisce, fatalista. Pochi mesi prima di morire, in una lunga *Introduzione* a una ristampa di un libro di Marx, *Le lotte di classe in Francia dal 1848 al 1850*, sembra voler porre le premesse del futuro opportunismo e revisionismo della II Internazionale, cioè della via meramente parlamentare e riformistica della transizione al socialismo.[46]

Nella III sez. dell'*Anti-Dühring* si vede bene questo suo atteggiamento anche dalla diversa valutazione che dà della "divisione del lavoro", rispetto a quanto aveva scritto, insieme a Marx, nell'*Ideologia tedesca* (1846), ove la consideravano negativamente, essendo la fonte principale della civilizzazione borghese o comunque della separazione in classi contrapposte.

Nell'*Anti-Dühring* Engels afferma che mentre nel Medioevo la divisione del lavoro (p.es. tra contadino e artigiano) era semplicemente "naturale" o "individuale", cioè serviva soltanto a soddisfare bisogni elementari, senza necessità di alcun "piano"; sotto il capitalismo invece esiste il "piano" dell'imprenditore, che si preoccupa di "socializzare" la produzione (non la "proprietà", beninteso) per vendere quanti più prodotti possibili al prezzo più conveniente. Non è curioso che il "socialista" En-

---

[46] In questo testamento politico Engels, pressato da alcuni leader socialdemocratici tedeschi in lotta contro i radicali di sinistra, rinuncia espressamente alla lotta armata, in considerazione del fatto che gli eserciti della borghesia erano diventati troppo sofisticati per poter essere sconfitti dal proletariato (al Congresso di Erfurt del 1891 si approfittò proprio della sua *Prefazione* per redigere un programma, scritto da Kautsky, Bernstein e approvato dallo stesso Engels, in cui si prevedeva per il socialismo la *sola* lotta parlamentare). Engels sosteneva che forse nel 1848 gli operai potevano ancora vincere, benché le modalità combattive non fossero molto diverse da quelle della rivoluzione francese, ma non vi riuscirono perché le masse popolari, nel complesso, erano troppo immature e non appoggiarono i comunisti come avrebbero dovuto. Le rivoluzioni – diceva – non sono state altro, prima della nascita del socialismo scientifico, che tentativi insurrezionali di esigue minoranze, "alla testa di masse incoscienti". Egli non nutriva dubbi nel ritenere che persino le forme di lotta intraprese dal socialismo (scioperi e barricate in piazza) furono qualcosa d'illusorio. Sicché l'unica tattica possibile che si può adottare è quella *parlamentare*. Grazie a questa opposizione legale il socialismo in Germania è diventato molto potente, e non è importante che lo sia diventato anche il capitalismo, poiché quanto più questo si sviluppa, tanto più rende necessaria la transizione. Il socialismo assomiglia al cristianesimo al tempo di Diocleziano: può essere perseguitato quanto si vuole, ma alla fine il potere sarà costretto a riconoscerlo come ideologia dominante. Questo, in sintesi, il contenuto dell'*Introduzione*. Engels non si rendeva conto che il socialismo, anche nel caso in cui fosse riuscito ad andare al potere "legalmente", non avrebbe avuto più nulla di "rivoluzionario": sarebbe stato soltanto una maschera della borghesia, un suo travestimento per ingannare i lavoratori. Il socialismo tedesco, infatti, non solo eliminò fisicamente i migliori leader rivoluzionari al proprio interno (tra cui Liebknecht e la Luxemburg), non solo appoggiò senza discutere l'imperialismo della propria borghesia e votò i crediti per scatenare la guerra mondiale, ma si oppose anche strenuamente alla rivoluzione d'Ottobre.

gels usi la parola "piano" per indicare il puro e semplice "calcolo economico" (come avrebbe fatto suo padre, imprenditore calvinista) e non dica che con tale "piano" il capitalista ha intenzione di realizzare grandi profitti, a spese della produzione diretta e autonoma di artigiani e contadini?

Ma non vogliamo sottilizzare su questo, poiché Engels sapeva benissimo che non può nascere alcun capitalismo se non vengono espropriati i lavoratori diretti dalla proprietà dei loro strumenti produttivi. Il problema, in realtà, è un altro, ed è un problema la cui soluzione comporterà, in futuro, una netta distinzione tra socialismo "scientifico" e socialismo "democratico".

Engels parlava di anarchia produttiva non tanto o non solo in riferimento alla produzione della singola azienda, ma in riferimento alla produzione delle aziende capitalistiche nel loro insieme. Essendo in concorrenza tra loro, esse, a prescindere dalla realizzazione di trust e cartelli, non avrebbero mai accettato una "pianificazione" che permettesse di soddisfare i bisogni effettivi della popolazione, evitando così i rischi di quelle periodiche e inevitabili sovrapproduzioni che mandano in crisi il sistema.

Due cose, qui, Engels sembra non capire. La **prima** è che in un'economia naturale, basata sull'autoconsumo, la pianificazione è dettata semplicemente dalle *esigenze naturali*. È la natura delle cose, vissuta con *abitudine*, che rende "scientifica" la produzione. Certo, si può fare un calcolo economico, si può risparmiare, fare delle scorte alimentari, pianificare un'attività, distribuire razionalmente i compiti...: si può fare quel che si vuole, ma alla fine è la *consuetudine*, consolidata nel tempo, che decide cosa, quanto e come produrre. Quando non è il mercato a decidere queste cose, si è più liberi, si è davvero dei produttori *autonomi*.

Il che non vuol dire che si è indipendenti dalla comunità di appartenenza, ma semplicemente che lo si è da un'entità esterna o estranea, come lo Stato o il Mercato, la quale non può avere il diritto d'intromettersi nelle faccende interne alla singola comunità. Se è giusto che vi siano rapporti tra comunità, questi devono essere improntati alla reciproca libertà di scelta.

Ciò vuol forse dire che qualunque mercato va escluso? che non deve esserci alcuna forma di scambio? Affatto! Piuttosto vuol dire che lo scambio va deciso dalla comunità stessa, sulla base delle proprie esigenze e delle proprie eccedenze da barattare. Il produttore autonomo non deve andare al mercato con l'intenzione di guadagnare soldi, ma con quella di *soddisfare bisogni*. Sono due cose completamente diverse, anche perché in una *comunità locale autogestita* non sono i soldi che di per sé permettono di soddisfare i bisogni di sopravvivenza.

Nell'ambito dell'autogestione non si va al mercato per soddisfare "bisogni primari", altrimenti l'*autoconsumo* non avrebbe senso. Si soddisfano bisogni secondari o supplementari o complementari, che non possono determinare la crisi della comunità se non vengono soddisfatti. Detto altrimenti, il valore di scambio di un bene deve sottostare al primato del suo *valore d'uso*.[47] Questo valore, che è ancestrale, va deciso da una *comunità locale*, in grado di conoscere e utilizzare le risorse specifiche del proprio territorio. Gli scambi hanno un senso democratico quando le comunità locali barattano liberamente le risorse specifiche dei loro rispettivi territori. Se c'è occupazione di territori altrui, lo scambio paritetico viene sostituito dall'imposizione di prodotti unilaterali, monocolturali, come sempre avviene quando c'è di mezzo il colonialismo. Le monocolture o i prodotti finalizzati anzitutto all'esportazione sono le principali cause di devastazione degli habitat naturali e umani.

La **seconda** cosa che Engels non comprende è che la divisione del lavoro, in una comunità autogestita, va considerata in una maniera piuttosto *relativa*. Per un qualunque lavoratore è psicologicamente frustrante non saper fare ciò che sa fare un altro lavoratore. La divisione del lavoro, inerente alle società classiste, ha comportato una specializzazione delle mansioni e ha fatto nascere privilegi d'ogni sorta. La conoscenza e le abilità manuali (in una parola le competenze teorico-pratiche), quando sono troppo particolari, vengono facilmente usate per acquisire un potere con cui dominare chi non le possiede.

Una comunità autogestita, basata sull'autoconsumo, non può essere troppo specializzata nelle proprie attività, o comunque deve saper mettere *tutti* i propri componenti in grado di sapere e di saper fare qualunque cosa. In tale maniera è più facilmente garantita l'uguaglianza sociale.

Macchinismo e libertà formale

Nell'ambito del marxismo è noto che il plusvalore più significativo il capitalista l'ottiene sfruttando la forza-lavoro. Le macchine però sono obbligatorie, in quanto lo sfruttamento non è più *diretto* come ai tempi dello *schiavismo* (quand'era *fisico*, mediante la forza militare) o ai tempi del *servaggio* (quand'era *personale*, mediante la proprietà della ter-

---

[47] Paradossalmente arrivarono alla stessa conclusione sul primato del valore d'uso tre famosi economisti marxisti, Amin – Frank – Jaffe, in un dibattito riportato dalla Jaca Book nel libro *Quale 1984?*, del 1975. Ma si consiglia anche la lettura di R. Massari, *Le teorie dell'autogestione*, ed. Jaca Book, Milano 1974. Inutile qui dire che l'unico modo di realizzare la "democrazia diretta" è quello di favorire l'autogestione produttiva e quindi il valore d'uso. Cfr *La democrazia diretta*, a cura di S. Schiavone, ed. Dedalo, Bari 1997.

ra), ma è *indiretto*, cioè di tipo *contrattuale*.

In presenza della *libertà giuridica*, richiesta dalla borghesia contro la dipendenza personale pretesa dalla nobiltà, l'uso della macchina diventa inevitabile. Un borghese commerciante non sfrutta manodopera altrui a livelli significativi, né in intensità né in ampiezza; anzi, lui stesso è parte in causa del lavoro dei suoi sottoposti, che vanno addestrati e controllati. Anche un mastro artigiano può sì sfruttare il lavoro di uno o più garzoni, ma egli sa che un giorno anche loro diventeranno maestri come lui e si metteranno in proprio.

Il vero, moderno, sfruttamento avviene solo grazie al *macchinismo*, quando si possono concentrare in un unico luogo molti operai, destinati a rimanere tali, cioè quando gli operai, controllati da un unico sorvegliante, lavorano contemporaneamente attorno a uno stesso prodotto, da replicare all'infinito.[48] Che poi la lavorazione in serie avvenga tramite una catena di montaggio o in altre forme, è indifferente dal punto di vista qualitativo. L'aumento quantitativo della produttività per unità lavorativa è solo un ulteriore perfezionamento di un capitalismo industriale già ben consolidato.

Un perfezionamento eccessivo delle macchine, non accompagnato da adeguati incrementi di profitto, rischia di portare quest'ultimo a una caduta tendenziale, poiché tutto il valore delle macchine si trasmette alle merci, senza possibilità ch'esse se lo riproducano da sole: tant'è che gli impianti vengono sfruttati anche di notte, obbligando gli operai a turni onerosi. I loro costi vanno assolutamente ammortizzati nel minor tempo possibile, anche perché la durata delle macchine è sempre limitata; anzi, se la concorrenza è spietata e si avvale di macchine equivalenti, la loro obsolescenza è addirittura precoce, in quanto è relativamente facile, con lo spionaggio industriale, rubare i brevetti o i segreti professionali.

Paradossalmente nelle nostre società altamente tecnologizzate è sempre meglio per un capitalista avere a che fare con una manodopera sufficientemente qualificata a buon mercato piuttosto che con macchinari altamente sofisticati e ovviamente molto costosi (in sé e per sé e come utilizzo e anche come manutenzione). Certo, un lavoratore esperto a basso costo può essere una contraddizione in termini, ma gli imprenditori sanno bene che quanto spendono nella formazione mirata del lavoratore ha una positiva ricaduta in tempi brevi. E sanno anche che ogni operaio specializzato può addestrare molti altri apprendisti.

---

[48] Anche i minatori lavorano insieme attorno a uno stesso prodotto e non hanno bisogno di macchinari sofisticati, ma non è dall'industria estrattiva che può nascere il capitalismo, poiché qualunque cava o filone o vena non ha vita molto lunga.

Le macchine quindi non vengono introdotte anzitutto per licenziare i lavoratori, quanto per timore di produrre di meno rispetto alla concorrenza, tant'è che quando si acquistano o si rinnovano, si cerca di farle funzionare il più possibile, quindi assumendo nuovo personale. Non è un vanto per l'industria sostenere che produce con molte macchine e pochi operai, ma che possa avere filiali in tutto il mondo, dimostrando così la sua indispensabilità al mondo del lavoro. Resta tuttavia il fatto che l'introduzione di macchine molto sofisticate non è di per sé più conveniente che non averle: per poter esprimere un giudizio obiettivo sulla loro opportunità bisogna considerare altri fattori concomitanti, caso per caso, di cui però qui non diremo nulla.

Il carattere sociale dei mezzi produttivi

Che cosa vuol dire "carattere sociale dei mezzi produttivi"? Engels ne parla continuamente, per dimostrare l'assurdità di un'appropriazione privata dei profitti industriali. Lo fa come se si portasse nell'inconscio una vaga idea di "socializzazione", da contrapporre all'individualismo borghese. Doveva essere un'idea che gli veniva dal suo passato giovanile in territorio tedesco.

Dove la vedeva questa "socializzazione"? Probabilmente nella città di Barmen, ove era nato nel 1820. Barmen era il più importante centro industriale tedesco, nella Renania (terra anche di Marx). Il padre, ricco proprietario di filande di cotone, non gli permise neppure di terminare il liceo, preferendo averlo alle sue dipendenze amministrative e commerciali. D'altra parte quando in una famiglia vi sono nove figli da mantenere, il primogenito doveva darsi da fare quanto prima. E il padre non scherzava, anche perché era un severo pietista (come il padre di Kierkegaard), avverso a ogni forma di vita mondana e attaccatissimo al denaro.

Fu probabilmente a contatto con gli operai di queste aziende che il giovane Engels cominciò a maturare idee di giustizia sociale, tant'è che uno dei suoi primi scritti sono le *Lettere dal Wuppertal*, in cui descrive le miserabili condizioni di vita dei operai della propria regione, e accusa proprio gli imprenditori calvinisti di non avere nessuna pietà, neanche nei confronti dei bambini ("Solo a Elberfeld – scrive –, su 2.500 bambini in età scolare 1.200 sono privati dell'istruzione e crescono nelle fabbriche a prendere la metà di un operaio").

Engels non ha mai avuto rapporti coi contadini. L'unica socializzazione che vede è quella degli operai sfruttati, e quindi è in negativo. Detesta il mondo feudale, che in Germania era ancora presente, a quel tempo, nella normativa delle corporazioni artigiane. Gli piacciono gli ambienti intellettuali in cui si plaude alle libertà democratico-borghesi e dove si vuole laicizzare la filosofia hegeliana. E non disprezza affatto quelli militari, che gli paiono più seri o meno corrotti di quelli imprenditoriali e di quelli politici (tanto che Marx lo chiamerà, per le sue competenze tattiche e strategiche, "il generale").

Quando andò a Manchester, inviato dal padre per occuparsi dell'azienda Ermen & Engels, prese a convivere con un'operaia irlandese, Mary Burns, e a frequentare i circoli cartisti, rappresentanti del proletariato industriale. Collaborava anche al quotidiano di Robert Owen, "The New Moral Word", scrivendo articoli sui maggiori esponenti europei del socialismo utopistico. Poi nel 1844 inizierà la collaborazione con Marx, che durerà circa 40 anni.

Engels voleva l'emancipazione degli operai industriali, la loro liberazione economica, l'appropriazione collettiva dei loro strumenti produttivi. Bisogna dargli atto che ha lottato per queste cose tutta la vita. Lui e Marx non hanno mai rinunciato all'idea di *socializzare* la proprietà dei mezzi produttivi. Su questo argomento non sono mai scesi a compromessi: sarebbe stato come un rinnegare se stessi.

Tuttavia il loro punto di riferimento sociologico privilegiato erano soltanto gli *operai industrializzati*, e soprattutto quelli della grande industria. Non hanno mai visto altri soggetti rivoluzionari. Non hanno mai cercato un rapporto con la classe contadina, giudicata irrimediabilmente piccolo-borghese. Anche quando si rifanno a una storia sociale delle classi subalterne, vedono soprattutto gli operai, marginalizzando politicamente altri soggetti anticapitalistici, che globalmente vengono qualificati come "immaturi", impossibilitati a essere "rivoluzionari". Questo perché non hanno mai messo in discussione che la transizione socialista dovesse avere una caratterizzazione spiccatamente industrializzata, in quanto nelle forze produttive industriali vedevano la possibilità di un benessere generalizzato.[49]

---

[49] Qui si può far notare che Marx ed Engels impiantarono le loro idee socialiste su un terreno già abbondantemente dissodato. Dalle origini del socialismo rivoluzionario di Babeuf, Darthé e Buonarroti alla stesura del *Manifesto* era già passato mezzo secolo. Quando Engels, nel 1842, si convertì al socialismo, lo fece attraverso Hess, che aveva stabilito forti legami tra i radicali francesi (Babeuf e Proudhon) e quelli tedeschi. Lo stesso Marx, quando nel 1844 scrive i *Manoscritti economico-filosofici*, mentre era in Francia, aveva preso tutte le sue idee dal socialismo utopistico. In Francia il socialismo si poneva in maniera eversiva proprio perché le contraddizioni erano molto più acute che in Inghilterra, che già fruiva della possibilità di arricchirsi con un colonialismo molto potente e che già aveva tolto di mezzo idee socialiste molto avanzate espresse da Livellatori e Sterratori durante la rivoluzione di Cromwell. Semmai si può dire che sono stati proprio Marx ed Engels a dare al socialismo, dopo lo smacco degli anni 1848-

Volevano costruire una "socializzazione" di lavoratori esasperati, che potessero uscire dalla loro disperazione. Volevano farlo partendo dal nulla, azzerando tutto il passato. Puntavano tutte le loro carte sull'*istanza di liberazione*, non anche sulla *memoria*. In fondo loro stessi erano intellettuali sradicati dalla loro terra d'origine. Dopo gli anni 1848-50 non fecero più nulla per ritornare in patria. Non erano in grado di organizzare un partito tedesco davvero rivoluzionario (in Germania neppure Rosa Luxemburg sarà in grado di farlo, che pur era la più radicale di tutti). Davano solo consigli dall'esterno, da lontano, senza avere neanche una grande influenza, tant'è che spesso i militanti preferivano i testi di Kautsky, Bernstein, Lassalle e persino di Dühring. Non avevano le capacità di Lenin, che sapeva interfacciarsi con successo con chiunque, anche col mondo contadino e piccolo-borghese.

Marx ed Engels avevano avuto tradizioni borghesi che intellettualmente avevano rifiutato, essendo diventati favorevoli al socialismo. Tuttavia queste tradizioni, in qualche maniera, si facevano ugualmente sentire. Erano degli individualisti piccolo-borghesi che aspiravano a realizzare il socialismo attraverso il lavoro e la lotta degli operai nelle fabbriche. Vedevano questo lavoro come una forma di "socializzazione", che sarebbe dovuta diventare sempre più consapevole di sé, della propria importanza. Inevitabilmente furono portati a enfatizzare le capacità emancipative degli operai. Non ebbero mai il coraggio di dire – come invece fece Lenin – che gli operai, lasciati a se stessi, al massimo sviluppano una coscienza sindacale, proprio perché non sono in grado di vedere le contraddizioni del sistema nel loro insieme; sicché, quando le subiscono, anche nelle forme più gravi, non sanno spiegarsene le ragioni ultime. Solo un intellettuale può avere una coscienza del genere, e se queste potenzialità esistono anche in un operaio, è inevitabile ch'egli smetta di lavorare e inizi a fare il politico.

Dopo il fallimento della rivoluzione proletaria nel 1848, confer-

---

49, una direzione più "riformistica", dietro l'esigenza di un'analisi scientifica delle contraddizioni economiche del capitalismo. D'altra parte lo stesso *Manifesto*, pur essendo stato scritto per compiere una rivoluzione proletaria, non contiene alcun aspetto tattico e strategico utile a realizzarla. Una vera influenza delle idee marxiste sul proletariato francese si avrà soltanto dopo la Comune di Parigi, quando Marx ed Engels furono contattati da Paul Lafargue (cognato di Marx nel 1880) e da Jules Guesde per realizzare un partito operaio francese: cosa che venne fatta negli anni 1880-82, cioè nello stesso periodo in cui anche in Inghilterra gli operai cominciarono a pensare ch'era ora di darsi un proprio partito e non soltanto un proprio sindacato. Engels disse, peraltro giustamente, che ciò fu dovuto al fatto che agli inglesi strapparono il monopolio del commercio mondiale Paesi come Stati Uniti, Francia e Germania.

mato da quella della Comune parigina, l'atteggiamento di Marx ed Engels diventò attendista, passivizzante, anche se nei confronti del crollo del capitalismo soffrivano di un certo ottimismo palingenetico: a ogni crisi di sovrapproduzione speravano sempre fosse quella decisiva. Questo per dire che chiunque oggi voglia compiere una transizione a favore del socialismo, non può prescindere in alcun modo da ciò che disse e fece Lenin.

Natura e contesto sociale

La "socializzazione", cioè il carattere "sociale" dei mezzi produttivi non può essere determinato dagli stessi mezzi o dall'uso che se ne fa. Questa sarebbe un'ingenua forzatura. Il contenuto "sociale" di un qualunque mezzo di lavoro gli viene dato *dall'esterno*, prima che venga impiegato e dopo che lo si è usato. E la borghesia non è interessata a dare a questi mezzi un contenuto "sociale" più dello stretto necessario. Essa usa il lavoro collettivo degli operai in senso tecnico-economico o produttivo, non esattamente "sociale". Anzi, quando vede che gli operai "socializzano" tra loro, solidarizzano, decidono insieme come affrontare i problemi della fabbrica, se ne preoccupa alquanto, e se non riesce a capire come mettere a frutto, per i propri interessi mercantili, questa "socializzazione", comincia a minacciare serrate, licenziamenti, delocalizzazioni, fallimenti... Gli operai vanno tenuti divisi in tutti i modi, soprattutto creando delle gerarchie tra loro, diversificando i salari, i tempi di lavoro, le mansioni, i permessi sindacali, le ferie...

Se gli operai accettano i continui ricatti della borghesia, le sue intimidazioni o le sue lusinghe, la socializzazione tra gli operai perde la sua ragion d'essere. Spesso la perde anche dopo che si è usciti dalla fabbrica, quando si conduce una vita individualistica, o quando ci si lascia condizionare dallo stile di vita borghese, dalla cultura, dalla mentalità, dalla psicologia borghese. Pensare esclusivamente a come comprarsi un appartamento, un'automobile, quali elettrodomestici sostituire, come passare il tempo libero, dove andare in ferie, *senza pensare o fare altro*, significa aver perduto quell'elemento fondamentale di "socializzazione" che dovrebbe servire per sostituire il sistema borghese con un altro più umano e democratico.

La schiavitù del lavoro salariato abbruttisce l'animo se non si fa un *lavoro etico su di sé* e se non si prendono iniziative coi propri compagni di vita, di lotta, di lavoro, di partito, di sindacato... Non si può fare dell'operaio industrializzato un'icona; non si può ipostatizzare la sua natura rivoluzionaria; non si può aspettare ch'egli insorga spontaneamente e in maniera organizzata solo perché è consapevole d'essere sfruttato e che col proprio lavoro crea la maggior parte del prodotto interno lordo. Tutte queste ingenuità del socialismo scientifico verranno superate da Lenin abbondantemente, proprio mostrando una perspicacia, una lungimiranza (tattica e strategica) che non hanno paragoni nella storia umana. E lui proveniva dalla nazione più arretrata d'Europa, l'anello debole del capitalismo mondiale.

Finché Lenin rimase in vita, la rivoluzione ebbe pieno successo. Anche quando il comunismo di guerra creò seri problemi al mondo contadino e quindi all'intera società, egli non si fece scrupolo nel ripristinare un parziale capitalismo nelle campagne, pur trovandosi osteggiato da molti compagni di partito, il cui schematismo ci penserà Stalin a ereditarlo.

Seppe fronteggiare magnificamente non solo la reazione interna della borghesia e degli agrari, ma anche l'intervento esterno, militarizzato, di ben undici nazioni, che ancora non avevano smobilitato gli eserciti dopo la fine della guerra mondiale: una guerra che aveva procurato alla Russia ben 3,5 milioni di morti. Tutto il mondo voleva la fine della rivoluzione bolscevica, come più di un secolo prima le forze nobiliari e monarchiche avevano voluto la fine di quella francese (borghese e repubblicana). Ma, nonostante la Russia fosse debolissima sul piano economico, non vi riuscirono: il proletariato industriale, insieme alle forze contadine e all'esercito, sembrava imbattibile.

Ancora oggi si stenta a credere come abbia fatto la Russia contadina a vincere potenze capitalistiche industriali molto più forti. Non aveva forse perduto clamorosamente la guerra contro il Giappone nel 1905? Dunque cos'era cambiato in 15 anni? Una cosa molto importante: *la percezione che si doveva difendere qualcosa di proprio*, costruito da sé e per sé, ottenuto dopo tantissime lotte e tantissimi sacrifici. Il *Decreto sulla terra*, con cui Lenin assegnava gratuitamente la terra ai contadini (un fatto senza precedenti nella storia dell'umanità divisa in classi opposte) fu la chiave di volta per assicurare alla Russia la vittoria contro i nemici interni ed esterni.

Non basta quindi cercare una "armonia" – come dice Engels – tra il modo di produzione, appropriazione e scambio e il carattere "sociale" dei mezzi produttivi; bisogna cercarla anche tra il lavoro e la collettività di riferimento, la quale va al di là del lavoro stesso, in quanto vede l'uomo non solo come "lavoratore" ma appunto come "essere umano". Anzi, bisogna fare in modo che il tempo da dedicare al lavoro, che serve per sostentarsi fisicamente, sia ridotto al minimo, e che il resto della giornata possa essere dedicato all'elevazione dello spirito, alla coltivazione della mente, al gusto per l'arte, all'interesse per la cultura, allo sviluppo dei sentimenti e delle buone azioni. A meno che uno non trovi piena soddisfazione proprio nel lavoro che fa, nella sua artigianalità o nella sua gestione collettiva.

In ogni caso nell'ambito del socialismo non dovrà essere tanto il lavoro a dare la misura del valore delle cose (il tempo di lavoro socialmente necessario o altri indici quantitativi), ma sarà piuttosto la *comunità locale autogestita* a dare il giusto valore sia al lavoro che alle cose. E questo non potrà avvenire soltanto quando la comunità s'impadronirà delle proprie forze produttive, ma anche quando lo farà usando queste stesse forze in armonia con le esigenze riproduttive della natura. Infatti, o la natura viene rispettata per quello che è, o è meglio che la presenza umana sul pianeta si riduca a qualcosa del tutto insignificante.

La natura non può essere "dominata" più di quanto non vada "rispettata". Se la Terra è "madre" – come si diceva un tempo – bisogna darle modo di riprodursi agevolmente, e il principio "maschile" presente nel pianeta dovrà saper convivere pacificamente con quello "femminile". Sotto questo aspetto è dubbio che possa venire fuori qualcosa di buono dal socialismo di chi – come Engels – ritiene che le forze naturali agiscano "in maniera cieca, violenta e distruttiva". Difficile che Marx avrebbe detto lo stesso. Nella *Critica al Programma di Gotha* (1875) sostiene anzi che la natura è fonte del valore delle cose. Proprio in questa *Critica* Marx s'immagina un comunismo in cui la distribuzione delle risorse avvenga non tanto o non solo sulla base del lavoro, quanto piuttosto sulla base dei *bisogni*: ciò al fine di eliminare completamente l'idea borghese, meramente quantitativa, di "valore", che è poi strettamente connesso al concetto di "scarsità".

La natura non è un nemico che dobbiamo sottomettere, e il fatto che Engels abbia detto nella sua *Dialettica della natura* (dal sapore molto metafisico) che nella natura vi sono leggi la cui dialettica è simile a quella che si trova nelle società umane, non è che ci rassicura di più.[50] La natura va semplicemente "gestita" o "amministrata", e questo non può essere fatto da un uomo nemico di se stesso, che ha bisogno di "dominare" per affermarsi come tale. Non abbiamo bisogno di creare un socialismo che "assoggetti" la natura: non ha senso sostituire la modalità individualistica di farlo, tipica del capitalismo, con una collettivistica, solo perché si diventa proprietari dei mezzi produttivi. Tutti abbiamo visto i cla-

---

[50] In *Storia e coscienza di classe* (1923) G. Lukács s'era accorto che la trasposizione engelsiana del metodo (hegeliano) della dialettica alla conoscenza della natura era una forzatura, in quanto se in natura vi sono leggi imprescindibili, nella realtà umana le cose non sono mai così meccaniche. Le tre leggi sono note: trasformazione della quantità in qualità, compenetrazione degli opposti e negazione della negazione, tutte determinate dalla categoria della "necessità", di derivazione "stoica".

morosi disastri ambientali causati dal cosiddetto "socialismo reale".

Il pre-capitalismo

Primitivismo, colonialismo e socialismo

Quando mette a confronto il mondo moderno con quello primitivo o con quelli pre-borghesi, Engels sembra ragionare in modo cinico. A proposito del colonialismo inglese in India, scrive nell'*Anti-Dühring*: "gli illuminati inglesi... lasciarono andare in rovina i canali di irrigazione e le cateratte e, finalmente, con le carestie che si ripetono con regolarità, scoprono oggi d'aver trascurato quell'unica attività che poteva legittimare il loro dominio nell'India".[51]

Ci si chiede se un modo di esprimersi del genere, che apparentemente sembra ironico, sia degno d'un comunista. Sappiamo che Engels non era affatto contrario al colonialismo in sé; anzi la sua idea – come ha osservato giustamente H. Jaffe[52] – era quella di favorire il colonialismo europeo proprio per poter avere un proletariato industriale su scala internazionale, agevolando così la transizione al socialismo. Per quanto riguarda l'India è come se avesse detto che se gli inglesi fossero stati lungimiranti e non miopi, il loro colonialismo avrebbe conservato una certa "legittimità". Stessa cosa, ovviamente, si sarebbe potuta dire degli spagnoli nei confronti delle civiltà andine e mesoamericane, dei portoghesi nei confronti dei brasiliani e delle colonie africane, dei francesi nei confronti delle colonie sparse in mezzo mondo, e così via. I colonialisti europei avrebbero dunque avuto tutte le ragioni d'imporsi sui regni o imperi schiavistici o servili del passato, se solo avessero voluto tenere in consi-

---

[51] Sarebbe interessante fare una ricerca se l'azienda che lui gestiva a Manchester per conto di suo padre, contribuì a depauperare le risorse dell'India. È noto infatti che l'industria tessile inglese, non sopportando la concorrenza dei tessuti indiani, mandò in rovina milioni di artigiani.

[52] Cfr *Davanti al colonialismo: Engels, Marx e il marxismo*, ed. Jaca Book, Milano 2007, in cui vien fatto notare che Engels appoggiò il colonialismo francese in Algeria, quello italiano in Eritrea e quello inglese in Persia e in Cina, oltre alla guerra statunitense contro il Messico, solo perché riteneva che uno sviluppo mondiale del capitalismo avrebbe agevolato la transizione socialista. A Kautsky, nel 1882, scrisse che il proletariato inglese non aveva nulla da dire sull'imperialismo germanico. Engels venne considerato molto "eurocentrico" dagli studiosi senegalesi L. Senghor e C. Anta Diop, per i quali non aveva alcun senso sostenere che il matriarcato era peculiare dell'Africa e il patriarcato dell'Europa. E qui tralasciamo il fatto che considerava gli slavi alla maniera hegeliana, cioè un "popolo senza storia", e gli indù moralmente inferiori agli europei.

derazione le pregresse usanze con cui quelle antiche civiltà avevano affrontato i loro problemi sociali e ambientali.

Chissà perché, quando si parla di "accumulazione primitiva" della borghesia, si trascura sempre il fatto che su tale accumulazione il colonialismo ebbe un'incidenza notevolissima (Rosa Luxemburg ne intuì invece l'importanza per la fase della riproduzione allargata del capitale). Certamente è una questione di lana caprina poter stabilire se viene prima il capitalismo o il colonialismo: p.es. gli spagnoli praticarono il colonialismo in America Latina senza mai giungere al capitalismo vero e proprio, anzi il loro colonialismo servì proprio per negare in patria l'esigenza di diventare capitalisti. Tuttavia sarebbe bene, quando si parla di genesi storica del capitale, non dimenticare che il saccheggio delle risorse altrui è sempre stato uno strumento formidabile per fare incetta di ingenti ricchezze in tempi brevi, e che gli europei sono avvezzi a comportarsi così sin dalla civiltà cretese, l'antesignana dell'individualismo occidentale.

Pur di arrivare a sostenere l'idea di un percorso storico-evolutivo assolutamente necessario o comunque inevitabile, Engels si sentiva indotto a dire cose che avrebbero fatto storcere il naso anche allo storico più positivista. P.es. quando si riferisce al fatto che le antiche comunità pre-schiavistiche erano in grado, ad un certo punto, di produrre delle eccedenze, arriva poi a precisare che, siccome la forza-lavoro era molto debole, nonostante il miglioramento delle tecniche produttive, si dovette fare ricorso alla guerra, ch'era "antica quanto la coesistenza simultanea di più gruppi di comunità". Eppure nella sola America del Nord poterono convivere per moltissimi secoli ben 500 tribù diverse, tra le quali al massimo esistevano delle rivalità, non delle guerre fino all'ultimo sangue, che invece furono introdotte dagli europei in tutto il continente americano, in cerca di terre, di pascoli, di oro e di petrolio.

*

Ma vediamo ora quale esempio sceglie Engels per giustificare il passaggio dal comunismo primitivo allo schiavismo. "Sinora [cioè fino alla nascita dello schiavismo] non si sapeva che fare dei prigionieri di guerra, che quindi venivano semplicemente uccisi e, in un periodo ancora anteriore, mangiati". Il progresso economico (qui Engels si riferisce al periodo schiavile) fece sì che si potessero utilizzare i prigionieri come "forza-lavoro".

In realtà noi non sappiamo nulla se nelle comunità più primitive (per intenderci, quelle del paleolitico) erano in corso delle guerre. Il più antico scontro armato, documentato scientificamente, avvenne 10mila anni fa a Nataruk in Kenya, a carico di un gruppo di cacciatori-raccoglitori. Per arrivare alla prima battaglia (quella di Kadesh, vinta dagli Egizi nel 1284 circa), descritta attraverso i documenti ufficiali, bisogna aspettare che passino più di 8mila anni. Quando una comunità basata sull'autoconsumo entrava, per qualche motivo, in conflitto con un'altra, anch'essa basata sull'autoconsumo, i prigionieri non venivano né uccisi, né schiavizzati e tanto meno "mangiati".

La prassi è sempre stata quella di scambiare tra loro i rispettivi prigionieri o di riscattarli con qualche bene o persino d'integrarli nella tribù che li aveva catturati, proprio perché le guerre, prima della nascita dello schiavismo, erano molto rare: gli spazi geografici a disposizione erano enormi e forte era l'esigenza di matrimoni esogamici. Di regola si era convinti che, per non essere privati delle proprie risorse o del proprio territorio di appartenenza, bastasse "dimostrare" simbolicamente la propria bellicosità o superiorità (la "violenza ritualizzata" di cui parla Konrad Lorenz per il mondo degli animali[53]). Non si poteva neppure parlare di "guerra" come l'intendiamo oggi (implicante la sottomissione di un popolo o addirittura il suo sterminio), ma di semplici "battaglie" o di "sfide dimostrative" tra i guerrieri migliori (come quella famosa tra Davide e Golia o tra Orazi e Curiazi o quella di Barletta tra cavalieri italiani e francesi) o di "gare di abilità". Se qualche prigioniero veniva trattenuto, non era per trattarlo come uno schiavo, ma al massimo come un servo, non riconoscendogli pari diritti. In tutte le comunità indiane del Nordamerica ci si comportava così. Persino nel Medioevo europeo i prigionieri di guerra, generalmente, non potevano neppure essere trasformati in servi della gleba. Semmai erano i Romani, che pur potendo ridurre in schiavitù i prigionieri, eliminavano, per sicurezza, i capi delle popolazioni sottomesse.

Quanto al cannibalismo non si può dire che vi sia un parere sufficientemente condiviso tra gli studiosi. P.es. l'antropologo William Arens ne mette in dubbio persino l'esistenza e lo qualifica come un mito per giustificare la discriminazione del "diverso". È noto, infatti, che l'occidente "civilizzato" si è servito di questa prassi, di cui non si può escludere un fondamento storico, al fine di dimostrare la propria superiorità etica e culturale e quindi il proprio diritto a dominare il mondo.

Il fenomeno è stato oggetto di grande attenzione in Europa solo a partire dal XVI sec., grazie ai resoconti di esploratori, mercanti, missio-

---

[53] Nella lotta tra lupi per la supremazia nel branco, quando uno dei duellanti esibisce all'altro la giugulare, senza più andare all'attacco, il vincitore di colpo si ferma e la lotta finisce (e l'ordine nel branco è salvo). In questo gli uomini primitivi dovevano essere simili ai lupi, sempre che esistesse l'esigenza di far valere una "supremazia".

nari o funzionari coloniali, ma la letteratura antropologica vera e propria se ne interessa, scientificamente, solo tra la fine del XIX e l'inizio del XX secolo. L'antropologo Ewald Volhard, che nel 1939 pubblicò un volume dal titolo *Il cannibalismo*, collocò il fenomeno all'interno di un più ampio contesto simbolico o religioso, scartando l'idea di una ipotetica origine primitiva e selvaggia.

Diciamo che spesso il cannibalismo avviene in concomitanza con la presenza dello schiavismo, nel senso che risulta connesso a riti religiosi con cui si vuole giustificare tale formazione sociale (un esempio classico è quello degli Aztechi), o, al contrario, per difendersi dallo schiavismo, avvertito come un grave pericolo. Se si mangiano i prigionieri è per dimostrare che si è più forti della tribù cui essi appartengono. Se invece si mangiano i propri parenti è perché si vuole restare in comunione con loro, ottenendo la loro protezione in un momento in cui la comunità si sente particolarmente debole. In entrambi i casi appare come una forma estrema che denuncia un'impotenza di fondo.

Tale rito antropofagico si è conservato, simbolicamente, nel sacramento cristiano dell'eucarestia, proveniente da alcune religioni pagane.[54] Invece risulta del tutto assente nel mondo ebraico e islamico, in quanto queste religioni hanno orrore del sangue, fonte non solo di vita ma anche di malattie e impurità. Lo stesso mondo indo-buddistico non giustifica l'antropofagia, salvo casi rarissimi, in cui la comunità usa questo rito per mostrare la non disponibilità a lasciarsi assorbire dalla moderna civiltà (vedi p.es. gli Aghori in India). Il che non significa che in situazioni di estrema carenza di cibo non si potesse arrivare a mangiare i propri parenti o amici defunti.[55]

Engels ha avvertito la necessità di dire che le comunità più primitive, essendo simili al regno animale, potevano praticare, senza alcun

---

[54] La comunione dei beni o la socializzazione della proprietà, non avendo potuta essere realizzata materialmente, se non in alcune comunità monastiche, viene dal cristianesimo ridotta a una mera simbologia mistica. Nell'eucarestia il Cristo liberatore della Palestina, sconfitto politicamente, viene sostituito da un Cristo redentore dell'umanità, in chiave etico-religiosa.

[55] Episodi di cannibalismo si sono verificati nei campi di concentramento nazisti o durante l'assedio nazista di Leningrado e Stalingrado, o da parte dell'esercito nipponico nei confronti dei prigionieri nemici durante la II guerra mondiale. La storia del genere umano, anche moderna e contemporanea, è piena di esempi del genere, persino non strettamente legati ad alcun evento bellico, come in quel disastro aereo sulla Cordigliera delle Ande, avvenuto il 13 ottobre 1972, in cui i sopravvissuti, privi di viveri, si videro costretti a cibarsi dei corpi delle persone decedute.

problema etico, il cannibalismo.[56] Quindi, se è vero che una qualche forma di comunismo è esistita in tali comunità, essa era prossima alla selvaggia ferinità di alcune specie animali. Dopodiché conclude con un exploit in stile hegeliano, dove l'antitesi appare migliore della tesi, ma solo per essere superata da quest'ultima in favore della sintesi. Progressive determinazioni quantitative, di cui la successiva nega con pieno diritto la precedente, arrivano a produrre una nuova qualità: il socialismo scientifico!

Il ruolo del comunismo primitivo

Si legga questo passo sintetico di storia economica e si trovi l'inghippo: "Tutti i popoli civili cominciano con la proprietà comune del suolo. In tutti i popoli che oltrepassano un certo grado primitivo, nel corso dello sviluppo dell'agricoltura, questa proprietà comune del suolo diventa una catena per la produzione". Di qui la sua trasformazione in proprietà *privata*. Cosa manca in questa frase? Manca il *dramma*. Tutto sembra avvenire in maniera lineare, quando invece la differenza tra proprietà comune e proprietà individuale della terra è abissale. C'è più saggezza storica nel racconto adamitico, che pur è tutto mitologico.

Marx ed Engels erano giunti a capire l'importanza del comunismo primitivo dopo l'incontro coi populisti russi, che parlavano di obščina, mir e artel' (forme di gestione collettiva di terre e armenti), e dopo la lettura di alcuni testi etno-antropologici, a partire da quello di Morgan.[57]

---

[56] Da notare che al tempo di Engels la figura del selvaggio primitivo era strettamente connessa a quella dell'europeo indigente, emarginato, privo di cultura, di origine contadina o montanara.

[57] Gli appunti etnologici di Marx risalgono a poco tempo prima della morte, ma quando egli risponde alla famosa lettera della Vera Zasulič (1881), si era già letto nel 1877 *Ancient Society* di L. H. Morgan, regalatogli dall'etnografo russo M. Kovalevsky; conosceva bene anche le opere etno-antropologiche di J. W. B. Money (1861), H. S. Maine (1875), J. B. Phear (1880), R. Sohm (1880), J. Lubbock (1882) sull'origine delle civiltà, e l'opera di storia del diritto di G. L. von Maurer sulle comuni germaniche primitive, pubblicata nel 1865-66. Il capitolo sul feticismo della merce, nel *Capitale*, gli era stato ispirato dal testo di Charles de Brosses, *Du culte des dieux fétiches* (1760), letto nel 1841. Per scrivere il capitolo sulle "Forme che precedono la produzione capitalista", presente nei *Lineamenti della critica dell'economia politica* (1857-58) si era letto, nel 1851, un testo di W. Coke sulla storia naturale della società negli Stati barbari e civilizzati e un testo di H. H. Bancroft sugli indiani nordamericani. Engels invece non era minimamente interessato al comunismo primitivo, però poi quando vide nell'archivio di Marx, appena deceduto, i suoi quaderni etno-antropologici, scrisse, nel 1884, *L'origine della famiglia, della proprietà privata e dello Stato*.

Ma le conclusioni che ne trassero furono abbastanza divergenti: per il primo l'esistenza del comunismo primitivo andava completamente ripensata, e questo fu uno dei motivi per cui non portò a compimento gli ultimi due volumi del *Capitale*; per il secondo l'esistenza di un comunismo del genere non metteva affatto in discussione ch'esso andasse superato dallo schiavismo, a partire dal quale nascono le civiltà progredite.[58]

Prima abbiamo parlato di "dramma storico". Ora, se si guarda la storia del genere umano, sembra che la disgrazia maggiore provenga dallo sviluppo dell'agricoltura. Eppure lo stesso Engels dice che all'inizio la proprietà del suolo era *comune*, in tutte le regioni del globo. Dunque dove e come era avvenuto il dramma? Come mai egli non mostrava alcun interesse (salvo l'ultima parte della sua vita) né per la vita collettiva nelle foreste, né per quella nomadica che caratterizzò l'uomo uscito appunto dalle foreste, né per quella stanziale del comunismo agrario? Semplicemente perché la sua idea di fondo era un'altra: il singolo si deve emancipare da un collettivo che non gli permette di esprimersi come vorrebbe. La cosa strana però è che proprio lui auspica la proprietà *comune* dei mezzi produttivi. Un lettore potrebbe pensare che questo è un modo di tornare al comunismo primordiale. Invece no. Infatti, è unicamente sotto il capitalismo che le forze produttive sono diventate davvero potenti, in grado di controllare le forze della natura: sicché non è più possibile rinunciarvi. L'unico problema, secondo Engels, è che il singolo imprendi-

---

[58] Non solo, ma mentre Marx riteneva possibile una transizione dal feudalesimo russo al socialismo agrario senza passare attraverso il capitalismo, a condizione che in Europa occidentale la Russia venisse aiutata da una contestuale rivoluzione proletaria; Engels invece auspicava che in Russia scoppiasse una rivoluzione borghese che potesse agevolare la rivoluzione proletaria in Germania. Engels disprezzava il miscuglio di socialismo e panslavismo che si trovava nelle teorie di Bakunin e di Herzen; al massimo apprezzava le idee del gruppo "Liberazione del lavoro", costituitosi a Ginevra nel 1883, grazie a Plechanov, Aksel'rod e Vera Zasulič, lontani sia dall'anarchismo che dallo slavofilismo. Considerava i russi la retroguardia della rivoluzione proletaria in Europa e il comunismo dell'obščina non era, per lui, che il segno di un basso livello produttivo. Quando il *Capitale* cominciò a essere tradotto in russo, Marx si preoccupò di dire che il suo contenuto riguardava anzitutto l'Inghilterra e solo indirettamente gli altri paesi europei; Engels invece vide nell'incapacità dei populisti di realizzare il socialismo e nella volontà dei marxisti di diffondere *Il capitale*, la riprova che anche in Russia l'introduzione del capitalismo andava considerata scontata, non foss'altro che per una ragione: nella storia nessun comunismo agrario, primitivo o gentilizio, è mai riuscito a impedire la propria dissoluzione. Tutto ciò però non avrebbe aperto le porte al leninismo, bensì al marxismo economicistico, quello che prospettava uno sviluppo graduale del capitalismo in tutta la Russia, al fine di avere un solido proletariato industriale.

tore non è in grado di gestirle in maniera razionale: non saprebbe farlo neppure se si formassero trust e cartelli. E l'alternativa non è certo quella di tornare a un tipo di civiltà in cui la tecnologia sia ridotta al minimo.

Dal comunismo all'individualismo e viceversa

La fine del comunismo primitivo ha comportato la nascita dell'individualismo, che si è evoluto in diverse forme, ma che in tutte si è, ad un certo punto, espresso come supremazia del forte (fisicamente) sul debole. È questa la maniera più istintiva di imporre un proprio dominio. Il primo atto di supremazia, il più semplice, può essere stato quello dell'uomo sulla donna e sui figli: cosa che si può constatare in tutte le formazioni sociali antagonistiche, di ogni tempo e luogo. Il secondo (non necessariamente in ordine cronologico) è quello di un clan parentale, all'interno di una tribù, su altri clan. Cioè, a parità di attività economica, prevaleva, ai primordi della nascita dell'antagonismo sociale, la diversa *forza fisica*, data dalla natura, che si esprimeva anche nella diversa abilità a costruire armi di offesa e nel saperle usare per imporre una volontà particolare, soggettiva. Contestuale a ciò è il tentativo di trovare una giustificazione ideologica all'arbitrio e, a tale scopo, niente di meglio che la religione o la mitologia.

Quel che avviene nel mondo animale, dove la forza fisica stabilisce le gerarchie del comando, si è ripetuto rozzamente nel mondo umano, ove si è aggiunta la mistificazione del linguaggio. Comportarsi come gli animali, che si basano soltanto sugli istinti, vuol dire, per l'essere umano, degradarsi. Quel che è venuto meno, con la nascita dello schiavismo, è stato il *rispetto della diversità*, la convinzione che l'altrui persona è parte costitutiva del collettivo e contribuisce alla sua sopravvivenza in maniera decisiva. In origine, prima della nascita dello schiavismo, doveva per forza esserci l'idea che qualunque tentativo, da parte del più forte, d'imporsi sugli altri, si sarebbe ritorto contro il suo ideatore e autore, e avrebbe comportato, prima o poi, la sua esclusione dal collettivo. Lo schiavismo nacque quando venne meno questa certezza.

Tutta l'analisi di Engels, non tenendo conto di questo processo "fisico", rischia di apparire come una elucubrazione intellettualistica. Anzitutto non vi sono "prima" i rapporti economici e "poi" tutto il resto, ma vi è un tutt'uno gestito collettivamente, che, ad un certo punto, subisce una rottura traumatica a causa di un atto d'imperio, dove la forza individuale (che è fisica e mentale) pretende di giocare un ruolo di primo piano, dandosi delle giustificazioni ideologiche.

Tale atteggiamento viene ereditato *culturalmente* dalle generazioni successive a quella in cui è avvenuto per la prima volta, ma non come un istinto. Non esiste un "peccato originale" che viene trasmesso geneticamente, come una macchia indelebile che rende incapaci di bene. Ogni volta l'arbitrio ha necessità di riproporsi con una decisione personale, che viene poi condivisa da un determinato collettivo. Tant'è che le *forme* in cui tale decisione s'impone, mutano a seconda delle circostanze, cioè sulla base dei mezzi e delle risorse a disposizione, delle abitudini pregresse, ecc. L'essere umano è incredibilmente versatile e può far valere l'interesse soggettivo contro quello collettivo in tantissimi modi.

Si può anche pensare – come fa Engels – che tra i lavoratori perdurasse una certa uguaglianza quando si formarono le prime civiltà, e che, parallelamente a questa uguaglianza, esistesse anche una certa disuguaglianza tra i lavoratori effettivi e le classi che materialmente non producevano ricchezza, come i sacerdoti, i burocrati, i militari... In ogni caso, quando in tutti i manuali di storia si parla di "nascita delle civiltà", s'intende sempre qualcosa di "violento", che presume lo sfruttamento dei lavori agricoli da parte delle forze sociali urbanizzate; che presume l'uso della scrittura per discriminare chi non può permettersi di apprenderla; l'uso del calcolo matematico per stoccare, ripartire, vendere i prodotti agricoli da parte dello Stato; l'edificazione di grandi città, dotate di ampie cinte murarie, per difendersi dai nemici; una legislazione severissima (non solo quella del "taglione": occhio per occhio, dente per dente, ma anche quella che imponeva facilmente la schiavitù a chi non era in grado di pagare i propri debiti), e così via. Il diritto serviva per sostenere la forza di pochi e assicurare la soggezione di molti.

Secondo Engels le differenze sociali aumentano quanto più crescono le forze produttive o quanto più aumenta la popolazione, che rende insufficienti quelle forze. È davvero singolare questo modo di vedere le cose, poiché anche il socialismo scientifico ha la pretesa di voler aumentare all'infinito le forze produttive, pur in presenza della proprietà *comune* dei mezzi lavorativi. Come si può essere sicuri che tale proprietà possa scongiurare il formarsi di nuove divisioni sociali? di nuove discriminazioni? Vi è forse riuscito il cosiddetto "socialismo reale", dove una classe di politici e di burocrati dominava nettamente tutti i lavoratori?

Non possono essere delle semplici determinazioni quantitative a garantire la qualità della vita. Qui è la stessa "economia politica", la sua pretesa scientificità, in quanto impostata su dati matematici, a dover essere messa in discussione. *Il Capitale* voleva porsi come "critica dell'economia politica" (sottinteso "borghese"): non necessariamente avrebbe dovuto auspicare una nuova economia politica a fondamento del socialismo.

Il *socialismo democratico e autogestito* ha bisogno di un affronto *olistico* dei bisogni umani, i quali non sono soltanto "materiali". In questi ultimi 1500 anni di storia siamo passati da una astratta teologia a una concreta economia, passando per una filosofia che voleva superare la teologia senza averne le forze, almeno finché non si trasformò in azione politica. Siamo passati da una forma a un'altra di assolutizzazione, quando il vero problema è quello di come mettere al centro di tutti i nostri interessi *l'essere umano nella sua interezza*, integralmente inteso, in cui nessuno elemento che lo costituisce possa prevalere sugli altri.

Il socialismo della miseria e della ricchezza

Engels non aveva alcuna simpatia per la *gestione locale dei bisogni comuni*. In quanto intellettuale urbanizzato vedeva solo nello Stato l'ente preposto a socializzare i mezzi produttivi. È vero che parlò anche di sua "estinzione progressiva", ma non specificò mai in che senso. Chi avrebbe dovuto dirigere l'amministrazione dell'economia, una volta che lo Stato fosse scomparso? Non lo si comprende in termini sufficientemente chiari. Engels prevedeva l'autogestione delle fabbriche da parte degli operai, ma secondo una pianificazione nazionale. Quel che non spiega è come si possa fare una pianificazione del genere in assenza di organismi istituzionali riconosciuti da tutti i cittadini e lavoratori.

Per lui una qualunque gestione meramente *locale* dell'economia avrebbe comportato un ridotto sviluppo produttivo, una sorta di "socialismo della miseria". Era arrivato persino a dire che "sino a quando il complessivo lavoro sociale fornisce solo un prodotto che supera soltanto di poco ciò che è necessario per un'esistenza stentata di tutti, sino a quando perciò il lavoro impiega tutto o quasi tutto il tempo della maggioranza dei membri della società, necessariamente la società si divide in classi".

Incredibile che un intellettuale socialista arrivi a una conclusione del genere, quando proprio ciò che dice favorisce tutt'altro che la divisione in classi contrapposte. In pratica è come se avesse detto: la miseria non piace a nessuno; se è possibile evitarla, non si può andare tanto per il sottile: prima vengono le esigenze personali, poi quelle collettive. Ovviamente il suo pensiero non è così banale, ma svolto secondo argomentazioni "scientifiche": "Accanto a questa grande maggioranza dedita esclusivamente al lavoro, si forma una classe emancipata dal lavoro immediatamente produttivo, la quale cura gli affari comuni della società: direzione del lavoro, affari di Stato, giustizia, scienza, arti, ecc.".

In tale maniera Engels giustifica il passaggio necessario dalla "povertà" del comunismo primitivo alla "ricchezza" dello schiavismo. Non vede alcuna rottura traumatica, anzi, considera i fautori dello schiavismo come persone intelligenti, che hanno capito come far sviluppare la società senza lavorare in maniera "diretta", che è quella tipica degli schiavi o di quelli meno dotati intellettualmente. Gli altri, invece, i pochi, l'avrebbero fatto indirettamente, curando la politica, l'amministrazione, la cultura, ecc. Tutto ciò era destinato ad avvenire proprio perché c'era la "miseria" del comunismo primitivo.

Un modo di ragionare, questo, che oggi, anche alla luce degli studi etno-antropologici, è nettamente superato per almeno due ragioni.

1) Ci siamo abituati a fare distinzione tra "miseria" e "povertà", nel senso che si può essere "poveri" di risorse produttive, ma non "miseri" (come invece lo si può essere nel capitalismo industriale, se non si possiede alcuna proprietà); si può vivere un'esistenza precaria ma non disperata, proprio perché, in condizioni normali o naturali, la Terra fornisce risorse sufficienti per sopravvivere, e il collettivo è un aiuto fondamentale nei momenti più critici, non un ostacolo al proprio desiderio emancipativo. È piuttosto una caratteristica dei regimi sociali antagonistici associare alla grande ricchezza di pochi la grande miseria e disperazione di molti.

2) Engels non riesce ad accettare l'idea che una comunità debba basarsi sulle specifiche risorse del territorio locale, di cui avere grande cura e rispetto. Fa molta fatica a capire che il vero benessere non è dato tanto dalla ricchezza economica in senso stretto (quella garantita dall'industria), quanto piuttosto dall'*equilibrio* tra i rapporti umani e tra questi e l'ambiente circostante. E in tale equilibrio le risorse economiche possono anche essere ristrette. Gli agi, le comodità, le eccedenze... non sono condizioni che vanno ricercate in maniera imprescindibile per realizzare il socialismo. Anzi, bisognerebbe fare in modo di evitare che queste cose sollecitino l'idea di creare discriminazioni sociali, rilassatezza di costumi, false aspettative... Non è affatto un problema abituarsi a vivere nelle ristrettezze; lo diventa però quando qualcuno, in nome del proprio individualismo, le rifiuta. E comunque, per aumentare il tenore di vita, vi sono sempre gli scambi commerciali tra le comunità, relativi alle rispettive eccedenze.

Ricordiamo tutti quanto disse Rousseau a proposito della proprietà privata: "Il primo che pose un confine al suo pezzo di terra, dicendo: 'Questo è mio', e incontrò altri disposti a credergli, fu il vero fondatore della civiltà". Rousseau, il maggior filosofo del periodo rivoluzionario francese, non era affatto convinto che il progresso delle scienze e delle arti avrebbe reso la civiltà borghese migliore di quella primitiva. La sua fu una posizione largamente osteggiata, tanto che ancora oggi tutte le volte che si plaude al comunismo primitivo, si viene accusati di voler dare credibilità al mito del "buon selvaggio", di matrice appunto roussoviana. E il discorso finisce lì, come se si fosse detta una cosa che non sta né in cielo né in terra. Oggi è molto raro incontrare qualcuno che ritenga il comunismo primitivo l'unica vera soluzione ai problemi dell'umanità: giusto qualche stravagante anarco-primitivista alla Zerzan.[59]

Le ultime tribù primitive rimaste sul pianeta vengono viste con pietà e commiserazione, anche perché riteniamo di prevedere che il loro destino sia quello di scomparire come certi animali in via di estinzione. Oppure restano una curiosità intellettuale per antropologi ed etnologi, che se ne servono per delle tesi di laurea o per delle carriere accademiche. Non si è neppure convinti che i primitivi fossero *eticamente* migliori di noi. Anzi a noi piace credere che fossero selvaggi, belluini, inarticolati nel linguaggio, privi di sentimenti significativi o di una religione, abituati a rapporti promiscui, a volte addirittura antropofagi.

A noi piacciono le civiltà simili alla nostra: tutte quelle schiavistiche, perché urbanizzate e mercantili, e quella borghese che, a partire dal Mille, si è diffusa in Europa occidentale. Siamo così lontani dal comunismo primordiale che a Engels pare naturale dire che "a base della divisione in classi sta la legge della divisione del lavoro". In realtà la prima divisione del lavoro, quella tra uomo e donna, è la natura stessa che la impone, ed essa serve per caratterizzare meglio le differenze di genere. Ma, più in generale, la discriminazione subentra quando si vuole impedire con la forza *l'intercambiabilità dei ruoli*, cioè quando si vuole costringere qualcuno a svolgere una determinata mansione.

La divisione del lavoro crea la divisione in classi quando esiste già una discriminazione in atto, e quella tra uomo e donna è un segno di una più generale discriminazione tra uomo e uomo. E, sotto questo aspetto, è una pura e semplice assurdità sostenere che "la divisione in classi ha una certa giustificazione storica... in quanto si è fondata sull'insufficienza della produzione".

Un comunista non dovrebbe pensarla in questa maniera, poiché è come se avesse detto che nella povertà non può esistere l'*etica*, per cui tutto è permesso. Se così fosse, da dove verrebbe all'operaio, totalmente privo di mezzi produttivi, l'idea di ribellarsi al sistema per crearne uno più giusto per l'intera collettività? L'idea di ribellarsi al sistema non gli è venuta in mente, come classe, neppure sotto il cosiddetto "socialismo reale"; perché mai dovrebbe sentirsi favorito sotto il capitalismo? O dobbiamo forse credere all'affermazione di Engels, priva di una vera giustificazione teorica, secondo cui "la divisione in classi sarà eliminata dal pie-

---

[59] I suoi *Primitivo attuale (Il rifiuto della civiltà)*, *Il crepuscolo delle macchine*, *Ammazzare il tempo*, *Pensare primitivo (Elementi di una catastrofe)*, *Nostra nemica civiltà (Frammenti di resistenza anarchica alla civilizzazione)*, *Senza via di scampo? (Riflessioni sulla fine del mondo)* sono considerati fondamentali per il movimento di ecologia radicale nordamericano.

no sviluppo delle moderne forze produttive"? La storia ha dimostrato proprio il contrario, e cioè che tale sviluppo non ha fatto che accentuare la suddetta divisione. E in ogni caso non è dall'assenza di povertà che può venir fuori il senso della giustizia, come un coniglio dal cappello del prestigiatore.

Il fatto che la classe dominante si sia resa conto che la sua presenza è diventata un ostacolo all'ulteriore sviluppo di quelle forze produttive che essa stessa ha messo in moto, non implica minimamente che si sia più vicini all'idea di una transizione socialista. Engels era addirittura convinto che già al suo tempo la borghesia avesse raggiunto il livello sufficiente di sviluppo economico per rendersi conto ch'era ora di farsi da parte. C'è da dire che se egli non fosse stato convinto di questo, avrebbe rischiato di passare per un "utopista", quando invece il suo obiettivo era quello di dimostrare la "scientificità" del marxismo, tant'è che scrive, a chiare lettere: "Il fallimento economico della borghesia di ripete regolarmente ogni dieci anni". Quindi solo il socialismo avrebbe potuto continuare a sviluppare in maniera indefinita le forze produttive del capitalismo. Sarebbe stato sufficiente socializzare la proprietà dei mezzi produttivi ed eliminare il lusso dei proprietari privati. E così si sarebbe passati "dal regno degli animali... a condizioni di esistenza effettivamente umane". "L'organizzazione cosciente secondo un piano [permetterà agli uomini di diventare] effettivi padroni della natura". L'autoconsapevolezza di sé porterà gli uomini a "dominare" la natura in maniera "scientifica".

Engels aveva fatto del marxismo rivoluzionario una sorta di filosofia politica accademica. Lo stesso *Anti-Dühring* si prestava molto a essere utilizzato come oggetto d'insegnamento cattedratico, come d'altra parte afferma Arrigo Cervetto, che introduce il testo: "La concezione materialistica della politica, elaborata da più di trent'anni da Marx e da Engels, veniva così sistemata in un grande trattato organico", destinato a diventare "il testo sul quale si formò la nuova generazione rivoluzionaria, la generazione di Lenin. Quarant'anni dopo, Lenin, capo maturo e collaudato del comunismo internazionale, ne tramandò le pagine fondamentali sulla concezione materialistica della politica, travasandole in *Stato e rivoluzione*". Sì, forse si formò una generazione di marxisti, ma non quella "rivoluzionaria". Non fu certo leggendo Engels che Lenin capì come fare la rivoluzione.

Dal comunismo primitivo al socialismo

Non si può dire però che Engels fosse completamente a digiuno di comunismo primitivo. Ne parla al cap. IV (III sez., pp. 370-3) dell'*Anti-Dühring*. A dir il vero questa parte sembra essere un'aggiunta posticcia, slegata da ciò ch'egli vuole dimostrare, ovvero che il socialismo è un prodotto necessario del capitalismo, pena la barbarie dell'umanità. Forse l'aggiunta è stata messa dietro suggerimento di Marx, che doveva aver letto il manoscritto, visto che il cap. X della II sez. è suo. Essa però ha un'importanza fondamentale, in quanto lascia intendere – a chi, come noi, non si fa illusioni sull'efficacia ecologica di un socialismo industrializzato – che il socialismo o torna, in un certo senso, al comunismo primitivo o non sarà in grado di risolvere alla radice le contraddizioni del capitalismo.

Riportiamo per esteso la sintesi, peraltro molto efficace, di Engels, che sembra avere come punto di riferimento le *Forme economiche precapitalistiche* di Marx. "Nell'antica comunità indiana [di cui Marx era venuto a conoscenza studiando il colonialismo britannico], nella comunità familiare degli slavi [sempre studiata da Marx quando iniziò ad apprendere la lingua russa], i prodotti non si trasformano in merci. I membri della comunità sono direttamente riuniti in società per la produzione, il lavoro viene diviso a seconda della tradizione e dei bisogni[60] e ugualmente i prodotti, nella misura in cui arrivano al consumo. La produzione immediatamente sociale, così come la distribuzione diretta [cioè, si può presumere, mediante autoconsumo e soddisfazione del bisogno], escludono ogni scambio di merci, quindi anche la trasformazione dei prodotti in merci (almeno all'interno della comunità) e conseguentemente escludono anche la loro trasformazione in *valori*. Non appena la società entra in possesso dei mezzi di produzione e, socializzandoli immediatamente, li usa per la produzione, il lavoro di ciascuno, per quanto possa essere diverso il suo carattere specifico di utilità, diventa a priori e direttamente lavoro sociale". È "l'esperienza giornaliera", e non il mercato o un calcolo finanziario, a indicare "direttamente quanto lavoro è necessario in media". "La società può semplicemente calcolare quante ore di lavoro sono contenute in una macchina a vapore...". Può farlo perché le conosce "direttamente e assolutamente". L'avverbio "assolutamente" viene usato da Engels contro l'avverbio "relativamente", che deve invece essere usato per calcolare il tempo medio necessario a produrre il valore di una merce capitalistica, non essendovi una precisa oggettività matematica per farlo, in quanto il prezzo di una merce non coincide quasi mai col suo valore.

Cerchiamo ora di fare un commento abbastanza preciso a queste

---

[60] Engels qui non s'accorge di negare una delle sue tesi di fondo, quella secondo cui la divisione in classi contrapposte nasce dalla divisione del lavoro. Da notare che nell'*Ideologia tedesca* lui ed Marx sostenevano la necessità di abolire la divisione del lavoro attraverso la "comunità", di cui lo Stato rappresentava un semplice "surrogato", che andava "rovesciato".

frasi molto importanti.

Si noti anzitutto l'importanza dell'avverbio "direttamente", usato da Engels per parlare del lavoro nel comunismo primitivo. È "direttamente sociale", senza bisogno di mediazioni. Viceversa, nelle società mercificate è lo *scambio sul mercato* che produce, "indirettamente", la socializzazione dei produttori. È vero che gli operai sono già "socializzati" nel modo stesso di produrre in fabbrica; tuttavia, siccome la finalità di tale produzione non è, *in primis*, la soddisfazione dei bisogni della comunità cui essi appartengono, ma la vendita delle merci sul mercato, è quest'ultimo, in definitiva, che dà un senso al loro stare insieme, al loro lavorare in maniera collettiva.

In secondo luogo egli deve constatare che nel comunismo primitivo la ripartizione dei prodotti avveniva non in base al lavoro ma in base ai *bisogni*: chi aveva più bisogno doveva ricevere di più, anche se, per qualche ragione, lavorava di meno. Quindi il valore del lavoro non stava nel lavoro in sé, ma nel *benessere* che procurava alla comunità nel suo insieme, un benessere materiale e spirituale: non aveva senso quantificarlo economicamente.

In terzo luogo quando parla di assenza di scambio di merci non sta dicendo che non esisteva il *baratto*. Semplicemente e giustamente sembra voglia fare differenza tra "merce" e "bene" prodotto dal lavoro di una comunità autogestita, non dipendente dal mercato. Non sta negando il "valore di scambio", ma lascia intendere che questo, in una società non antagonistica, non ha un primato sul "valore d'uso", nel senso che non si produce anzitutto per il mercato ma per se stessi e per la comunità d'appartenenza, salvo la possibilità di scambiare o anche vendere *liberamente, senza alcuna costrizione,* le proprie eccedenze su un mercato locale.

In quarto luogo quando afferma che nel comunismo primitivo i beni non possono essere trasformati in "valori", non lo dice soltanto in riferimento al primato borghese del "valore di scambio", ma anche, inevitabilmente, al significato del "prezzo" della merce. In altre parole egli lascia capire che nel comunismo primitivo non esiste un "prezzo" vero e proprio della merce stabilito dalla legge della domanda e dell'offerta, cioè da quella legge che presume che un determinato bene sia *sempre* presente sul mercato, in quantità più o meno significativa (è la scarsità o l'abbondanza di un bene che decide il suo valore), indipendentemente dalla volontà autonoma di una comunità di scambiare i propri prodotti. Quando si barattono le proprie eccedenze con le eccedenze altrui, non si vende nulla per accumulare denaro: gli scambi non sono mediati dal denaro ma dai *bisogni*; e non si acquista nulla di cui si abbia *assolutamente* bisogno per vivere, poiché ciò creerebbe una dipendenza dal mercato o da un produttore esterno alla comunità, che potrebbe influenzare le decisioni della stessa comunità, minandone l'*autonomia*.

In quinto luogo quando dice che all'interno di una comunità del genere un lavoro è "a priori e direttamente [o immediatamente] lavoro sociale", lo dice escludendo la mediazione del mercato. Un lavoro quindi non è importante nella misura in cui produce merci vendibili sul mercato o perché è in grado di accumulare capitali o eccedenze, ma semplicemente perché risponde a un *bisogno* della comunità cui lo stesso lavoratore appartiene. La differenza è enorme, e ci si chiede se Engels se ne rendesse davvero conto, in quanto non sembra ch'egli sapesse trarre le dovute conseguenze dalle sue affermazioni. Infatti per tutto il suo libro mostra di non aver capito che il socialismo futuro non può che essere una riedizione, in forme ovviamente diverse, del comunismo primordiale. In altre parole, una *comunità locale autogestita* è infinitamente superiore a qualunque mercato, anche perché là dove si pone una produzione il cui carattere di socializzazione è *immediato*, diventano più difficili le mistificazioni (ideologiche).

Engels non si rendeva conto che stava parlando di un'alternativa *assoluta* a qualunque società basata non solo sul privilegio della proprietà privata dei mezzi produttivi, ma anche sulla priorità del mercato. Stava praticamente dicendo che la misura del valore di un oggetto è data sì dal tempo effettivo, materiale, diretto che occorre per produrlo, e che tale tempo è conosciuto dalla comunità (necessariamente locale) per tradizione o consuetudine; ma, siccome in tale comunità non esiste una merce col suo prezzo di mercato, determinato dalla legge della domanda e dell'offerta, il valore di tale oggetto è dato anche e soprattutto dal tipo di *bisogno* che soddisfa, per cui, in ultima istanza, più che il "tempo" è il "bisogno" che decide il valore di un prodotto del lavoro. Il tempo assume un'importanza relativa, non perché non può essere definito in maniera assoluta, ma proprio perché il suo significato va oltre se stesso, gli viene dato dalla comunità in cui viene vissuto. Il lavoro serve per rispondere a bisogni effettivi, e il tempo può essere deciso solo collettivamente; se i bisogni sono urgenti, la velocità di esecuzione del lavoro per soddisfarli verrà decisa sul momento.

Se nella comunità si vuol considerare il tempo più importante del bisogno, si rischia d'insinuare al suo interno un principio individualistico relativo alle capacità soggettive di produzione, che potrebbe essere anteposto agli interessi collettivi. In una comunità autogestita la percezione del tempo deve andare al di là di quello impiegato nella produzione dei singoli oggetti. La comunità si sente appartenere a un *tempo dilatato*, che non necessita d'essere misurato sulla base delle specifiche attività ch'essa conduce. Tutti si sentono parte di un *unico tempo collettivo*. E tutti, coi loro tempi, devono partecipare alla soddisfazione di bisogni comuni. Chi vuole affrettare questo tempo, per un interesse soggettivo, rischia di porre un problema all'intero collettivo.

È giusto quindi quando Engels dice: "La società non assegnerà neppure dei valori ai prodotti". Non li assegnerà in senso *economico*, non essendoci l'uso del denaro e la dipendenza dal mercato. Ma assegnerà comunque alle cose dei valori *immateriali*, che sono simbolici, affettivi e naturalmente *sociali*, relativi a un preciso contesto spazio-temporale, poiché, in definitiva, il "sociale" ingloba l'"economico" nelle proprie leggi non scritte, dettate appunto dalla tradizione, accettate per abitudine.

"Gli uomini sbrigheranno ogni cosa in modo assai semplice, senza l'intervento del famoso 'valore'". Una "semplicità" che però Engels vuole imbrigliare dentro la necessità di "un piano di produzione", "determinato dagli effetti utili dei diversi oggetti di uso considerati in rapporto tra di loro e in rapporto alla quantità di lavoro necessaria alla loro produzione". Questo perché "la società dovrà sapere quanto lavoro richiede ogni oggetto di uso per la sua produzione".

Certamente Engels non può rinunciare all'idea che il socialismo futuro dovrà essere in grande stile, su scala nazionale e persino capace d'essere internazionale, in grado di utilizzare gli stessi strumenti produttivi del capitalismo. Ciò in quanto "la più importante funzione progressiva della società è l'accumulazione". Non aveva ancora capito che un socialismo davvero democratico, basato sul *valore d'uso*, può essere soltanto *locale* e *autogestito*, e che il valore che una comunità del genere attribuisce agli oggetti è, in ultima istanza, di tipo *immateriale*, in quanto riferito ai valori etici, culturali, esistenziali che la motivano, che la tengono in piedi non solo nella materialità della vita, ma anche nello spirito.

Meno che mai Engels aveva capito che le forze produttive industrializzate sono incompatibili con le esigenze riproduttive della natura, in quanto non è possibile riutilizzare in senso ecologico le scorie ch'esse stesse producono, se non in misura molto limitata (p.es. i pannelli solari sostituiscono, per 15-20 anni al massimo, gli idrocarburi, ma poi non sono completamente riciclabili e, se lo sono, il procedimento è piuttosto costoso[61]).

La cosa strana è che Engels sa benissimo che il comunismo primitivo è stato distrutto dalle civiltà che usavano il denaro e i mercati. Tuttavia il suo determinismo è così forte che non ritiene più possibile al-

---

[61] In Italia, se si volesse coprire il 20% del fabbisogno nazionale per mezzo di energia solare, bisognerebbe produrre almeno 600 milioni di pannelli da 1 mq ciascuno, ed essi, in genere, contengono materiali fortemente velenosi per l'ambiente, come p.es. il cadmio, anche se proprio in Italia è stato costruito, di recente, un pannello solare riciclabile al 100%, senza silicio e senza Eva Etil Vinil Acetato, ovviamente molto più costoso dell'altro.

cun passo indietro. Si può andare solo avanti, sulla base tecnologica impostata dal capitalismo. Vuole essere un ottimista ad oltranza. Ecco perché scrive che "il denaro impone la forma di merce anche agli oggetti prodotti per il proprio consumo diretto, li trascina nello scambio. Così la forma di merce e il denaro penetrano nell'economia interna della comunità associata direttamente per la produzione, rompono uno dopo l'altro tutti i legami della comunanza e dissolvono la comunità in una schiera di produttori privati".

Anche se qui Engels non spiega minimamente come si siano potuti formare la merce e il denaro, che anticipano storicamente, e di molto, la nascita del capitalismo, le sue restano parole forti. Sono convincenti sul piano fenomenologico, poiché effettivamente è avvenuto così, anche se non sanno individuare le ragioni *ontologiche*, *culturali* di questo dramma storico. Dobbiamo accontentarci d'essere venuti a sapere, dalle sue analisi, che prima della produzione individuale (che Engels disprezzava perché la giudicava troppo circoscritta localmente, troppo angusta sul piano tecnologico) ne esisteva un'altra di tipo collettivo, la quale, in quanto a "socializzazione", non aveva nulla da invidiare – secondo noi – al moderno socialismo scientifico.

Purtroppo l'unico esempio che riesce a fare è sempre quello dell'India, come se l'ignoranza degli storici o degli economisti del suo tempo, in merito al comunismo primitivo, fosse abissale. "Il denaro dapprima – così scrive –, come si può vedere in India, mette al posto della coltivazione comune del suolo la coltura individuale; più tardi dissolve la proprietà comune del suolo coltivabile, che si presenta ancora nelle ripartizioni periodicamente ripetute, mediante una ripartizione definitiva [e qui fa un paragone con le comunità di villaggio della Russia e della Mosella tedesca]; e infine spinge alla ripartizione del possesso comune, ancora residuato, dei boschi e dei prati". Sta ovviamente parlando di ciò che han fatto gli inglesi in India, anche se, non dicendolo espressamente, potrebbe far pensare all'introduzione dello schiavismo in questo immenso Paese.

Quel che qui ci stupisce è che sia Marx sia Engels hanno preso consapevolezza dell'esistenza del comunismo primitivo solo nell'ultima parte della loro vita. Come se non fossero esistiti i resoconti sulla vita degli indigeni (sin dai viaggi coloniali di Spagna e Portogallo), e non fossero stati oggetto di ampi dibatti durante la rivoluzione francese. Diciamo che il comunismo primitivo non era un argomento che a Engels interessava e che Marx affrontò solo di sfuggita, andando a ritroso nel tempo, cercando cioè di capire come mai, a parità di condizioni economiche, in un luogo sorge il capitalismo e in un altro no, come scrisse in una lettera indirizzata alla redazione della rivista letteraria russa *Otečestvennye Za-*

piski nel 1877 (pubblicata però da un'altra rivista solo nel 1884).[62]

L'idea di fondo che Engels aveva è bene espressa a p. 374: la forza-lavoro "deve essere scambiabile non col suo *valore* [altrimenti verrebbe mercificata], ma col suo *valore d'uso* [cioè col prodotto del suo lavoro]; la legge del valore dovrebbe essere valida per tutte le altre merci, ma essere soppressa per la forza-lavoro". È tutto qui il suo socialismo: è il capitalismo più la proprietà *sociale* dei mezzi produttivi, che garantisce la libertà al lavoratore. Più chiaro di così Engels non poteva essere. Ma è anche chiaro che questo limite va assolutamente superato, se davvero si vuole costruire il socialismo.

Dal comunismo primitivo allo schiavismo

Là dove Engels parla dello schiavismo, cioè là dove ha bisogno di dire che il comunismo primitivo andava assolutamente superato e che il socialismo scientifico non ne recupererà le caratteristiche più di quanto non si porrà come legittimo erede dello sviluppo tecnologico del capitalismo, si ha l'impressione ch'egli conduca un'analisi storico-economica in maniera incredibilmente deterministica.

Le pagine 224-27 lasciano abbastanza sconcertati. Engels plaude alla schiavitù proprio perché essa avrebbe favorito "la divisione del lavoro tra agricoltura e industria", e quest'ultima, decisiva ai fini del "progresso", avrebbe permesso la nascita della grande "civiltà ellenica", cioè lo Stato, l'arte e la scienza della Grecia. Come poteva il genere umano rinunciare a questo "fiore del mondo antico"? Poteva farsi venire dei pruriti moralistici per un po' di schiavitù?[63]

A volte ci si chiede se davvero il socialismo scientifico meritava la grande considerazione (soprattutto teorica) che gli ha tributato l'intellighenzia occidentale, per aver saputo smascherare le ipocrisie della borghesia e le profonde antinomie del capitale, quando sul piano *etico* non sembra rappresentare dei livelli di molto superiori alle migliori filosofie borghesi o teologie cristiane. Engels arriva persino a dire che senza la

---

[62] In questa lettera auspicava che la Russia potesse beneficiare delle conquiste tecnologiche dell'occidente senza dover sottostare alle medesime sofferenze tramite cui ci si era arrivati. In pratica aveva sconfessato la posizione deterministica di Plechanov, che poi era la stessa di Engels.

[63] A p. 200 è lui stesso a dire che il rapporto tra schiavi e persone libere in Grecia era di 10:1 (a dir il vero a Sparta era di 7:1). Gli storici ritengono che nel mondo romano la percentuale degli schiavi, rispetto all'intera popolazione dell'impero, andasse da un minimo del 15% a un massimo del 30%, Tuttavia, nel solo mercato dell'isola di Delo, all'inizio del I sec. a.C., venivano venduti ai Romani, secondo Strabone, 10.000 individui al giorno!

schiavitù non solo non ci sarebbero stati la civiltà greca e l'impero romano, ma neppure l'Europa moderna, che su quelle civiltà schiavistiche si basa. Lo schiavismo è stato dunque un evento necessario, poiché senza di esso, in ultima istanza, non ci sarebbe neppure il moderno socialismo.

Se al tempo di Engels un ragionamento del genere l'avesse fatto un ideologo borghese, naturalmente a favore non del socialismo bensì del capitalismo, cosa avremmo pensato? Semplicemente ch'era un uomo coerente, poiché tra lo schiavismo *fisico* del mondo greco-romano e quello *salariato* del capitalismo vi è una certa linea di continuità, spezzata solo dal feudalesimo agrario, in cui la dipendenza era di tipo *personale*. Naturalmente a ciò si dovrebbe aggiungere che il cristianesimo (soprattutto nella sua versione protestantica) fu in grado di dare allo sfruttamento dell'uomo quella parvenza di libertà giuridica da rendere tale sfruttamento meno evidente rispetto a quello sotto lo schiavismo, tutelato dal paganesimo.

Ma se un ragionamento del genere lo fa un socialista, davvero possiamo pensare che il suo pensiero sia più rivoluzionario di quello borghese? Davvero è così scontato affermare che "l'introduzione della schiavitù nelle circostanze d'allora fu un grande progresso"? Quindi quella di Spartaco sarebbe stata la rivolta di un illuso? Il tentativo insurrezionale del Cristo una forma di irresponsabile avventurismo? La battaglia di Teutoburgo dei Germani una forma di autolesionismo? D'altra parte perché desiderare liberarsi della schiavitù quando "l'umanità ebbe principio dagli animali"? quando ha avuto bisogno di "mezzi barbarici e quasi bestiali per trarsi fuori dalla barbarie"? Perché odiare la schiavitù, quando le antiche comunità, che ancora – come constata Engels – sopravvivono dall'India alla Russia, "costituiscono da millenni la base della forma più rozza di Stato, il dispotismo orientale"? Gli uomini si dovevano forse emancipare dalla schiavitù? No, bensì dallo Stato dispotico, autocratico, privo di sviluppo economico individuale e di istituzioni parlamentari, così tipico dell'Asia, ivi inclusa la Russia.

Engels vuole restare profondamente occidentale, cioè vincolato a una tecnologia frutto del più esasperato individualismo, ed è persino convinto che il modello europeo debba essere esportato in tutto il mondo, salvo correggerlo nell'attribuzione della proprietà dei mezzi produttivi, che deve essere collettiva: collettiva come quella asiatica! Incredibile che un uomo così intelligente volesse abbinare le conquiste tecnico-scientifiche dell'occidente con quel collettivismo che è sempre stato tipico dell'area orientale, asiatica in primis, la quale non aveva mai permesso, almeno fino a quando non si lascerà circuire dalla logica del capitale, uno sviluppo impetuoso, anzi, incontrollato della tecnologia. Ovviamente, dovendo scegliere, Engels avrebbe preferito le conquiste tecnologiche, ma

confidava nell'intelligenza degli europei, i quali, secondo lui, piuttosto
che finire nelle braccia della barbarie orientale, avrebbero saputo darsi
una propria forma originale di collettivismo. Questo perché "solo dove le
antiche comunità si sono dissolte, i popoli sono diventati padroni di se
stessi...", e ciò è potuto avvenire grazie appunto alla schiavitù di marca
occidentale, basata sull'individualismo della proprietà privata dello schiavista. Il progresso economico e culturale che si realizzò attraverso la
schiavitù fu un progresso per gli stessi schiavi, che non venivano più –
come prima – uccisi o "arrostiti"!

    "Popoli schiavi padroni di se stessi": Wittgenstein, che pur era
molto avvezzo all'uso della tautologia, avrebbe storto il naso di fronte a
un ossimoro del genere. La scienza, la tecnica, i mercati, le forze produttive... sono trasformate in una sorta di ipostasi intoccabili: solo la *proprietà* va cambiata. Ma a che serve cambiarla – ci si può chiedere – se
tutto il resto rimane come prima?

Il ruolo della violenza nella storia

La violenza nello schiavismo privato e statale

L'analisi storico-economica con cui Engels spiega il sorgere dell'antagonismo sociale, cioè della "violenza", si svolge nei seguenti termini. "Il soggiogamento dell'uomo in servitù in tutte le sue forme presuppone che colui che soggioga disponga dei mezzi di lavoro mediante i quali soltanto egli può impiegare l'asservito e, nel caso della schiavitù, che disponga inoltre anche dei mezzi di sussistenza coi quali solamente può mantenere in vita lo schiavo". Il che si potrebbe tradurre in queste semplici parole: siccome tutto ha una spiegazione economica, occorreva, perché potesse imporsi un regime servile di qualsivoglia natura, che qualcuno, all'interno di un collettivo, fosse più forte economicamente; e la schiavitù è più difficile da realizzare del servaggio, perché più costosa.

È strano ch'egli dica questo, poiché doveva sapere che le prime forme storiche di schiavitù (siano esse egizie o assiro-babilonesi o asiatiche o americane) non erano gestite da individui singoli, come invece nella civiltà greco-romana, ma avevano tutte una marcata configurazione *statalistica*. L'intera collettività viveva una sorta di schiavitù alle dipendenze di un ceto aristocratico-monarchico fortemente caratterizzato sul piano amministrativo, militare e ideologico (in senso religioso o mitologico). Essendo appena usciti dal comunismo primitivo, non c'era altro modo di cambiare regime di vita, salvando le apparenze del precedente (quindi in maniera mistificata).

Questa forma di schiavitù statalizzata, in cui gli unici schiavisti erano i funzionari pubblici (amministrativi, religiosi e militari), che formalmente dipendevano da una suprema autorità, non prevedeva l'uso individualistico o privato della proprietà, in quanto la terra, principale ricchezza del collettivo, apparteneva allo Stato, impersonato dal sovrano. I funzionari ovviamente beneficiavano di un benessere superiore, ma anche loro non erano proprietari di nulla in senso privatistico. Il vero, unico, proprietario era il sovrano assoluto, che trasmetteva il suo potere e i suoi beni per via ereditaria. Ecco perché lo si paragonava a una sorta di divinità, circondato da un'aureola mistica. Ai funzionari non mancava nulla di quanto desideravano, ma non potevano pretendere di sostituirsi al sovrano o di comportarsi come lui. Qualunque forma di insubordinazione veniva pagata con la morte, proprio perché la violenza "fisica" caratterizzava tali regimi.

Che questi particolari sistemi sociali siano violenti è dimostrato anche dal fatto che, appena riescono a imporsi sulle difficili condizioni ambientali che incontrano, una volta usciti dalle foreste, iniziano subito a combattere con le popolazioni confinanti, ancora ferme allo stadio del comunismo primitivo. La guerra è strutturale allo schiavismo statalizzato, non meno che a quello privatistico. Serve per dimostrare che lo schiavismo è giusto, è voluto dagli dèi. Serve a illudere che la schiavitù imposta alle tribù straniere renderà meno dura la schiavitù subita internamente.

Lo schiavismo greco-romano ha ottenuto, sul piano tecnologico, risultati molto più significativi dello schiavismo statale, ma, proprio a causa dell'individualismo che lo caratterizzava, è durato di meno. Il più importante e più evoluto schiavismo statalizzato di tutti i tempi è stato quello egizio, durato 4000 anni, ma l'influenza che ha avuto nella storia dopo il suo crollo è stata un nulla rispetto a quella dell'impero romano. Non a caso il moderno capitalismo, sorto nel XVI sec., ha voluto recuperare le tradizioni greco-romane, considerando l'intero Medioevo un'epoca oscurantistica.

Tutto ciò per dire che quando tali regimi schiavizzavano, tramite la guerra, i componenti delle comunità primitive, lo facevano appunto come collettivo statale. E non c'era bisogno di avere dei particolari mezzi di sussistenza con cui mantenere gli schiavi, in quanto erano gli schiavi stessi a procurare ulteriori mezzi di sussistenza ai funzionari statali. Tutte le grandi opere urbanistiche delle civiltà antesignane dell'antagonismo sociale sono frutto di un rapporto schiavile, più o meno imposto.

Senza guerre non ci sono schiavi, e quelli che vi sono, prima di muovere guerra a qualche collettività, sono diventati tali all'interno di condizioni ambientali molto particolari, difficili da vivere. In tali condizioni ci voleva qualcuno che, dietro una qualche giustificazione ideologica (religiosa o mitologica), rivendicasse un potere assoluto col quale garantire la sopravvivenza dell'intero popolo. Mosè diventa un duce nel deserto e i faraoni lo diventano in mezzo ai fanghi e agli acquitrini causati dalle periodiche esondazioni del Nilo.

*

Tuttavia, siccome Engels, soprattutto dopo il 1850, è contrario all'idea di rivolgimenti storici causati da rotture traumatiche, dobbiamo vedere meglio le manchevolezze del suo discorso. Per lui, infatti, non esiste una netta divaricazione tra le "comunità primitive naturali" (come le chiama) e quelle "civili". Non ha neppure gli aggettivi adeguati con cui qualificare il collettivismo primordiale: esso è "naturale" in contrapposizione a "storico", ed è "primitivo" nel senso di "rozzo", "animalesco", "incivile".

In tali primitive comunità la "proprietà privata" sembra svilupparsi in maniera del tutto spontanea: è sufficiente "lo scambio con stranieri, assumendo la forma di merce". Queste sono affermazioni piuttosto incredibili. Nella comunità primitiva la "merce", cioè un prodotto finalizzato esclusivamente al mercato, non poteva in alcun modo esistere: 1) perché non c'erano i mercati con una compravendita regolare; 2) perché, anche se ci fosse stato un mercato periodico o saltuario, al massimo si sarebbe praticato il baratto delle rispettive eccedenze tra le varie comunità, di cui si poteva liberamente apprezzarne l'uso, senza però farne affidamento prioritario per la sopravvivenza del collettivo. È letteralmente impensabile che la proprietà privata potesse formarsi nella comunità primitiva grazie alla vendita di oggetti sul mercato. Quando ciò avviene, quel tipo di comunità non esiste più da un pezzo.

Ma supponiamo che Engels si riferisca alle prime formazioni antagonistiche, come p.es. quella egizia. Qui sicuramente esiste un mercato e una vendita di oggetti mercificati, nati per essere venduti. Tuttavia, siccome si tratta di forme statalizzate di schiavitù, non esiste una classe mercantile che possa arricchirsi privatamente in virtù di tali scambi. I commerci sono finalizzati ad arricchire i regni e gli imperi, nel loro complesso, non degli individui o delle classi o dei ceti particolari. La borghesia è una componente dello Stato, non meno dei burocrati e dei sacerdoti. Può arricchirsi come i funzionari statali, ma non può farlo autonomamente, cioè non può disporre di "proprietà privata", la cui dimensione accresca in maniera direttamente proporzionale all'entità dei traffici commerciali.

Detto altrimenti. Nessuna comunità primitiva (pre-schiavistica) avrebbe permesso, in maniera naturale, che in uno scambio commerciale con stranieri i prodotti assumessero forma di "merce", cioè perdessero la caratteristica funzione di *valori d'uso* per assumere anzitutto quella di *valori di scambio*; nessuno avrebbe permesso, in maniera spontanea, che un'attività del genere soppiantasse "la primitiva divisione naturale del lavoro" e che si differenziassero "le fortune dei singoli membri della comunità" o che scomparisse "l'antico possesso comune del suolo", a tutto vantaggio di vari "contadini parcellari". Cose del genere avrebbero potuto verificarsi solo in maniera traumatica. Peraltro, una comunità primitiva, abituata all'autoconsumo, se si fosse trovata imbrigliata nella rete di uno scambio commerciale con un'altra comunità economicamente più sviluppata, non sarebbe riuscita a conservare per molto tempo la propria integrità territoriale. Dopo una fase pacifica di scambi commerciali, la comunità più forte economicamente avrebbe sottomesso quella più debole occupandone i territori. È stato questo il comportamento abituale degli europei venuti a contatto con le tribù caratterizzate dal comunismo primitivo.

Neppure nelle civiltà cosiddette "fluviali", quelle i cui mercati venivano gestiti dagli Stati, riesce a formarsi una borghesia autonoma (commerciale o terriera), in grado, col tempo, di rovesciare lo statalismo imperante. Non esistono negli imperi schiavistico-statali dei contadini giuridicamente liberi che privatamente gestiscono i loro lotti di terra. La libertà giuridica individuale è una caratteristica del mondo greco-romano.

Sotto il comunismo primitivo era l'intera comunità a sentirsi libera; sotto lo schiavismo statalizzato nessuno è libero, salvo il sovrano assoluto, per diritto divino, padrone di tutto l'impero, e naturalmente lo sono i suoi funzionari, per diritto acquisito, concesso dallo stesso sovrano. I funzionari sono soltanto delle persone privilegiate. La rivendicazione della libertà giuridica individuale è una conseguenza della possibilità di poter ottenere la terra in proprietà privata. E questo si verifica per la prima volta nella civiltà greco-romana, la quale trasforma l'idea di Stato in un mero supporto di interessi privati. Lo Stato non può più controllare l'iniziativa privata, ma può essere utilizzato contro chi ne mette in discussione gli abusi: di qui la nascita del *diritto*.

Infatti l'iniziativa personale o autonoma, che fonda se stessa sulla proprietà *privata* di mezzi produttivi indispensabili alla collettività, è sempre fonte d'infiniti abusi; e lo Stato, in tal caso, è soltanto il rappresentante che, dietro la maschera del diritto, tende a difendere la corruzione dei maggiori proprietari di terre, di schiavi e di capitali. È assurdo sostenere – come fa Engels, *sic et simpliciter* – che "l'industria domestica naturale" viene progressivamente distrutta dalla "concorrenza dei prodotti della grande industria". Quando ciò avviene (p.es. nell'India colonizzata dagli inglesi), il territorio circostante in cui quella comunità primitiva vive *è già stato occupato* da una forza straniera la cui potenza economica indica una modernità molto più grande. Tale potenza colonialistica straniera prova dapprima ad abbattere l'autogestione delle comunità primitive con la persuasione delle armi economiche; poi, se questa strategia non è sufficiente, non tarda molto a passare alla forza militare.

È inutile che Engels dica che "per secoli il dispotismo orientale e il dominio mutevole di popoli nomadi conquistatori non poterono intaccare queste antiche comunità". Lo dice per far vedere che più importante della forza militare è quella economica. La forza economica della borghesia europea andava di pari passo con quella militare e, al loro cospetto, le ultime comunità primitive si sono trovate completamente spiazzate: poste sul cammino dell'imperialismo borghese non poterono mai opporre

120

alcuna resistenza attiva, se non quella di rifugiarsi sempre più nelle impenetrabili foreste, oppure nei luoghi più inospitali del pianeta.

La vittoria economica di cui parla Engels è stata la più facile del mondo, anche perché la differenza tra i vari modi di produzione era abissale. La borghesia europea, lasciata a se stessa, fece enormi progressi tecnico-scientifici in pochissimo tempo. Gli esempi mostrati da Engels valgono assai poco: "i contadini [delle comunità di villaggio della Mosella o dell'Hochwald] trovano che è precisamente nel loro interesse che la proprietà privata del campo subentri alla proprietà comune". Questi sono contadini che vogliono diventare degli agrari capitalisti per liberarsi del peso dei feudatari e per affrontare meglio le esigenze del mercato. Qui la proprietà comune della terra è un residuo del passato, come l'obščina nella Russia feudale. Sono armi di difesa spuntate contro l'avidità dei signori feudali e che, anche in assenza di questi signori, non reggerebbero un secondo all'urto economico dei prodotti industriali del capitalismo europeo. Queste cose verranno dette magnificamente da Lenin nelle sue opere giovanili contro i populisti.

*

Ecco un altro esempio che, secondo Engels, dovrebbe spiegare l'inutilità della violenza nello sviluppo dei processi economici. "Anche la formazione di un'aristocrazia naturale, quale si ha nei Celti, nei Germani e nel Punjab basata sulla proprietà comune del suolo, in un primo tempo non poggiò affatto sulla violenza, ma sul consenso e sulla consuetudine". È vero, ma finché ci fu "consenso", non ci fu "proprietà privata". Là dove l'aristocrazia non si forma in maniera "naturale", lì c'è proprietà privata e quindi uso della violenza. Non bastano le "cause economiche" per formare la proprietà privata, anche perché chiunque è in grado di capire che tale proprietà è già una forma di violenza.

Peraltro lo stesso Engels è costretto ad ammettere, finendo in un circolo vizioso, che "l'istituto della proprietà privata deve già sussistere prima che il predone possa *appropriarsi* dell'altrui bene". Dice questo per ammettere sì l'esistenza della violenza, ma solo nel senso di un passaggio di proprietà in mani diverse, non nel senso che la violenza "crea" la proprietà privata (ch'era la tesi di Dühring). Tuttavia, là dove esiste il comunismo primitivo non ci può essere alcuna forma di proprietà privata, e là dove questa si pone, il comunismo è già finito. Ritenere che tale passaggio sia avvenuto in maniera del tutto naturale non ha alcun senso, tanto meno se si vuole sostenere l'idea che un analogo passaggio è destinato a compiersi in maniera inversa: dalla proprietà privata del capitale a quella pubblica del lavoro. Se è assurdo negare un nesso tra proprietà privata e violenza individuale, a maggiore lo è il negarlo tra proprietà pubblica e violenza rivoluzionaria. Il proletariato non può essere indotto ad attendere la propria liberazione come una manna caduta dal cielo.

*

Sempre sullo stesso argomento, con la medesima finalità apologetica del primato dell'economia sulla violenza, ecco un ulteriore esempio di Engels, trattato in maniera quanto meno discutibile. "La schiavitù negli Stati Uniti d'America era fondata molto meno sulla violenza che sull'industria cotoniera inglese; in quei distretti dove non cresceva il cotone o che non esercitavano, come gli Stati confinanti, l'allevamento di schiavi per gli Stati cotonieri, la schiavitù si estinse da se stessa, senza uso di violenza, semplicemente perché non era remunerativa".

Parole come queste sono un insulto a quei 12 milioni di africani che, tra il XVI e il XIX sec., furono acquistati da spagnoli, portoghesi, inglesi, francesi e americani nel continente nero, e ridotti in schiavitù nel continente americano non solo per lavorare il cotone, ma anche per fare qualunque altra cosa redditizia per i loro padroni (tabacco, zucchero, caffè...), ivi incluse le faccende domestiche. La violenza che si esercitava su questi schiavi neri (considerati delle "non persone" in quanto non cristiani) era quotidiana: non potevano neppure cantare insieme. E ad essa si pose fine solo dopo la guerra di Secessione (e non in tutti gli Stati americani), con cui il Nord industrializzato impose al Sud agrario la liberazione degli schiavi per poter avere manodopera salariata, giuridicamente libera e a basso costo, nelle proprie fabbriche. Fu la vittoria di un capitalismo industrializzato contro un capitalismo agrario, basato, quest'ultimo, sulla produzione di materie prime richieste in Europa occidentale.

La schiavitù non scomparve affatto da sé, ma solo dopo che in Europa occidentale si cominciò a dire che sul piano etico era illecita e poi che era illegale su quello giuridico. Gli Stati Uniti cercarono di conservarla il più possibile, poiché, avendo avuto un capitalismo importato dagli inglesi, si sentivano più deboli economicamente, per cui volevano recuperare in fretta il divario che li separava da quella che un tempo era stata la loro madrepatria. E col lavoro gratuito di questi schiavi il gap venne recuperato in maniera abbastanza agevole, anche se fino all'inizio della II guerra mondiale la Gran Bretagna continuò a dominare mezzo mondo. Solo quando si cominciò a introdurre la stessa industria degli inglesi, ci si rese conto che la schiavitù non era più conveniente come prima. Questo perché è meglio avere a che fare con operai da pagare finché han la forza di lavorare, che non con schiavi da mantenere in tutto e per tutto sino alla fine dei loro giorni, che comunque erano piuttosto brevi, in quanto i sorveglianti aguzzini si assicuravano, anche con mezzi violenti, che lavorassero il più possibile. Le punizioni per gli schiavi insubordinati erano tutte fisiche: fustigazione, bruciature, mutilazioni, marchiatura a fuoco, detenzione e impiccagione. Le scuse ufficiali per questa vergogna vennero fatte dalla Camera americana dei rappresentanti solo nel 2008 e dal Senato l'anno dopo.

Economia assoluta e violenza relativa

Nella parte IV del capitolo intitolato "Teoria della violenza" Engels si preoccupa di dimostrare che in tutte le formazioni sociali antagonistiche i contadini liberi han giocato un ruolo molto più significativo di quello dei grandi proprietari terrieri. Arriva addirittura a dire che "al principio della storia di tutti i popoli civili troviamo non già il 'grande proprietario terriero'... ma invece comunità tribali e di villaggio con possesso comune del suolo".

Dice questa cosa in riferimento ai "popoli civili": una denominazione con un chiaro intento connotativo, in quanto Engels tende a escludere il comunismo primitivo, che giudica vicino al mondo animalesco. Per "popoli civili" egli deve per forza intendere i popoli con la scrittura, l'urbanizzazione, il mercato, un embrione di Stato, ecc. Purtroppo però tutti questi popoli hanno praticato lo *schiavismo*. Non è mai esistita in nessuna parte del pianeta una formazione sociale che abbia fatto da spartiacque tra il comunismo primitivo e lo schiavismo. Semmai sono esistite due fondamentali forme di schiavismo, quella statale (del mondo egizio, asiatico, mesoamericano) e quella privata (del mondo greco-romano).

Dunque, cosa vuol dimostrare Engels con la sua affermazione? Una cosa sola, che la *violenza* è un elemento accessorio allo sviluppo delle civiltà e che prioritaria va considerata l'*economia*. Là dove è l'economia a dettare le sue leggi, lì domina la categoria della "necessità storica", con cui si può spiegare la transizione da una formazione sociale a un'altra. La soggettività delle rivoluzioni diventa irrilevante, superflua.

In realtà vi sono incongruenze insostenibili in quanto dice. Infatti, se in un qualunque sistema sociale antagonistico prevalgono i contadini liberi, indipendenti, su appezzamenti autonomi o parcellari, significa che la precedente comunità di villaggio, in cui la proprietà del suolo era comune, è andata irrimediabilmente distrutta. Parlare di comunità di villaggio e, nel contempo, di contadini del tutto autonomi non ha senso, sempre che per "comunità di villaggio" s'intenda un organo collettivo in cui la proprietà dei mezzi produttivi è socializzata. Ha senso soltanto se si intende un collettivo che si è sostituito o imposto a un collettivo precedente. I collettivi che hanno abbandonato i luoghi sicuri delle foreste per andare a vivere nei posti più impervi della Terra, una volta risolti i gravi problemi ambientali prodotti dalle esondazioni dei fiumi e dopo aver affermato la monarchia assoluta e quella sorta di "schiavismo statale" chiamato anche col nome di "modo di produzione asiatico", sono diventati immediatamente aggressivi nei confronti delle popolazioni limitrofe, siano state esse ancora comunistiche o fossero già diventate schiavistiche. Erano ancora delle collettività, ma in forme completamente diverse.

Quando Marx diceva nel *Manifesto* che la storia è storia di lotte di classi, intendeva appunto dire che è una *storia violenta*, dove vince sempre il più forte o il più astuto (che è poi il passaggio dall'*Iliade* di Achille ed Agamennone all'*Odissea* di Ulisse). Non si può inzuccherare questa constatazione storica dicendo che le civiltà antagonistiche si sono sviluppate, almeno nella fase iniziale, in maniera pacifica. Le stesse grandi migrazioni di massa (dalle popolazioni indoeuropee a quelle asiatiche) sono avvenute sempre a causa di eventi traumatici, il più delle volte correlati ad antagonismi sociali causati dallo schiavismo.

Se una popolazione ha necessità di occupare un territorio altrui, vuol dire che o sta subendo una fortissima pressione dall'esterno, oppure che già al proprio interno i rapporti sociali sono diventati innaturali, tant'è che in tutte le società antagonistiche è prevista, sin dal loro esordio, la schiavitù per i debitori insolventi e naturalmente la requisizione dei beni. Non solo, ma è previsto anche che il *pater familias* eserciti un potere di vita e di morte su moglie e figli.

Bisogna insomma convincersi che la fine del comunismo primitivo è stato un fatto assolutamente traumatico, ovunque esso sia avvenuto, proprio perché al suo posto è sempre subentrato lo schiavismo, in varie forme e modi. Generalmente un lotto di terra poteva essere ottenuto come premio per aver partecipato a un'impresa bellica o dopo un certo periodo di servizio militare. La legislazione vigente, nelle monarchie assolute degli Stati schiavistici, era sempre piuttosto severa, proprio perché non si tollerava minimamente che i poteri costituiti venissero messi in discussione. Al massimo questi poteri si davano propri organi di discussione delle leggi e del modo di applicarle.

Tutto ciò è completamente estraneo alle tribù nordamericane scoperte dagli europei, ma anche alle tante tribù primitive trovate in Africa o nelle isole del Pacifico o in Sudamerica. All'interno di queste tribù, che rappresentano l'ultima esperienza significativa del comunismo primordiale, non vi è traccia di contadini autonomi sul loro pezzo di terra.

Anche quando Engels afferma che "l'Italia fu dissodata prevalentemente da contadini parcellari" e che questi furono mandati in rovina o trasformati in schiavi negli ultimi tempi della repubblica romana, per colpa dei "grandi complessi di fondi rustici, i latifondi" che "sostituirono all'agricoltura l'allevamento del bestiame", dimentica di precisare alcune cose fondamentali: 1) i contadini romani erano anche militari e fu con la forza ch'essi sottomisero tutte le popolazioni italiche che praticavano il comunismo primitivo; 2) quando con le guerre puniche il numero degli schiavi dilagò in Italia, l'istituto della schiavitù esisteva già da un pezzo nella penisola (persino gli Etruschi la conoscevano, tant'è che la utilizzavano nei lavori domestici, in quelli agricoli, artigianali e nelle miniere).

Peraltro, il massiccio arrivo di schiavi, vinta la guerra contro Cartagine, sarebbe stato incompatibile con la trasformazione degli arativi in prativi. Gli schiavi avevano appunto lo scopo di lavorare la terra e lo faranno, come schiavi, finché l'impossibilità di espandere continuamente l'impero con le guerre di conquista non indurrà gli schiavisti a trasformarli in coloni. La trasformazione degli arativi in prativi fu piuttosto una caratteristica dei lord inglesi, che nel loro territorio, al tempo di Enrico VIII (e di T. More, che ne parla nella sua *Utopia*), non potendo usufruire di schiavi, approfittarono del fatto che dalle industrie tessili olandesi (e poi inglesi) la domanda di lana grezza era molto forte. Non furono gli allevamenti intensivi a mandare in rovina l'Italia della Repubblica romana, ma i latifondi, che, ampliatisi sempre più a causa delle guerre, distrussero l'autonomia dei piccoli e medi agricoltori, tant'è che tutti i tentativi di riforma agraria per ridurne le dimensioni fallirono miseramente.

Engels fa molti esempi, contro le tesi di Dühring, per dimostrare che il dissodamento dei terreni più grandi non era avvenuto per mezzo dei latifondisti e dei loro servi, ma grazie ai contadini liberi. Tuttavia resta difficile semplificare un processo così complesso e diversificato nei tempi e nei luoghi. In generale si può dire che là dove esiste schiavismo e servaggio la percentuale dei contadini davvero "liberi", sul piano giuridico, è risicata, in quanto i latifondisti tendono a rovinarli, inglobando le loro terre (per far ciò usavano la strategia del debito, strettamente legata a quella della guerra, oltre a quella dei prezzi). Per impedire che le contraddizioni esplodessero, lo Stato romano parcellizzava il terreno in parti uguali e assegnava il singolo lotto, confinante con gli altri, al soldato in congedo. Ma si trattava di palliativi rispetto alla gravità del problema. Non si toccarono mai le grandi proprietà già acquisite, se non durante le guerre civili, ma in tal caso per ridistribuirle tra persone già facoltose. Là dove esistono singoli contadini liberi, il motivo, in genere, per cui sono indipendenti sul loro lotto è sempre lo stesso: la terra viene ottenuta in cambio di qualcosa fatto allo Stato o a un altro grande proprietario terriero. Il contadino libero si riconosce dal fatto che, pur non avendo grandi appezzamenti di terra, può assumere, alla bisogna, degli operai salariati.

L'altra possibilità, molto meno frequente, per ottenere della terra in proprietà era quella di ribellarsi. Spesso aiutati dalla borghesia, quando questa ha bisogno di manodopera per le proprie aziende, i servi della gleba si ribellavano ai loro feudatari. Prima delle rivoluzioni borghesi vere e proprie vi furono le tante rivolte contadine, sparse in tutta Europa, incluse la Russia (chi non ricorda quella di Pugačëv?). L'impero bizantino si serviva di contadini liberi per difendere i propri confini e assegnava ad essi delle funzioni militari. Infatti i latifondisti si sentivano nemici dello Stato, come sempre succede, in quanto, a livello locale, vorrebbero spadroneggiare come se fossero dei piccoli sovrani e non hanno molti scrupoli ad associarsi coi nemici del loro stesso sovrano, pur di avere maggiore indipendenza, soprattutto quando il sovrano pretende favori giudicati eccessivi.

È vero, nell'America del nord furono i contadini liberi a dissodare i terreni, ma erano liberi perché fuggiti, per motivi religiosi o economici, dall'Europa. In ogni caso poterono farlo solo dopo essersi resi completamente indipendenti dalla madrepatria e solo dopo aver sterminato migliaia di indiani, che non si piegarono a diventare servi. E dopo averlo fatto, si trovarono a gestire in maniera capitalistica enormi estensioni di terre per le quali avevano assolutamente bisogno di manodopera schiavile. Cioè quegli stessi contadini liberi erano diventati in poco tempo degli agrari borghesi, in grado di acquistare schiavi africani o di pagare salariati agricoli.

Dopo il crollo dell'impero romano d'occidente, a causa delle invasioni barbariche, e a causa del fatto che i grandi proprietari terrieri volevano conservare intatte le loro proprietà, nacquero molti contadini liberi, ma solo perché quei latifondisti erano stati espropriati, se non addirittura trucidati; le terre a disposizione erano diventate ingenti e la manodopera, a causa delle continue guerre, era scarsa. I barbari inoltre non erano interessati a un rapporto schiavile né a vendere derrate alimentari sui mercati, per cui si accontentavano di tributi poco esosi. Il vero, oppressivo, feudalesimo nacque solo coi Franchi, appoggiati dalla Chiesa romana.

Il concetto di "libera proprietà individuale", connesso a una libertà giuridica in senso proprio, appartiene al mondo borghese, che lo applica anche ai coltivatori agricoli imborghesiti, i quali hanno potuto ottenere la libertà giuridica dopo aver appoggiato le lotte vittoriose della borghesia contro i latifondisti feudali. E quando gli ex-servi della gleba sono potuti diventare liberi, acquisendo un lotto di terra, hanno subito dovuto sottostare alle regole del mercato capitalistico, per cui la loro libertà fu, tutto sommato, abbastanza relativa. Per poter affrontare le esigenze del mercato non era certo sufficiente avere un piccolo lotto su cui praticare l'autoconsumo. Quando dall'Europa borghese iniziarono a emigrare molti contadini nelle colonie oltreoceaniche, erano già tutti piccoli contadini giuridicamente liberi, disposti a trasformarsi in operai salariati. La borghesia non ha mai fatto alcuna redistribuzione equa delle terre confiscate ai nobili o ai monasteri (al massimo le metteva all'asta, al miglior offerente), per cui i piccoli contadini, rovinati dalla concorrenza dei potenti agrari, o diventavano banditi o emigravano, in cerca di lavoro come salariati. Analfabeti com'erano, non avevano altre possibilità.

Ci vorrà la completa astrazione monetaria del capitale, prima di arrivare a dire che la ricchezza può essere del tutto indipendente dalla proprietà terriera. Ma per arrivare a questo ci si dovrà prima illudere che la libertà giuridica sia più importante di qualsiasi possesso fondiario, e che in virtù di essa si può virtualmente possedere qualunque cosa. Insomma, l'analisi storico-economica di Engels spesso non è che una retroproiezione ideologica di una situazione a lui coeva.

La violenza tra nomadismo e stanzialità

Nell'*Anti-Dühring* Engels si è soffermato molto sul mito di Robinson e di Venerdì (scelto dallo stesso Dühring) per spiegare l'origine della schiavitù. Stranamente non ha utilizzato altri due miti ben più efficaci di quello: Caino e Abele e Romolo e Remo, dove appare molto chiaro che l'origine dei rapporti antagonistici tra le classi risale alla *separazione dell'allevamento dall'agricoltura*. Gli allevatori, infatti, hanno bisogno di campi aperti per le loro mandrie in continuo movimento. Gli agricoltori invece non possono permettere che i loro terreni vengano attraversati da mandrie del genere, neanche nei periodi invernali. Di qui la necessità di recintarli.

Gli interessi contrapposti erano fondamentalmente quelli che riflettono i rapporti tra *nomadismo* e *stanzialità*. È venuto prima l'uno o l'altra? Considerando che l'agricoltura con l'aratro manuale (tirato prima dall'uomo, poi dall'animale) è un'acquisizione relativamente recente, mentre l'addomesticamento degli animali è un'operazione più semplice, la risposta è facile.

La separazione tra agricoltura e allevamento è all'origine delle civiltà conflittuali. Prima di allora le popolazioni vivevano di caccia e pesca, e non vi era né allevamento (se non di piccoli e pochi animali domestici) né agricoltura (di sicuro non quella in cui si creavano dei solchi in file parallele). Non si concepiva neanche l'idea di schiavizzare in massa gli animali perché potessero dare uova, latte, carne, pellicce, forza-lavoro, utensili... L'animale veniva cacciato da selvatico e libero doveva restare. Semmai erano le tribù che si spostavano seguendo le loro periodiche migrazioni.

La stessa agricoltura venne scoperta casualmente dalle donne, mentre si stazionava in un luogo per un certo periodo di tempo, prima di trasferirsi in un altro completamente diverso. Non era quindi un'agricoltura sistematica, fatta con strumenti adeguati. Ciò che si otteneva doveva soltanto integrare le risorse ottenute dalla caccia.

Prima ancora di questo forzato nomadismo, causato dalla povertà di risorse dell'ambiente esterno, uomini e donne vivevano nelle foreste, che garantivano loro cibo a sufficienza, e dove la vita era molto più stanziale che nomade, e dove però non esisteva alcuna forma di agricoltura. Sia questa che l'allevamento sono stati la conseguenza della fuoriuscita dalle foreste, dove la vita era relativamente tranquilla. I problemi legati alla sopravvivenza sono emersi a contatto con l'arida savana, con le steppe, le tundre, e soprattutto con le zone semidesertiche e acquitrinose, prive di fertilità naturale e di stabilità, in quanto periodicamente sconvolte dalle esondazioni dei grandi fiumi, che poi, ad un certo momento, si ritiravano nei loro alvei originari, lasciando dei giganteschi stagni attorno alle loro rive. Tutte le civiltà schiavistiche del passato sorgono in prossimità di questi fiumi, le cui acque andavano canalizzate, altrimenti la vita era impossibile, anche perché quegli acquitrini melmosi erano infestati da una miriade di insetti, che procuravano malattie d'ogni tipo.

Non ha senso usare il mito di Robinson (che proviene dal moderno mondo inglese) e di Venerdì (che proviene sì dal mondo primitivo, ma in maniera caricaturale) per spiegare l'origine dello schiavismo. Prima di quel mito è già passato un periodo lunghissimo, che non si riesce neppure a calcolare.

Ma a parte questo, il vero problema, nell'analisi engelsiana, è che si dissocia nettamente la nascita dello schiavismo dalla violenza fisica, che invece gli è connaturata. Engels non vede mai (almeno non in questo libro) la violenza come *forma strutturale* delle società antagonistiche né come *coercizione extraeconomica* dei rapporti produttivi. Marx aveva detto nel *Capitale* che la violenza "è la levatrice di ogni vecchia società, gravida di una società nuova. È essa stessa una potenza economica". Engels invece è un determinista: vuol far vedere che i processi storici sono avvenuti come se fossero stati mossi da *cause naturali*, nel senso che gli aspetti sociali hanno, in ultima istanza, delle motivazioni che potrebbero essere spiegate anche dalle scienze della materia. Non si rende conto che se la sua analisi fosse giusta, nessuna rivoluzione politica sarebbe necessaria, in quanto le transizioni da una formazione sociale a un'altra (inclusa quella al socialismo) dovrebbero avvenire in maniera quasi automatica o comunque del tutto indolore. Dal suo punto di vista una rivoluzione sarebbe addirittura una cosa inutile, una sorta di perdita di tempo contro l'evidenza dei fatti. L'oppressore di turno (schiavista, feudatario o capitalista) dovrebbe infatti limitarsi a prendere atto che il suo ruolo storico è giunto al termine e che deve lasciarsi sostituire da nuove forze sociali. Cosa che però, spontaneamente, non è mai avvenuta in alcun momento della storia. La violenza è intrinseca al regime antagonistico tanto quanto al suo superamento: in questo secondo caso è sufficiente dire che il suo uso non può essere né cieco né illimitato, ma conforme agli scopi rivoluzionari.[64]

Il fatto che Engels dica che la borghesia ha vinto la nobiltà prima sul piano economico, in maniera pacifica, poi su quello politico, "in maniera spontanea o mediante la lotta", non sta affatto a significare che la borghesia non sia una classe "violenta"; e tanto meno può stare a significare che il socialismo possa nascere tranquillamente in seno al capitalismo. In una società violenta come quella feudale, ove il potere politico, economico e militare era tutto concentrato nelle mani della nobiltà, e dove la Chiesa doveva inventarsi degli obiettivi etici per tenere a freno i vassalli (come p.es. quello di proteggere i deboli, le vedove e gli orfani), è evidente che non può nascere una classe sociale, come quella dedita ai traffici commerciali, intenzionata ad usare immediatamente la violenza. Per potersi affermare occorre molta astuzia, lungimiranza, perspicacia, diplomazia... È tuttavia sintomatico che un regime corrotto come quello feudale, impostato sulla proprietà privata dei nobili, non abbia potuto impedire la nascita di una classe sociale che sarebbe riuscita ad affermarsi grazie soprattutto alla frode, all'inganno, alla speculazione, allo sfruttamento del lavoro altrui. E su tali "qualità" commerciali e imprenditoriali (se così possono essere definite), oltre che sul rischio dei traffici nelle lunghe distanze, era basato il "lavoro personale" della borghesia.

La borghesia è "violenta" nel momento stesso in cui fa business, solo che non lo è con la spada in mano, come lo erano i nobili, abituati a ragionare in termini di razza e sangue, di diritti ereditari e di privilegi acquisiti. Semmai la borghesia usa la "spada" in un secondo momento, quando i contratti firmati e controfirmati non sono ritenuti sufficienti per il proprio desiderio di accumulare capitali. Ma che essa fosse "violenta" anche sul piano politico, sin dal suo porsi come classe istituzionale, lo attestano i secoli in cui in Italia si sono formati e sviluppati i Comuni, le

---

[64] Si potrebbe addirittura sostenere che l'*economia*, in sé e per sé, non determina quasi nulla, in ultima istanza, poiché in essa non vi è un'"intelligenza delle cose", ma una sorta di "abitudine inconscia", il cui significato può essere dato solo da *un'interpretazione del contesto sociale* in cui essa si manifesta. Semmai le contraddizioni sociali, giunte al massimo grado di esasperazione, possono essere usate come occasione per realizzare una transizione politica, la quale però va preparata in maniera tattica e strategica, in quanto dall'economia in sé non emerge, automaticamente, alcuna vera capacità organizzativa da parte dei soggetti che più subiscono quelle contraddizioni.

Signorie e i Principati. Ogni fase storica seguiva la precedente allo scopo precipuo d'impedire che la violenza politica distruggesse quel che si era costruito.

Le città degli Stati regionali erano in netto antagonismo con le campagne dei nobili e dei contadini, nei confronti dei quali assumevano sempre un atteggiamento egemonico; ed erano anche in perenne conflitto tra loro, al punto che ciò sarà motivo di profonda debolezza al cospetto di due nazioni, Francia e Spagna, che si contenderanno l'occupazione della penisola o la sua spartizione.

La borghesia riuscì a staccarsi progressivamente, con la nascita dei Comuni, dal dominio del ceto aristocratico (laico e religioso), proprio perché questo ceto, profondamente corrotto, non aveva titoli morali per impedirlo. Ma riuscì a farlo non perché voleva creare un'alternativa alla corruzione: semplicemente perché voleva esercitarla in altre forme e modi, che solo in apparenza sembravano essere più democratici, in forza degli Statuti comunali sottoscritti dalle persone associate, nonché dei parlamenti urbani e della regolamentazione dei commerci attraverso le corporazioni.

La nascita della borghesia non trovò alcun ostacolo da parte della Chiesa romana, se non quando quest'ultima, una volta scoppiata la Riforma luterana, temette di perdere il proprio potere politico. Il papato anzi si servì della borghesia per contrastare, e non senza successo, le pretese degli imperatori sul suolo italico. E la borghesia, pur essendo fondamentalmente miscredente, fu ben contenta di appoggiare finanziariamente le battaglie del papato, al fine di ottenere una sempre maggiore autonomia commerciale e imprenditoriale nei contesti urbani, gestiti sin dall'alto Medioevo dalle amministrazioni diocesane.

È quindi lecito pensare che in una società violenta come quella feudale (in cui si moriva persino facendo un semplice torneo) potesse nascere una classe mercantile in maniera pacifica, capace di far leva sulla corruzione dei poteri dominanti, al fine di ottenere ampi margini di manovra sui propri traffici commerciali. Ma è assurdo pensare che la borghesia non usasse alcuna forma di violenza per svilupparsi. Sarebbe bastato, da parte di Engels, fare un semplice riferimento ai 300 anni di crociate condotte dalla borghesia in Medioriente contro arabi e bizantini, e agli altri 200 in cui si sono fatte guerre sanguinose nel Mare del Nord e nei Paesi centroeuropei contro gli Slavi. Mezzo millennio di efferate violenze prima ancora di iniziare il moderno colonialismo.

La borghesia italiana aveva fatto l'accumulazione primitiva con la violenza delle crociate, oltre che coi traffici commerciali pacifici: ecco perché non fu interessata a compiere i rischiosi viaggi oltreoceano, risparmiandosi così di avere sulla coscienza delitti ancora più efferati e di raggio ben più vasto. Il fatto che poi non ebbe la forza militare sufficiente per opporsi alla violenza della borghesia francese e, ancor meno, a quella della nobiltà spagnola, arricchitasi improvvisamente grazie alla conquista americana, dipese esclusivamente dalle sue divisioni interne, le quali, purtroppo, riuscirono a impedire l'unificazione nazionale; certamente non dipese dal minor sviluppo economico della borghesia italiana rispetto a quella straniera né da un minor tasso di violenza.

Tutto questo per dire che è impossibile che un sistema democratico come quello socialistico, basato sulla socializzazione dei mezzi produttivi, possa nascere tranquillamente in un sistema violento come quello capitalistico. Si può proporre pacificamente finché si vuole una transizione al socialismo (come fecero per molto tempo i socialisti utopistici), ma non ci si può far trovare disarmati se la proposta viene rifiutata. Un proletariato che non sapesse usare a dovere il principio della legittima difesa per far valere i propri interessi, non sarebbe in grado di gestire alcun potere. Si deve essere contemporaneamente "semplici come colombe e astuti come serpenti", non si può essere o l'uno o l'altro, se si vuole rivoluzionare il sistema.

Sostenere che la borghesia sia nata senza l'uso della violenza è come dire che in una società di corrotti, come quella feudale, non si aveva bisogno di dimostrarlo per esserlo. In quella società solo i contadini si salvavano, eticamente parlando, e non a caso furono i protagonisti, insieme a molti intellettuali e alla piccola-borghesia, dei movimenti pauperistici ereticali, i quali, a partire dal Mille, volevano opporsi a ogni forma di violenza e di corruzione, fossero esercitate dalla Chiesa, dai nobili o dalla stessa borghesia. Tutti questi movimenti furono duramente repressi: lo furono con la violenza militare dei nobili e con l'appoggio finanziario da parte della borghesia, in nome dell'ideologia religiosa dominante.

La differenza tra questi movimenti pauperistici di origine contadina e quelli egualitari di origine operaio-socialista si porrà, nel migliore dei casi, su due piani: 1) la convinzione che le forze sociali e politiche al potere non hanno alcuna possibilità di autoriformarsi; 2) la decisione di adottare una strategia politico-militare che porti all'abbattimento del sistema. Ma bisogna dire che, sul piano storico, una consapevolezza "proletaria" del genere non la si è quasi mai vista in Europa occidentale.

In ogni caso l'idea che aveva Engels di considerare superato economicamente il sistema feudale solo perché quello borghese è più produttivo, è troppo semplicistica per essere vera. Se al feudalesimo togliessimo il servaggio e il clericalismo dovremmo ricrederci. Un sistema sociale non può essere considerato "superiore" a un altro solo perché lo è sul piano economico-produttivo. L'aumento del benessere materiale, la possibilità di acquistare più merci semplicemente perché col macchinismo se ne possono produrre di più, sono tutti indici quantitativi che non dicono nulla sulla effettiva qualità della vita. Che la borghesia avesse *tutti* i diritti di surclassare la classe feudale è cosa che va dimostrata, in quanto ogni sistema sociale andrebbe giudicato in sé e non in rapporto a ciò che l'ha rimpiazzato. Il "dopo" non è sempre migliore del "prima". Per Engels invece sì, come è vero che nella violenza ha la meglio chi ha lo "strumento" più perfetto, e quindi, inevitabilmente, chi viene "dopo". Come se le vittorie militari dipendessero anzitutto dai mezzi a disposizione![65]

I contadini han fatto molte battaglie contro la nobiltà, anche con l'aiuto della borghesia. Ebbene, nulla lascia pensare che sarebbe stata fallimentare un'espropriazione delle terre feudali per la costruzione di un socialismo agrario, senza dover sottostare alle angherie del capitale. Per Engels invece un socialismo agrario non sarebbe stato in grado di emanciparsi neppure dalle "condizioni meteorologiche"!

Non era scritto da nessuna parte che il superamento del feudalesimo avrebbe potuto essere fatto solo dal capitalismo. La rivoluzione tecnico-scientifica e quella industriale non sono elementi imprescindibili di una transizione al socialismo. Anche perché non sono stati questi elementi che hanno risolto il problema della corruzione presente nel feudalesimo. La transizione dal feudalesimo al capitalismo non è stata altro che la trasformazione della corruzione in altre forme e modi. Per gli uomini non è obbligatorio dover sperimentare tutte le forme di corruzione, di estraneazione, di alienazione prima di trovare la strada della vera democrazia sociale.

In ogni caso è assurdo pensare che la possibilità d'essere se stessi, umani e naturali, debba essere considerata una speciale prerogativa della classe proletaria, sorta dalla grande industria, dalla cui emancipazione dipenderà la liberazione dell'intera società. Come se le classi sociali di tutti gli altri sistemi antagonistici fossero state destinate da una qualche entità metafisica a vivere il loro tempo in funzione di un futuro che non avrebbero potuto conoscere! Questa visione deterministica della storia sembra avere un retaggio di tipo mistico. Se per Engels tutti i sistemi antagonistici non sono materialmente governabili, in quanto producono inevitabilmente ciò che li nega, non si capisce perché si debba considerare come "necessario" il passaggio dal comunismo primitivo allo schiavismo. Davvero il socialismo scientifico teorizzato dai classici del marxi-

---

[65] Engels rifiutava il modo collettivistico di combattere che avevano i russi e preferiva quello individualistico degli eserciti occidentali, in cui si tendeva a fare del singolo soldato una monade autosufficiente, proprio in forza dell'equipaggiamento di cui poteva beneficiare.

smo ha tutti i titoli per essere considerato il miglior socialismo della storia?

Tecnologia e socialismo

Il ruolo storico della tecnologia

Naturalmente è facile obiettare che se l'uso continuo della macchina impigrisce il cervello, la macchina è pur sempre il prodotto di un cervello che non vuole essere pigro. La mente umana sembra essere fatta apposta per modificare sistematicamente gli strumenti della propria attività, ottenendo risultati sempre diversi. Non può essere imbrigliata da alcuna forma di coercizione.

Dunque, una volta creato un determinato strumento produttivo, è impossibile tornare indietro, fingendo che ciò non sia mai avvenuto. Il che ovviamente non vuol dire che non possano esserci regressioni tecnologiche. Quando distrussero l'impero romano d'occidente, i barbari non sapevano cosa farsene di fognature urbane, acquedotti, terme e quant'altro. Preferivano vivere nelle campagne. Lo stesso avveniva quando le popolazioni nomadi sterminavano quelle stanziali, più evolute tecnologicamente, ma anche terribilmente schiavistiche e colonialistiche.

È vero che oggi la gran parte degli strumenti che usiamo non siamo in grado, individualmente, di produrli, ma siccome viviamo in società molto complesse e non in comunità sperdute in luoghi isolati, confidiamo che ci sarà sempre qualcuno in grado di costruirli e di ripararli quando si rompono o di sostituirli quando invecchiano. Dovrebbe succedere qualcosa di assolutamente catastrofico per rinunciare alla tecnologia (in tutto o in parte) che attualmente abbiamo, e anche in quel caso lo faremmo pensando a una fase transitoria, come p.es. succede quando scoppiano delle guerre.

Quindi il problema sembra non risiedere nella tecnologia in sé. Cioè sembra non doverci essere un'obiezione fondata all'idea che il socialismo futuro dovrà assicurare l'uso della tecnologia borghese all'interno di una socializzazione della proprietà dei mezzi produttivi. Eppure le cose non sono così semplici. È vero che l'essere umano sembra essere dotato di una mente incredibilmente versatile, ma è anche vero che vuole essere "padrone" dei mezzi che usa, senza dover sempre dipendere dall'esterno, meno che mai da estranei. Diciamo che, piuttosto che da estranei, tendenzialmente si preferirebbe dipendere da persone che si conoscono. L'ideale sarebbe che la dipendenza fosse reciproca. Inutile dire che nell'ambito del capitalismo questo è un miraggio.

Il fatto è che chi non si sente padrone dei propri mezzi, teme sempre che altri possano condizionarlo, ricattarlo, intimidirlo, approfittare della sua debolezza cognitiva o precarietà materiale, della sua semplicità, ingenuità, buona fede. L'uomo è un essere sociale, ma solo oggi ha la percezione che la comunità in cui vive non sia affatto un prodotto della propria volontà, un qualcosa che sta in piedi grazie anche al proprio contributo. Per poter essere convinti d'essere "padroni" di qualcosa, bisogna disporre d'ingenti beni, mobili e/o immobili.

Sin dalla nascita noi entriamo in un contesto sociale che ci precede nel tempo, ma, man mano che cresciamo, siamo sempre più desiderosi di volerlo migliorare. Fino a mezzo secolo fa si aveva quasi la convinzione di poterlo perfezionare. Ebbene, oggi questa percezione l'abbiamo persa. Siamo sempre più persuasi di appartenere a un collettivo troppo complicato per le nostre capacità. Non ci sentiamo più protagonisti del nostro destino.

La scienza e la tecnica si sono così affinate da rendere impossibile il contributo creativo di una persona di media cultura. Occorrono sempre degli specialisti. La scienza è diventata un'attività per studiosi che amano dedicarci a un unico settore dello scibile umano. È diventata qualcosa di così settoriale da far sentire la persona comune del tutto impotente, che quasi si vergogna della propria incompetenza.

Ma non c'è solo questo aspetto di estrema complessità delle cose quotidiane (che a volte riguarda anche quelle di più semplice uso) che ci disarma. L'uso incessante delle macchine non impigrisce solo il cervello, ma infiacchisce anche l'intero corpo. La scienza che produce tutte le comodità possibili, ci rende obesi, fisicamente deboli, al punto che siamo costretti a fare continui esercizi ginnici per stare in forma. Ciò è assurdo.

Dovrebbe essere il lavoro stesso a renderci tonici. È vero che con la scienza siamo in grado di risolvere i nostri problemi fisici (assumendo p.es. medicine sintetiche, sottoponendoci a interventi chirurgici, acquistando strumenti ginnici), ma, così facendo, finiamo in un circolo vizioso: per compensare i guasti che una strumentazione artificiosa procura al nostro corpo, siamo costretti, per ripararli, a usare nuovi strumenti non meno artificiosi. Dunque anche le comodità prodotte dalla scienza creano dipendenza.

La scienza sembra essere diventata una specie di droga: non riusciamo più a liberarcene. Anzi, tendiamo ad assumermene dosi sempre più massicce, al punto che ci riempiamo la casa di oggetti tecnologici il cui uso è molto limitato nel tempo o circoscritto nel luogo o nella funzione. Tutta questa tecnologia acquistata, che supera di parecchio le nostre necessità vitali e le nostre capacità di utilizzo, è destinata a durare ben oltre la nostra esistenza terrena. Quante volte ci diciamo che abbiamo computer che sono delle "Ferrari" e che usiamo come delle "Cinquecento"?[66]

Ciò non può non avere delle ricadute sulla natura. In questo momento la natura, lasciata a se stessa, è in grado di riciclare, in maniera relativamente veloce, ben pochi degli strumenti che usiamo nel corso della nostra esistenza. Per alcuni oggetti noi potremmo campare anche mille anni che non vi riuscirebbe (pensiamo p.es. alle tante pile o batterie che usiamo). Sembra che le esigenze riproduttive della natura siano l'ultimo dei nostri problemi. Solo quando procuriamo, coi nostri artifici tecnologici, immani disastri, da compromettere l'ambiente in cui viviamo, ci accorgiamo di quanto la natura sia importante.

È da quando sono nate le civiltà schiavistiche che tendiamo a desertificare il pianeta. E da quando abbiamo fatto la prima rivoluzione industriale, ciò avviene a ritmi frenetici: stiamo trasformando la Terra in una gigantesca discarica. Noi vogliamo essere "dominatori" della natura e finiamo col dover vivere un'esistenza del tutto artificiale, che non ha nulla neppure di umano. Infatti umano e naturale non possono viaggiare separati: per poterci dichiarare "umani" abbiamo bisogno che la natura ci metta a disposizione le sue leggi fondamentali, anche se a noi sembra che solo gli animali debbano dipendere da tali leggi.

Dunque che rapporti dovrà avere il socialismo autogestito con la scienza? Anzitutto dovrà aver chiara una cosa sin dall'inizio: un socialismo può definirsi "autogestito" solo se ha *valenza locale*. Cioè dovrà usare una tecnologia soltanto per soddisfare le esigenze effettive di una comunità locale. Senza *autonomia gestionale*, da esercitarsi in un determinato (ristretto) territorio, il socialismo non può essere realizzato in maniera democratica. Una comunità deve essere *autosufficiente*, autarchica, non può dipendere da entità esterne, come Stati e Mercati. Se esiste un mercato, si scambieranno le eccedenze quando lo si riterrà opportuno. E così dovrà essere per gli organi di potere sovralocali: verranno convocati

---

[66] La rivoluzione informatica presenta aspetti (soprattutto linguistici) alquanto complessi, per nulla paragonabili alle precedenti rivoluzioni scientifiche (meccaniche, chimiche, elettriche...). Per poterla gestire in maniera adeguata occorrono competenze molto specifiche. Chi è padrone di queste competenze sembra essere in grado di dominare il mondo intero e di potersi arricchire con una incredibile facilità. Tuttavia per tenere in piedi una rivoluzione del genere occorrono risorse energetiche enormi, di carattere planetario, ivi inclusi gli impianti satellitari. Un black-out energetico di tali risorse metterebbe in ginocchio non solo l'economia digitale ma anche tutta l'economia produttiva (come successe in California nel 2001, cioè quando le compagnie private, che avevano soppiantato il monopolio statale, si erano accorte di non poter far fronte al fabbisogno energetico dello Stato). Tutto sembra essere così pericolosamente fragile e persino indipendente dalla volontà degli Stati nazionali.

in caso di necessità, senza alcuna pretesa di istituzionalizzazione.

Il territorio in cui si vive va difeso a oltranza, soprattutto nei confronti di chi cerca di saccheggiarlo, deturparlo o manometterlo in qualsivoglia maniera. La natura è sacra, è ciò che ci permette di vivere. Se non si rispettano le sue esigenze riproduttive, qualunque nostra attività va considerata rischiosa. Tutto ciò che usiamo deve poter essere riassorbito dalla natura in tempi accettabili. Un qualunque strumento di lavoro ha senso se la generazione successiva può continuare a usarlo più o meno nello stesso modo in cui era stato costruito, altrimenti è meglio pensare a come la natura possa riciclarlo. Cioè se non siamo capaci noi umani a riutilizzarlo, dobbiamo pensare a come possa farlo la natura. Di sicuro non possiamo tenerlo per sempre in una discarica.

Il concetto di natura che dobbiamo avere va messo in relazione alla necessità che abbiamo di vivere in un *contesto locale*. Tutta la scienza va finalizzata alla necessità di soddisfare esigenze di una comunità locale. Le decisioni su quali strumenti darsi per rispondere a tali bisogni, devono per forza essere collettive. La responsabilità nell'uso della tecnologia deve ricadere sullo stesso collettivo che la produce. Autonomia gestionale vuol dire responsabilità diretta da parte di una comunità locale che può prendere decisioni su come condurre la propria esistenza.

La transizione dal feudalesimo al capitalismo

A volte si ha l'impressione, leggendo l'*Anti-Dühring*, che Engels detesti il Medioevo anzitutto perché lo giudicava privo di *tecnologia*. Infatti, quando ne parla non si sofferma quasi mai sul servaggio. Forse perché sarebbe stato banale criticarlo sotto questo aspetto, tant'è che preferisce sostenere che i contadini fossero "padroni" dei loro mezzi lavorativi e quindi dei loro prodotti, rischiando, così facendo, di riferirsi storicamente non tanto ai contadini medievali veri e propri quanto piuttosto a quelli già "imborghesiti" dell'epoca moderna. In ogni caso, invece d'essere compiaciuto di questa mancanza di "alienazione", cui gli stessi operai industriali dovrebbe tendere, la giudica del tutto insufficiente rispetto alle conquiste tecnologiche del capitalismo.

Engels vuol far vedere che il Medioevo andava superato anche nei suoi aspetti migliori (la proprietà diffusa dei mezzi produttivi), e che quanti, in epoca moderna, pensano di poterli recuperare (magari in forme "socialisteggianti", senza passare per i crismi del "socialismo scientifico"), sono soltanto degli illusi, delle persone piccolo-borghesi, ideologicamente arretrate. La sua tesi, in sostanza, si riduceva a questo: se il Medioevo, che pur garantiva al singolo lavoratore la proprietà dei mezzi produttivi, è stato superato dal capitalismo, il merito va attribuito senz'altro alla *tecnologia*, di cui non è più possibile fare a meno. Altre motivazioni non esistono o comunque non reggono il confronto con quella relativa alla tecnologia. Pertanto un qualunque ritorno al passato va escluso a priori.

Dunque la grande diversità del capitalismo dal feudalesimo non sta tanto – a giudizio di Engels – nella differenza *giuridica* tra "dipendenza personale" e "dipendenza contrattuale", quanto piuttosto nell'uso della scienza e della tecnica, che nel capitalismo è praticamente illimitato e direttamente connesso allo sviluppo dell'industria. La borghesia va apprezzata soprattutto per questo suo sforzo di emancipazione scientifica e tecnico-produttiva, e quella "capitalistica" va apprezzata ancora di più, in quanto al tempo dei Greci e dei Romani si riusciva sì a fare "scienza", ma non si riuscì mai a fare una rivoluzione tecnologica applicata direttamente all'industria.

Resta comunque strano che Engels non metta a confronto, in maniera stringente, il mondo greco-romano con quello borghese moderno. Non lo fa forse perché chiunque avrebbe potuto dirgli che un qualunque confronto con una realtà caratterizzata da un evidente schiavismo non avrebbe avuto senso: sarebbe stato troppo facile dimostrare la superiorità del capitalismo. Marx però si chiedeva spesso il motivo per cui il capitalismo non fosse nato in epoca romana, visto che esistevano molti presupposti materiali favorevoli.

Engels invece pone dei paralleli quanto meno sconcertanti sul piano storico: p.es. quando dice che il contadino medievale era libero ma individualista, mentre il moderno borghese favorisce la "socializzazione" grazie all'industria, anche se si appropria individualmente dei beni ch'essa produce; di conseguenza il proletariato altro non dovrebbe fare che utilizzare, ovviamente migliorandoli, i mezzi produttivi della borghesia, socializzando anche l'acquisizione delle merci. La discriminante di fondo, tra feudalesimo, capitalismo e socialismo, sta unicamente nella *tecnologia*, che viene considerata come un assoluto intoccabile. L'aspetto relativo, individuale, riguarda invece la modalità di gestirla, la quale sarebbe molto più razionale se il soggetto che amministra tutta l'impresa fosse "collettivo", come appunto il proletariato industriale.

Diceva queste cose senza riuscire a capire che il Medioevo, se non avesse avuto il servaggio e il clericalismo, sarebbe stato un periodo storico assolutamente migliore del capitalismo, benché non così "avanzato" sul piano tecnologico. Che poi bisognerebbe intendersi persino sulla parola "avanzato", in quanto il criterio dirimente per affermare che un oggetto è tecnologicamente avanzato non può certo essere dato dalle comodità che offre. Lo sviluppo tecnico-scientifico del capitalismo fu accompagnato da processi economici così individualistici da far tremare il mondo intero. Sull'altare della *téchne* Engels sacrifica qualunque considerazione etica. Era completamente condizionato dalla "cultura borghese". Lo era forse anche Lenin quando parlava di "elettrificazione più socialismo", ma non avrebbe mai permesso che i processi tecno-scientifici venissero imposti ai contadini, utilizzando i mezzi politici o amministrativi, come invece fece Stalin, col pretesto che l'occidente borghese, sviluppato tecnologicamente, avrebbe potuto occupare la Russia (cosa che però non gli riuscì di fare neppure nel momento in cui la rivoluzione era appena nata e quindi debolissima).[67]

In ogni caso non ha senso essere contro lo sviluppo tecnico-scientifico *qua talis*: sarebbe una posizione ideologica, cioè schematica. Il che non vuol dire che non si debbano porre dei paletti. Le tradizioni acquisite non vanno superate solo perché appartengono al passato. Il culto del progresso per il progresso è un'altra concezione unilaterale della vita, ed è ora che l'occidente la smetta di passare continuamente dalla padella alla brace. Tra conservazione e innovazione deve sempre esserci una dialettica equilibrata, che certamente non può essere decisa da interessi individuali o di piccoli gruppi o lobbies.

I mutamenti tecnologici vanno decisi dalla comunità locale autogestita. La quale, nella sua interezza, dovrà assumersi la responsabilità delle conseguenze negative dovute all'applicazione delle nuove tecnologie. Le comunità locali vanno lasciate libere di decidere, e di farlo limitandosi a guardare l'esempio altrui. Gli indiani nordamericani, p.es., quando, grazie agli europei, conobbero il cavallo, presero a utilizzarlo efficacemente nelle battute di caccia al bisonte o nei trasferimenti periodici degli accampamenti da un posto all'altro. Ma si fermarono lì. Non accettarono mai di ferrare gli zoccoli o di usare la sella e la staffa o di legare l'animale a un calesse. Avevano cacciato per migliaia di anni anche senza cavalli e non permisero che questo nuovo "strumento di lavoro" modificasse completamente il loro stile di vita ancestrale.

L'introduzione di nuove tecnologie va decisa con ponderazione e oculatezza, anche per rispettare le esigenze riproduttive della natura, che non sono meno importanti di quelle produttive degli esseri umani. L'unico totem che gli indiani veneravano era il simbolo dei loro antenati, di cui avevano grande rispetto, o degli animali di cui si nutrivano per sopravvivere, non senza provare forti sensi di colpa.

---

[67] Da notare che questo modo "amministrativo", cioè sbrigativo, di vedere le cose era una caratteristica anche di Trotsky, come disse Lenin nel suo "Testamento politico", checché ne pensino quanti ritengono il trotskismo l'unica vera alternativa allo stalinismo.

Lo sviluppo impetuoso della tecnologia

È abbastanza riduttivo ritenere che *solo* il capitale sia un problema per lo sviluppo della tecnologia, avendo gli antagonismi sociali ch'esso provoca la possibilità d'essere, in ultima istanza, molto distruttivi. È limitativo non solo perché il capitale continua sempre e in ogni caso a sviluppare la tecnologia, anche quando, nelle situazioni di dominio monopolistico, non ne avrebbe strettamente bisogno; ma anche perché la tecnologia in sé, a prescindere dall'uso capitalistico che ne viene fatto, costituisce un serio problema per gli equilibri ambientali, nonché per la stessa democrazia, per quanto paradossale possa sembrare.

La tecnologia viene continuamente sviluppata per almeno sei motivi: 1) sfruttare al meglio la forza-lavoro manuale e intellettuale (diversificando le mansioni, riducendo i tempi morti, ecc.); 2) fronteggiare in maniera efficiente ed agguerrita una competizione sempre più internazionale (p.es. immettendo sul mercato in tempi brevi modelli sempre nuovi o aggiornati, sempre più accessoriati); 3) dimostrare che militarmente un determinato Stato è più forte di altri (e questo può essere fatto favorendo i conflitti regionali, richiedenti interventi bellici circoscritti nello spazio e nel tempo, dopodiché si fa partire il business della ricostruzione o della vendita al mondo industrializzato degli ultimi strumenti bellici, la cui efficacia viene appunto testata in un teatro operativo ridotto, usato come una sorta di "fiera campionaria"); 4) controllare a livello poliziesco o di *intelligence* gli individui ritenuti potenzialmente pericolosi (cosa che, con la rivoluzione informatica, che permette lo scambio dei data-base, è tecnicamente piuttosto semplice); 5) carpire a titolo informativo (violando quindi la privacy) i comportamenti commerciali della popolazione del pianeta; 6) automatizzare il più possibile le decisioni che occorre prendere in una qualsivoglia speculazione finanziaria, soprattutto borsistica, per non trovarsi impreparati quando si verificano cali inaspettati di rendimento (ormai il gioco routinario in borsa, quando non si hanno particolari soffiate che permettono inaspettate speculazioni, è tutto affidato ad appositi software).

La dimostrazione della propria superiorità uno Stato può esibirla anche sul piano scientifico *stricto sensu*, padroneggiando p.es. lo spazio cosmico-satellitare, la connettività alle reti digitali, la salute degli esseri umani, ecc. Il capitale non ha mai intenzione di aumentare la qualità della tecnologia per diminuire quella della manodopera, poiché sa bene da dove gli viene il maggior plusvalore. Anche quando diminuisce la *quantità* della manodopera, lo fa solo perché costretto da circostanze esterne, indipendenti dalla sua volontà: un lavoratore può essere sfruttato per quarant'anni, una macchina al massimo per dieci e se non viene sostituita in fretta può far fallire l'impresa (gli economisti dicono che il momento migliore per farlo è dopo cinque-sei anni).

Il capitale sa anche che l'aumento esponenziale della disoccupazione comporta sempre instabilità politica; e questa ha senso sfruttarla solo quando non v'è modo di arrestare il grave crollo dei profitti, al fine di realizzare una dittatura per così dire "esplicita" del capitale. Di regola è meglio una situazione pacifica, in cui il lavoro viene sfruttato senza troppe difficoltà.

Oggi si è in presenza di processi tecnologici inediti rispetto a trent'anni fa. Non si pensa più a escogitare particolari tecnologie per sfruttare le risorse naturali. Sembra che nei confronti della natura si sia arrivati a un punto limite circa la capacità di sfruttarne le risorse. L'estrazione di combustibili fossili, non rinnovabili, procede con una tecnologia vecchia di mezzo secolo: quando la si vorrebbe molto moderna, onde evitare emissioni inquinanti, vi si rinuncia perché troppo costosa o inattuabile. Le foreste vengono sempre abbattute nella stessa maniera indegna: il 20% di tutti i gas serra annualmente rilasciati nell'atmosfera sono causati dalle deforestazioni. I mari sono saccheggiati impunemente e trasformati in discariche a cielo aperto: la più grande isola galleggiante di rifiuti plastici del mondo, tra le Hawaii e la California, ha il doppio delle dimensioni del Texas.

Praticamente lo sviluppo della tecnologia, in questi ultimi trent'anni, è avvenuto in maniera tale da non comportare una nuova modalità di depauperamento delle risorse naturali. P.es. una volta si cercava il ferro con cui costruire i binari sui quali i treni potevano servire per compiere deforestazioni. Oggi invece si mandano nello spazio dei satelliti per accaparrarsi delle orbite ad uso civile e militare, senza pensare propriamente a uno sfruttamento produttivo di risorse naturali (ciononostante anche qui la spazzatura cosmica è già diventata un grosso problema).

L'altra modalità di sviluppo tecnologico è quella info-telematica, dove l'hardware e il software si rincorrono a vicenda in maniera forsennata, determinando una facile obsolescenza di entrambi, che spesso comporta assurde incompatibilità con le versioni precedenti dell'uno o dell'altro. Anche qui non vi è, propriamente parlando, un nuovo sfruttamento produttivo di risorse naturali, anche se, di fatto, il genere umano sta sfruttando risorse ben al di sopra delle capacità del pianeta: gli scienziati dicono che, prima della metà di questo secolo, ogni anno consumeremo il quantitativo di risorse prodotte da due pianeti!

L'info-telematica contiene aspetti affascinanti, ma anche molto stressanti, in quanto la complessità è notevole e la competenza per gestirla è sempre molto inadeguata, salvo eccezioni naturalmente. La tecnologia di questa scienza sembra essere giunta a livelli di pericolosa ingovernabilità, anche perché gli attacchi destabilizzanti contro l'uso massiccio che se ne fa possono essere condotti da persone unicamente esperte di codici linguistici, che si studiano in manuali alla portata di chiunque. Un hacker, con un software abbastanza sofisticato, installato su una macchina sufficientemente potente, sembra essere in grado di violare qualunque protezione.

Oggi l'uso della tecnologia info-telematica sembra essere alla portata di tutti, ma è una grande illusione. I veri padroni del potere sono i produttori dell'hardware. Sono loro che permettono agli hacker di divertirsi, impedendo controlli politici o amministrativi in nome della privacy. E glielo permetteranno fino a quando lo sviluppo della rete non sarà universalizzato, in grado di garantire profitti astronomici. Dopodiché arriveranno delle leggi che legheranno mani e piedi ai provider. E, come nel "Grande Fratello" di Orwell, nessuno potrà sfuggire a nessun controllo. Ognuno, nel momento stesso in cui si connetterà, avrà un proprio, univoco, numero di riconoscimento, e la Terra verrà trasformata in un gigantesco lager, dove però non ci sarà bisogno di sterminare nessuno, in quanto la mente, tutta intera, sarà già stata virtualmente riprogrammata a favore del profitto di poche entità anonime, sotto il pretesto del benessere universale. Il nuovo slogan da memorizzare sarà: "Chi controlla l'hardware controlla il software, e chi controlla entrambi controlla l'umanità e l'intero pianeta".

Quando verrà quel momento, il modo migliore per compiere una rivoluzione sarà quello di liberarsi di ogni strumentazione tecnologica e di affidarsi unicamente ai *contatti personali*. Saranno questi contatti diretti, gestiti sulla base della reciproca fiducia, a gettare le fondamenta della futura umanità. Quando verrà quel momento, sarà forte la consapevolezza che nulla può essere paragonato alla bellezza del rapporto umano...

Il perfezionamento illimitato della tecnologia

Nell'*Anti-Dühring* vi è una frase di Engels su cui si potrebbe scrivere un libro intero. Questa: "Solo l'enorme incremento delle forze produttive, raggiunto mediante la grande industria, permette di distribuire il lavoro fra tutti i membri della società senza eccezioni, e perciò di limitare il tempo di lavoro di ciascuno in tal misura che per tutti rimanga un tempo libero sufficiente per partecipare, sia teoricamente che praticamente, agli affari generali della società".

A leggere cose del genere vien quasi da ridere: quella delle macchine come potente mezzo per abbreviare il tempo di lavoro è sempre stata la motivazione principale dei capitalisti, e fa specie che un intellettuale comunista la faccia propria in maniera così acritica, senza metterla minimamente in discussione. Ridurre il tempo di lavoro per poter produrre sempre di più non potrà certo essere un'esigenza del socialismo democratico. Una cosa del genere, infatti, ha senso solo in momenti particolari, quando vi sono delle urgenze da soddisfare, dovute a problemi inaspettati o di una gravità eccezionale. Non può far parte della banale quotidianità. Uno deve poter lavorare in tranquillità, senza stress, ponderando ciò che fa, facendo delle sue mani il vero strumento di lavoro. La tecnologia deve essere finalizzata a produrre qualcosa a misura d'uomo e, possibilmente, in un contesto naturale.

Se la sopravvivenza di una comunità locale dovesse dipendere da una sofisticata tecnologia, essa sarebbe costretta a vivere sotto la minaccia di una catastrofe incombente. Ne sanno qualcosa quelli di Chernobyl o quelli di Bhopal o di Seveso o di Fukushima. La comunità deve essere padrona dei propri mezzi produttivi, e questi non possono essere troppo sofisticati. Si pensi solo alla differenza tra un orologio meccanico, a carica manuale, e tutti gli altri: il primo non muore mai e non inquina e non spreca risorse ambientali. Avrà certamente poche funzionalità, ma sarà compatibile con le esigenze della natura (non avendo pile o batterie da sostituire) e avrà dei costi quasi azzerati per la sua manutenzione, non richiedendo altra energia che quella fisica di chi lo carica ogni sera.

Una tecnologia troppo sofisticata richiede un enorme dispendio di energia materiale e di competenza intellettuale. Quanto tempo occorre per il suo corretto funzionamento? per la sua costante manutenzione? E a quali spese si va incontro quando la sua obsolescenza è tale da rendere sconveniente la sostituzione di singoli pezzi usurati? Il lavoro ha sempre un costo, l'avrà anche sotto il socialismo: e il lavoro impiegato per far funzionare una cosa molto complessa sarà lavoro sottratto per far funzionare molte cose semplici. Se lo potrà permettere una comunità locale autogestita? E siamo sicuri che non ci sarà il rischio che chi dimostrerà di possedere competenze specialistiche per far funzionare una tecnologia sofisticata, non avanzerà poi delle pretese anche sul piano politico o economico? Una tecnologia alla portata di tutti non garantisce forse più facilmente l'esercizio della democrazia?

Engels aveva una concezione del lavoro opposta a quella di tipo artigianale. Non gli interessava che un lavoratore fosse "creativo" *proprio mentre lavora*. Vedeva il lavoro come una fatica, una condanna "biblica" (lui stesso fu costretto a fare, per un ventennio, l'imprenditore capitalista mentre scriveva testi a favore del socialismo). A suo parere il lavoro è meglio che venga fatto il più possibile dalle macchine. Questo perché la sua finalità non può essere che quella meramente materiale di soddisfare esigenze primarie di sopravvivenza. Gli esseri umani invece devono dedicarsi ad altro, a cose più piacevoli, come p.es. "gli affari generali della società" (la natura dei quali però non viene spiegata).

Che socialismo ci prospetta Engels? Un socialismo di oziosi e perditempo? Un socialismo di intellettuali chiacchieroni? Marx diceva che l'operaio, davanti alla macchina del capitalista, era un alienato, in quanto separato dal prodotto del suo lavoro, ma ora, con Engels, si pensa di superare l'alienazione separando il più possibile l'operaio dalla macchina, come se l'uomo avesse bisogno di tempo libero da sottrarre al tempo di lavoro!

In realtà il lavoratore, anzi chiunque viva un'esistenza umana e non animalesca, ha bisogno di vedere che tutto il suo tempo sia *pieno di significato vitale*, quello per cui l'utilità pratica di un determinato manufatto, prodotto autonomamente, può unirsi a una certa *creatività artistica*, che è poi quella che meglio ci distingue dalla macchina e, se vogliamo, anche dall'animale, il quale, quando appare "creativo", lo è in maniera inconsapevole.

La macchina è ripetitiva, lavora in serie, diventa noiosa all'uomo proprio in quanto macchina, e il suo prodotto, ad un certo punto, risulta indifferente all'interesse dell'uomo, che ha sempre bisogno di vedere qualcosa di originale, di particolare, di unico, o comunque prodotto con le proprie mani. La catena di montaggio è la morte dell'originalità e dell'unicità del prodotto. È stata creata con finalità meramente commerciali. Il socialismo autogestito dovrà aver piena consapevolezza che non è importante fare grandi cose con le macchine. Le grandi cose necessitano di grandi manutenzioni, di grandi dispendi di energie, e sono comunque destinate a finire, esattamente come quelle piccole, e sicuramente anche prima, visti i maggiori costi.

Le manie di grandezza sono inutilmente costose. Abbiamo voluto le dighe, mandando in rovina le comunità di villaggio che vivevano attorno ai fiumi. Abbiamo voluto le centrali nucleari, per poi pentircene amaramente quando hanno dei guasti. Abbiamo costruito imponenti città, che sono però un cantiere aperto ogni giorno, soggetto a continua manutenzione. Si chiudono le buche nelle strade per andarle a richiudere dopo un po' di pioggia. Abbiamo tagliato le foreste e ora le montagne ci crollano addosso. Abbiamo deviato i corsi dei fiumi, ma quelli, imperterriti, riemergono in superficie provocando improvvisi allagamenti. Non ci rendiamo mai conto che la natura ci ha messo 4,5 miliardi di anni prima che l'uomo potesse metter piede su questo pianeta: è un terzo dell'età di quella porzione di universo che ci fa da contenitore.

È vero, l'uomo deve essere padrone dei mezzi produttivi per essere se stesso, ma non ha bisogno della "grande industria" per vivere e, meno che mai, per "vincere" le forze della natura. Qualunque cosa si faccia, vi sono ricadute sull'ambiente naturale, da cui gli esseri umani, nonostante la loro tecnologia dica il contrario, dipendono in maniera strutturale; e la dipendenza non va vista come una limitazione della propria libertà, ma, al contrario, come una garanzia che il suo esercizio ha un valore etico.

Il lavoro è un'attività, anzi, una disciplina in cui l'uomo si deve misurare con la natura rispettandone l'*essenza*. Sotto questo aspetto dovremmo considerare migliori le civiltà che, preoccupate di rispettare la natura così come l'avevano trovata, non hanno lasciato tracce di sé, cioè non hanno voluto sovrapporsi coi loro artifici a ciò che di naturale avevano incontrato. E questo non vuole affatto dire che quelle civiltà fossero vicine al mondo animalesco; anzi, il prossimo socialismo democratico, se vorrà sopravvivere, dovrà riportare la natura al suo stadio originario, antecedente alla devastazione umana iniziata con le civiltà schiavistiche.

L'uomo ha diritto a modificare la natura, ma deve mettere questa in grado di riprodursi agevolmente. Generalmente essa si riprende sempre ciò che le appartiene, a prescindere dal tempo che le occorre. L'unico soggetto che può impedirglielo è appunto l'essere umano. Ma tutto ciò che l'uomo fa contro la natura lo fa contro se stesso. Paradossalmente potremmo dire, col determinismo engelsiano, che quanto più l'uomo lavora contro la natura, tanto più, inevitabilmente, la favorisce, poiché un uomo così disumano è destinato a scomparire o comunque a tornare a livelli produttivi così bassi da rendere la natura felice di esistere. In fondo che cos'è la storia se non l'illusione di poter sperimentare tutte le forme possibili d'esistenza per poi rendersi conto che la migliore era quella più originaria?

Le esigenze riproduttive della natura

Il socialismo scientifico ha sempre detto, sin dai tempi del *Manifesto*, che per giustificare la transizione socialista è sufficiente rendersi conto che i rapporti borghesi sono diventati troppo angusti per poter contenere la ricchezza da essi stessi prodotta con la rivoluzione tecnico-scientifica. Lo stesso Marx, tuttavia, diceva che tali rapporti (ivi inclusi i mezzi e i metodi) mutano di continuo, proprio a causa della esasperata competizione che li caratterizza, per cui la transizione non è proprio dietro l'angolo.

In ogni caso oggi il problema non sta soltanto nel come realizzare un socialismo che erediti il progresso tecnologico e produttivo della borghesia, cercando di scongiurare le periodiche e sempre più gravi crisi di sovrapproduzione. Il problema è anche quello di come ripensare lo stesso progresso scientifico in rapporto alle esigenze riproduttive della natura. Noi non possiamo limitarci a "produrre" senza tener conto che la natura ha bisogno dei suoi tempi per "riprodursi". Il socialismo scientifico non può essere così ingenuo da ritenere che la scienza e la tecnica siano caratterizzate da una sostanziale neutralità e che tutto dipenda, in ultima istanza, dall'uso che se ne fa.

La tecnologia va messa in discussione in sé e per sé, a prescindere dall'impiego che se ne può fare. E il criterio con cui analizzarla è relativo alle leggi riproduttive della natura, che sono molto più antiche di quelle che caratterizzano le civiltà umane, e che non sono affatto destinate ad avere la meglio sul nostro modo scriteriato di vivere la vita. Infatti, se anche per ipotesi una guerra mondiale distruggesse tutte le forze produttive dell'uomo, nulla potrebbe assicurare che il capitalismo non sia in grado di rinascere, come un'araba fenice, con gli stessi criteri individualistici di prima.

Inoltre, per evitare ingiustificate aspettative, si dovrebbe smettere di considerare "periodiche" le crisi del capitalismo, come se tra l'una e l'altra vi fossero momenti di ripresa (difficile dire di "stasi", in quanto un capitalismo "stazionario" è una contraddizione in termini: o c'è sviluppo o c'è regresso). In realtà le crisi sono "sistemiche", cioè avvengono più o meno quotidianamente in quanto "strutturali" al sistema. Non ci accorgiamo di questo solo perché abbiamo a che fare con un'economia che agisce su scala mondiale. È impossibile che tutti abbiano una medesima consapevolezza di ciò che avviene in qualunque parte del globo a causa dell'iniquità di questo sistema sociale. Neppure gli stessi capitalisti ce l'hanno. Infatti, se in un luogo del pianeta si assiste a una ripresa, è facile che, nello stesso momento, in un altro luogo, vi sia una recessione, anche molto grave.

A noi occidentali non interessa sapere che il nostro benessere dipende dal malessere del Terzo Mondo. Noi siamo soliti parlare di crisi pericolose, devastanti, catastrofiche... soltanto quando esse avvengono nella nostra area geografica, e non diamo molto peso a ciò che avviene nel resto del mondo. Il centro del mondo gira attorno alle capitali storiche o industriali dell'occidente, che spesso coincidono con le capitali borsistiche, anche se questa coincidenza ormai è sempre meno vera (le borse di Shanghai, Hong Kong e Shenzhen sono tra le prime dieci al mondo).

Sappiamo anche bene che una crisi che scoppia in un'area specifica dell'occidente può avere ripercussioni su tutto l'emisfero. L'Argentina, p.es., ha avuto delle crisi terribili nel 2002 e nel 2018, assai peggiori di quelle della Grecia, ma l'occidente se ne è preoccupato relativamente: ciò che davvero preoccupa è che non scoppino sollevazioni sinistroidi, che andrebbero inevitabilmente ad infiammare l'intero Sudamerica. Ecco perché a questi Paesi si concedono facilmente dei prestiti a tassi molto agevolati.

Nonostante che l'economia mondiale sia tutta interconnessa, noi occidentali (come "gente comune", non ovviamente come capi di stato e operatori economici) non siamo particolarmente interessati a ciò che avviene in capitali non occidentali, come p.es. Mosca, Pechino, Nuova Delhi, Brasilia... Quando la Russia è andata in bancarotta, sotto Eltsin, non si sono avute ripercussioni in occidente. Se il crac fosse stato dichiarato dagli Stati Uniti, che sono molto più indebitati della Russia, sarebbe crollato l'intero occidente. Questo per dire che nel mondo comandano gli americani, i quali hanno relazioni di stretta partnership (cioè "vincolata") coi principali Paesi euro-occidentali e col Giappone, suggellata da alleanze militari. È molto difficile che un Paese europeo o il Giappone possa opporsi alla volontà statunitense, proprio perché o hanno perso la II guerra mondiale o non si sono ripresi grazie alle loro forze economiche. Tutto il resto, nel mondo, conta relativamente, anche se la Cina si sforza di dimostrare il contrario. Quando avvengono crisi economiche, anche molto gravi, in varie aree del pianeta, il capitalismo occidentale è ben lieto d'intervenire concedendo dei crediti su cui ricavare determinati interessi.

Dai tempi della scoperta dell'America la storia viene fatta dall'occidente. Fino alla II guerra mondiale i protagonisti son stati i Paesi europei, l'ultimo dei quali il Regno Unito. Dopodiché il testimone è passato agli Stati Uniti. Sicché quando le crisi colpiscono questi ultimi, che sono la locomotiva del capitalismo occidentale, esse diventano subito mondiali; e se si guarda l'elenco delle principali crisi del debito dal 1973 ad oggi (2018), si noterà che sono quasi tutte provenienti proprio da loro.

In tutti gli altri casi si tratta di semplici crisi "regionali", le quali, pur essendo sistemiche, in quanto vi è sempre almeno un'area regionale del pianeta che, a causa dell'egemonia capitalistica dell'occidente, è in "crisi", non producono mai effetti catastrofici nell'occidente, anche perché noi siamo in grado d'intervenire, finanziariamente, per rimettere in piedi qualunque area economica del pianeta, facendo ovviamente pagare agli abitanti di quell'area i dovuti interessi.

I miliardi di dollari che gli americani sono in grado di elargire a piene mani alle aree "critiche" del pianeta o d'importanza strategica per la conservazione del capitalismo su scala mondiale, sono capitali che frutteranno sempre ingenti interessi, non solo finanziari, ma anche politici o militari. Gli americani sono in grado di controllare l'intero pianeta non soltanto grazie alla loro tecnologia militare, satellitare e telecomunicativa, ma anche grazie ai loro capitali, senza considerare che sanno anche trasmettere efficacemente la loro cultura individualistica attraverso l'industria cinematografica e televisiva. La cultura americana è un *format* che viene sostanzialmente copiato, con qualche variante, da quasi tutto il mondo.

Non è possibile che un capitalismo del genere possa subire un'implosione come quella del socialismo statale in Russia o in Cina. Gli Stati Uniti sono in grado di far pagare a qualunque Stato al mondo il peso delle loro contraddizioni. E non è neppure possibile che l'attuale Cina possa un giorno ereditare il testimone del capitalismo americano senza prima aver acquisito tutte le strategie per affermarsi a livello mondiale.

I limiti della tecnologia in sé

Nell'*Anti-Dühring* Engels mostra di possedere una certa di coscienza ecologica, che ai suoi tempi non era così scontata. Sa bene che "la città industriale trasforma qualsiasi acqua in fetido liquido di scolo". Lo faceva anche l'azienda tessile di suo padre a Barmen col fiume Wupper. Ma come pensava di risolvere questo grave problema? Ovviamente non come i capitalisti, che preferiscono trasferire le loro industrie in campagna, ma – queste le sue testuali parole – "secondo un solo grande piano", capace di far "ingranare, armoniosamente" tutte le forze produttive, in modo tale che l'industria si stabilisca ovunque, in città e in campagna. Se si riesce a fondere città e campagna, "può essere eliminato l'attuale avvelenamento di acqua, aria e suolo". Cosicché i rifiuti prodotti dalle fabbriche potranno essere adoperati "per produrre le piante e non le malattie". L'importante è non rinunciare al fatto che l'industria capitalistica "si è già resa relativamente indipendente dai limiti locali dei luoghi di produzione delle sue materie prime". Infatti le materie prime provengono da tutto il mondo.

Cosa dire di queste parole, a distanza di oltre un secolo e mezzo dalla pubblicazione del libro? Anche solo guardando com'è stata ridotta la natura dal cosiddetto "socialismo reale", che pur ambiva ad avere un "piano" contro il "mercato" borghese, possiamo dire con sicurezza che Engels non è stato in grado di prevedere, neppure minimamente, le influenze catastrofiche che l'industria *in sé*, soprattutto quella "grande", ha procurato all'ambiente naturale. In Italia gli imprenditori risolvono il problema delle scorie industriali trasferendole dal nord al sud, in gran segreto, facendole sotterrare dalla criminalità organizzata nei posti più impensati; oppure trasferendole dal nostro Paese ad alcuni Paesi africani, nostre ex-colonie. La soluzione più legale è quella di inviarle ai Paesi che sul piano del riciclo dei rifiuti sono più sviluppati di noi: loro ci guadagnano due volte, sia per i costi del servizio che paghiamo, sia per i benefici che ottengono sul piano energetico.

In ogni caso bisognerebbe chiedersi: davvero sarà così facile al socialismo democratico, una volta giunto al potere, trasformare le scorie inquinanti dell'industria in ottimo fertilizzante per le piante? di tutte le industrie? anche di quelle che usano solventi chimici o materiali nucleari? Il socialismo scientifico è davvero compatibile con le moderne idee ecologiche? È forse un caso che nessun partito al governo, né di destra né di sinistra, riesca a pensare, anche solo per un attimo, che l'economia senza l'ecologia può essere un rischio mortale per l'umanità? Siamo assolutamente sicuri che quando il socialismo sarà realizzato, vi sarà un effettivo smaltimento di tutti i rifiuti, in quanto i costi saranno sostenuti dall'intera collettività?

Considerando che oggi i rifiuti sono infinitamente più nocivi di 150 anni fa, dovremmo pensare a realizzare quanto prima una transizione, poiché, andando avanti di questo passo, il socialismo rischia di ereditare non il grande progresso delle forze produttive, ma il grande regresso delle risorse naturali e dell'integrità dell'ambiente. Il socialismo scientifico si troverà a gestire non le grandi risorse materiali del capitale, ma il deserto ch'esse avranno prodotto (come già oggi dobbiamo gestire i guasti ambientali provocati dai sistemi antagonistici precedenti, che p.es. disboscavano senza alcun ritegno). E se qualcuno penserà che ai guasti della scienza e della tecnica sia possibile rimediare con altra scienza e tecnica, sarà soltanto un grande illuso, da considerare come un soggetto pericoloso.

I guasti prodotti dal capitale sono e saranno talmente grandi che ci vorranno secoli o millenni per risolverli, e probabilmente potranno esserlo solo lasciando la natura libera di agire in autonomia, senza alcuna interferenza "scientifica" da parte dell'uomo. È anzi auspicabile che, messi di fronte alla grande devastazione prodotta dal capitale, gli uomini prima o poi si convincano che, per poter sopravvivere, è necessario tornare al comunismo primordiale e, se possibile, senza portarsi dietro il bagaglio delle cose migliori prodotte sul piano scientifico, ma proprio rinunciandovi del tutto. Saremo come gli indiani del Nordamerica quando cacciavano i bisonti. Avremo finalmente capito che è meglio cacciare con arco e frecce di nostra produzione, che non acquistare sul mercato i fucili prodotti dagli imprenditori, che ci vogliono indurre a farlo perché così torniamo da loro ogni volta che ci finiscono le munizioni. In fondo non avremo bisogno di uccidere tanti bisonti, come facciamo oggi con gli animali da latte e da carne, per avere ingenti scorte nei nostri congelatori. Ce ne basterà solo qualcuno per sopravvivere, perché vivremo alla giornata. E saremo in pace con la nostra coscienza: nudi siamo entrati in questo pianeta e nudi ne usciremo.

Politica ed economia

Il primato dell'economico sul politico

Per Engels la politica dipende *sempre* dall'economia, salvo "poche eccezioni". Quali? Nell'*Anti-Dühring* parla di quei casi in cui "i conquistatori, più rozzi [dei conquistati], hanno sterminato o cacciato via la popolazione di un paese e ne hanno guastate o distrutte le forze produttive di cui non sapevano che fare".

A questo punto il lettore è pronto ad aspettarsi degli esempi concreti, ma rimane subito deluso. Engels ne fa uno solo, quello dei cristiani nella Spagna moresca, che devastarono "la massima parte di quelle opere di irrigazione sulle quali poggiavano l'agricoltura e la floricoltura altamente sviluppate dei mori". Altri esempi non avverte bisogno di fare, poiché "nell'enorme maggioranza dei casi di conquista durevole il conquistatore più rozzo deve adattarsi all'ordine economico superiore quale risulta dalla conquista, e viene assimilato dai conquistati e per lo più deve perfino accettarne il linguaggio".

Perché dice questo? Perché si esprime in una maniera così poco storica?[68] Apparentemente per dimostrare, contro Dühring, che nella storia è molto più importante lo sviluppo economico che la forza politica o militare. Nella sostanza però l'intenzione è un'altra, quella di voler far credere che lo sviluppo economico dello schiavismo era superiore a quello del comunismo primitivo, così come quello capitalistico è superiore a qualunque altro sviluppo economico precedente. In che senso "superiore"? Nel senso tecnico-materiale della produzione; nel senso del benessere economico, finanziario, mercantile e manifatturiero; nel senso delle grandi opere artistiche e architettoniche, tecnico-scientifiche. Il concetto di "superiorità" che usa Engels è preso dal capitalismo a lui coevo: è un concetto condizionato dalla rivoluzione tecnico-scientifica, ma anche dalle discipline gius-economiche, dalla configurazione politica

---

[68] Basterebbe vedere quel che han fatto i Mongoli in Russia o i Turchi nell'impero bizantino, i Dori in Grecia o gli stessi barbari nell'impero romano per convincersi del contrario. Quando una società è troppo evoluta (p.es. è troppo urbanizzata, mercantile, statalizzata, intellettuale, ecc.) rispetto a un popolo conquistatore (nomade, guerriero, di allevatori), l'adattamento avviene solo dopo secoli e secoli, dopo che il popolo conquistatore si è fuso completamente con quello conquistato e sempre che, nella fase iniziale della conquista, il popolo sottomesso sia riuscito a conservare qualcosa di significativo della propria identità.

dello Stato, ecc. Come tale, esso viene applicato alla storia di tutte le civiltà del passato. È un criterio euristico, assiologico, interpretativo dell'intera storiografia marxista, in quanto basato su *determinazioni quantitative*, quelle tipicamente borghesi, le quali, ad un certo punto, si trasformano in una *nuova qualità*.

Engels era entusiasta del passaggio, teorizzato da Hegel, dalla quantità alla qualità. Una legge che, pur avendo in sé una certa legittimità, va comunque contestata là dove non prevede l'esigenza di una *decisione esistenziale* o di una *scelta culturale*. Se si vuole evitare l'assoluto determinismo, se non si vuole finire in balìa di eventi che non dipendono neppure minimamente dalla nostra volontà, non si può assumere con leggerezza la filosofia hegeliana, in nessuna delle sue parti, poiché essa è un tutto unico, in cui il principale problema è quello di come "secolarizzare il cristianesimo" senza rischiare l'accusa di ateismo.[69]

Pertanto, qui, se non ci si intende sul concetto di "superiorità", sarebbe del tutto inutile fare esempi che dimostrino il contrario di quanto sostiene Engels. La "superiorità", infatti, dovrebbe riguardare l'*essenza umana qua talis*, la capacità d'essere *umani* e *naturali*, a prescindere dalle forme in cui si esprime. Non può essere soltanto una questione di "benessere materiale".

Facciamo l'esempio dei Mongoli (o Tatari) al tempo di Temujin (o Gengis Khan). Erano economicamente inferiori o superiori ai Russi o ai Cinesi che conquistarono? Secondo i parametri borghesi, decisamente inferiori. E allora perché dominarono per così tanto tempo quei popoli. I Mongoli arrivarono fino in Polonia e a sud fino all'Egitto, e tendevano a distruggere tutto, a saccheggiare, a imporre pesanti tributi. Erano un popolo di allevatori nomadi, eccellenti cavalieri, capaci di sottomettere popoli stanziali molto più ricchi di loro, urbanizzati, bene armati... Come fu possibile una cosa del genere? Solo quando si accorsero di non avere più nemici da sconfiggere e che l'intera Asia poteva anche bastare, si calmarono, cominciarono a favorire i commerci e lo scambio di culture, lingue e religioni. E quello fu l'inizio della loro fine. I popoli stanziali si ripresero ciò che avevano perduto e circoscrissero i Mongoli in quello Stato-cuscinetto tra Russia e Cina la cui importanza politica nel mondo attuale, nonostante sia cinque volte l'Italia e abbia ingenti risorse minerarie, è

---

[69] Come tutte le religioni, anche quella cristiana è una filosofia della rassegnazione, in quanto sposta in una dimensione ultraterrena la soluzione degli antagonismi sociali (e, a partire da Teodosio, divenendo religione di stato, ha anche preteso che tutti vi credessero). L'idealismo hegeliano non è che una laicizzazione del cristianesimo (protestantico) in cui il ruolo della forza viene impersonato direttamente dallo Stato, rinunciando a fare della Chiesa un'istituzione propriamente politica, come invece è (ancora oggi) in ambito cattolico-romano.

piuttosto insignificante, anche perché la maggior parte della popolazione vive al di fuori delle aree urbane e pratica una pastorizia di mera sussistenza.

Com'è stato possibile un successo così travolgente in pochissimo tempo? Non era certamente soltanto merito dei guerrieri a cavallo, imbattibili arcieri. La loro vittoria dipese anche dal fatto che incontrarono Stati feudali le cui contraddizioni erano esplosive. La distruzione del comunismo primitivo aveva esasperato a tal punto le popolazioni ridotte in servitù che non si riuscì a organizzare alcuna vera resistenza. Da parte delle popolazioni più angariate dai signori feudali della terra, i Mongoli venivano visti come liberatori, pur avendo essi un sistema economico molto più arretrato. Lo stesso era accaduto al tempo dei Romani nei confronti dei cosiddetti "barbari", mentre l'impero languiva sotto la dittatura militare.

Naturalmente fu una grande illusione per gli oppressi, poiché anche i Mongoli, che pur non conoscevano il feudalesimo, ovvero il servaggio sistematico, e neppure lo schiavismo, si adattarono alle condizioni che trovarono, pensando di poter vivere di rendita. Qui vengono in mente i versi del coro manzoniano dell'*Adelchi*: Il forte si mesce col vinto nemico, / Col novo signore rimane l'antico; / L'un popolo e l'altro sul collo vi sta.

Ma anche i Mongoli furono vinti dalla superiore cultura dei popoli conquistati, dal loro spirito nazionale, dalle loro tradizioni storiche in campo etnico, linguistico e religioso. Essi non avevano alcuna vera religione e a nessun popolo riuscirono a imporre la loro lingua, anche perché erano sostanzialmente analfabeti. Furono però un esempio eclatante di come il nomadismo possa essere superiore alla stanzialità, e di come una popolazione più vicina al comunismo primitivo, per quanto in una forma in cui la guerra costituiva il pane quotidiano per poter sopravvivere, possa essere anche più forte di quegli Stati feudali basati o sulla proprietà privata della terra (la Russia dei bojari) o su quella statale (la Cina dei mandarini).

I Mongoli furono anche la dimostrazione che senza una "cultura" alternativa al servaggio, non c'è modo di tornare davvero al comunismo primitivo. Lo stesso si potrebbe dire dei barbari distruttori dell'impero romano d'occidente. È sempre possibile approfittare delle contraddizioni antagonistiche di sistemi sociali economicamente avanzati, ma poi bisogna saper creare un'alternativa, e non si può certo dire che il passaggio dallo schiavismo al servaggio fu un vero ritorno alla democrazia, all'uguaglianza del comunismo primordiale. Si passò soltanto da una forma di sfruttamento a un'altra, attenuandone la rudezza, la crudeltà, e ciò fu senza dubbio un merito del cristianesimo (mai riconosciuto dal marxismo), in quanto tutte le popolazioni barbariche, quando entrarono nel mondo romano, erano già cristianizzate.

Rivolgiamoci ora alla conquista ispano-lusitana dell'America centro-meridionale. Furono distrutte delle civiltà schiavistico-statali che per molti aspetti erano più avanzate di quelle feudali europee. E per ottenere cosa? Si esportò il feudalesimo anche in quei Paesi e lo si trasformò in capitalismo commerciale di derrate alimentari sulla base delle esigenze europee. Tutto l'oro e l'argento trovato in quel continente non servirono affatto ad arricchire in senso capitalistico la Spagna e il Portogallo, ma, al contrario, portarono queste nazioni alla rovina, poiché all'aumento inevitabile dei prezzi di tutte le merci non seppero far fronte investendo quei metalli pregiati in attività produttive. Volevano soltanto vivere di rendita, depositando i loro beni nelle banche dei Paesi capitalisti e calvinisti del nord Europa, i quali sapevano bene come farli fruttare. Non solo non capirono quanto di meglio avevano incontrato in quelle civiltà andine e mesoamericane, ma ridussero in servitù anche gran parte di quelle popolazioni rimaste ancora ferme allo stadio del comunismo primitivo, che fuggivano, disperate, dal colonialismo degli Aztechi.

L'incontro degli europei col continente americano fu assolutamente disastroso per tutte le popolazioni autoctone, a qualunque latitudine, checché ne pensino "socialisti scientifici" come Engels, i quali, comunque, potranno sempre dire che, nonostante gli errori compiuti nel passato, il capitalismo è riuscito a trionfare in tutto il mondo, preparando il terreno al socialismo.

È davvero triste guardare il passato non per quello che è stato, ma in funzione di ciò che sarebbe dovuto accadere molti secoli dopo, in condizioni socio-economiche completamente diverse. Le civiltà schiavistiche e servili vanno messe in rapporto, al massimo, a ciò che si era perduto prima della loro nascita. È soltanto il capitalismo che, avendo distrutto tutto il passato dell'umanità, va messo in rapporto alla speranza, tramite un processo politicamente rivoluzionario, di non far finire il genere umano nella peggiore apocalisse della sua storia. E che ci voglia una vera "politica rivoluzionaria" è dimostrato anche dal fatto che gli imponenti flussi migratori che giungono oggi, in occidente, da tutte le parti del mondo, non sono solo l'esito di una rinuncia a costruire un'alternativa al capitalismo nelle "colonie" ch'esso gestisce, in un modo o nell'altro, ma sono anche l'espressione esplicita del desiderio di diventare "come noi", figli legittimi della borghesia. Sconfitta completamente nelle proprie più antiche origini, l'umanità sta procedendo alla cieca verso i più grandi sconvolgimenti epocali della storia. E non sarà certo la "grande industria" a salvarci dalla barbarie.

Anarchia e monopolismo

Indubbiamente Engels ha ragione quando dice che "è la forza motrice dell'anarchia sociale della produzione che trasforma sempre più la grande maggioranza degli uomini in proletari". E – si potrebbe aggiungere – ciò avviene anche quando si è in presenza del capitalismo monopolistico-statale, che, almeno in apparenza, sembra dover escludere la suddetta anarchia. Questo perché, se anche all'interno di una singola nazione la situazione monopolistica di determinate aziende può ridurre gli effetti negativi dell'anarchia produttiva che vi è in regime di concorrenza, la stessa anarchia si ripresenta su scala internazionale, non solo nell'ambito dei rapporti tra Occidente e Terzo Mondo, ma anche tra i Paesi dello stesso Occidente, ognuno dei quali tende a privilegiare le proprie aziende.

Generalmente il regime di monopolio, all'interno di una singola nazione, è in grado di durare nel tempo o perché sostenuto da una politica autoritaria dello Stato oppure perché gli stessi monopoli fruiscono di una incredibile ricchezza (in genere questo secondo caso si verifica nei Paesi in cui il capitalismo industriale è nato con qualche secolo d'anticipo rispetto agli altri). Tuttavia, per sua natura, il capitale non sopporta molto o per molto tempo le politiche autoritarie, in quanto vuole espandersi in qualunque direzione planetaria e senza troppi controlli dall'alto, dimostrando che la sua "forza" è intrinseca al tipo di "benessere" che offre. La politica autoritaria può far comodo nella fase della partenza, per frenare o abbattere la concorrenza, per ottenere favori, incentivi particolari, ma poi finisce col creare più problemi di quanti ne risolva. La dittatura esplicita crea resistenze, dissensi, opposizioni di varia natura, quando invece il capitale, grazie al consumismo, vuol proporsi come un'esperienza piacevole. "L'albero della conoscenza era buono da mangiare, gradito agli occhi e desiderabile per acquistare saggezza", viene detto nel Genesi.

I regimi politicamente autoritari (come p.es. quelli fascisti) vanno bene per vincere la concorrenza sul piano economico o per reprimere i lavoratori che si ribellano allo sfruttamento, ma il capitalismo ha bisogno del *libero scambio*, cioè di potersi muovere come vuole là dove sente odore di "profitto". Il capitale ha bisogno della *democrazia formale*, non della dittatura reale, anche perché questa viene creata dallo stesso capitalismo sul piano economico e finanziario, cioè in maniera più soft, meno evidente ma più incisiva, in quanto apparentemente frutto di una libera scelta. Non siamo più al tempo dei Romani, quando gli schiavisti, per dominare indisturbati, avevano bisogno di generali capaci, alla testa di imponenti legioni senza tanti scrupoli. Da quando è nato il capitalismo è la democrazia politica che serve a mistificare la dittatura economica. Gli americani "conquistarono" di più gli europei con gli elettrodomestici, i film hollywoodiani, il boogie-woogie, le sigarette col filtro e le gomme da masticare che non con le basi-Nato.

Non si può però essere così ottimisti – come lo è Engels – quando si pensa che "le masse proletarie metteranno termine all'anarchia della produzione". Certo, lo faranno, ma senza pastore il gregge va dove gli pare, dove c'è erba da brucare. Lenin lo dirà molto chiaramente nel suo *Che fare?*: senza una guida a loro esterna, gli operai fanno solo rivendicazioni sindacali, non hanno la strategia operativa per ribaltare il sistema. Chi lavora come uno schiavo, per gran parte della sua giornata, non ha tempo né modo di dedicarsi alla rivoluzione, cioè di trovare i mezzi e i modi per conquistare il potere. È uno sconfitto in partenza. O viene aiutato dagli intellettuali, quando questi dimostrano d'essere dei politici ben consapevoli dei problemi generali da risolvere, oppure l'operaio stesso deve trasformarsi in un leader politico.

La massa degli operai, considerata così com'è, non può considerarsi più "rivoluzionaria" degli agricoltori o degli impiegati statali solo perché lavora nell'industria: sopravvaluterebbe la propria importanza. Non si può ipostatizzare una coscienza di classe o farla derivare magicamente da un ruolo sociale o da circostanze di tipo economico. Per essere rivoluzionari di professione occorre determinazione nel carattere, lungimiranza intellettuale, sensibilità comunicativa, grande disponibilità al sacrificio, doti organizzative di non poco conto, incorruttibilità sul piano etico... Queste non sono cose che s'incontrano facilmente in una stessa persona. Ecco perché le masse vanno guidate da "partiti" o "movimenti" politici, dove le singole qualità si possono sommare tra loro.

Tutto ciò per dire che il socialismo non ha bisogno d'aspettare le crisi del capitalismo prima d'alzare la voce e dire che occorre un'alternativa al sistema. La prova che il capitalismo è invivibile non è data tanto dalle sue periodiche crisi economiche o dal fatto ch'esso continuamente devasta l'ambiente e crea guerre regionali, tenendo alta la tensione nel mondo, quanto soprattutto dal fatto ch'esso non è in grado di risolvere neppure uno dei suoi problemi di fondo, anche perché, quando ci prova, crea sempre scompensi ancora più gravi. Ogni sua riforma, che pretenda d'essere "strutturale", non fa che minare le condizioni di vita dei lavoratori: scuola, sanità, previdenza, servizi sociali... tendono costantemente a peggiorare, proprio perché per i capitalisti una qualunque "riforma strutturale" significa soltanto ridurre la spesa dello Stato sociale, cioè di quell'*escamotage* cui si ricorse nel secondo dopoguerra per impedire che la Resistenza, a guida comunista, si trasformasse in una rivoluzione socialista e per dimostrare che in occidente non c'era bisogno di fare alcuna rivoluzione per ottenere uno Stato come quello sovietico, visto che per ottenerlo era sufficiente garantire scuola, sanità, pensioni e agevolare l'acquisto di un'abitazione.[70]

Oggi, anche quando si parla si smantellare l'inutile burocrazia, s'intende sempre fagocitare lo Stato sociale, che è "sociale" non solo per i "servizi" che offre, ma anche per gli impieghi pletorici che assicura. Il plusvalore estorto agli operai è in grado di mantenere un'infinità di persone la cui utilità per molte di loro è alquanto dubbia, e non solo nella burocrazia, ma anche nelle forze armate e nelle istituzioni e amministrazioni statali in generale. D'altra parte è assurdo pensare a una "piena ed efficiente occupazione" in un sistema basato sul profitto o sull'interesse privato. Sarebbe un ossimoro. Sono soltanto i borghesi a dire che, se uno davvero lo vuole, un lavoro lo trova sempre; sono soltanto loro a dire che qualunque forma di assistenzialismo non fa che disincentivare la gente dall'idea di cercarsi un lavoro. Per la borghesia il lavoro dà "significato" alla vita, ma è proprio la borghesia che vuol vivere di rendita sfruttando il lavoro altrui. Quando s'incontra qualcuno per la prima volta, non bisognerebbe chiedergli che lavoro fa, ma quale lavoro sfrutta.

Il capitalismo non riformabile

Gli impianti industriali non vengono migliorati solo perché si è costretti a causa della competizione internazionale, interaziendale, ma anche perché il capitale tende a sfruttare al massimo la forza-lavoro, sempre e comunque. A dir il vero molti odierni imprenditori occidentali, pur avendo "inventato" le macchine economicamente più produttive, vogliono solo campare di rendita finanziaria, fare la bella vita, investire i loro capitali eccedenti in spese folli o giochi di borsa, e se decidono di vendere i loro "gioielli di famiglia" ai nuovi imprenditori asiatici, disposti a sborsare cifre astronomiche, si accontentano di fare piccoli investimenti, per non mettere a rischio la loro immensa liquidità. Tuttavia quelli ancora impegnati nell'industria sono costretti a rinnovare periodicamente le macchine.

Lo sfruttamento è una questione oggettiva, solitamente chiamata

---

[70] In Italia la democrazia cristiana fece, nel secondo dopoguerra, quel che fece il fascismo nel primo dopoguerra. Si temevano, prima, la rivoluzione bolscevica e, dopo, il socialismo statale, sicché, per impedire che l'esperimento si ripetesse in Italia, si crearono delle realtà sociali mimetico-imitative (scuola, sanità, pensioni...), che dovevano soltanto simulare l'alternativa al sistema individualistico della borghesia. Tuttavia, a partire dall'inizio degli anni Ottanta, dopo le grandi contestazioni operaio-studentesche del 1968-77 e con la nascita dell'ideologia neoliberista della coppia Reagan e Thatcher, si è pensato di ridurre progressivamente il peso del *welfare*, in quanto ritenuto troppo costoso.

"plusvalore" (ottenuto da un "pluslavoro" non pagato), inerente alla gestione privatistica e individualistica dei capitali: l'imprenditore, individuale o associato, vuole realizzare *profitti*, non tanto rispondere a *bisogni*, per cui tende a "sfruttare", e non semplicemente a "impiegare" o "utilizzare" il lavoro altrui. E per fare questo, che è cosa eticamente indegna, non può avere scrupoli di sorta. L'imprenditore si sentirà sempre "diverso" dai propri operai, avrà sempre un atteggiamento di superiorità. Un imprenditore "buonista" farebbe male il proprio mestiere.

Se l'obiettivo è quello di realizzare un profitto, che deve essere sempre più crescente, e se questo profitto, virtualmente, va considerato illimitato, in quanto il denaro può essere accumulato in maniera indefinita, il capitalismo in nessuna maniera può porre spontaneamente dei limiti a se stesso. Anzi, quanto più il denaro viene smaterializzato (cioè non arriva più a coincidere strettamente con lingotti, banconote, terre e beni immobili), tanto più è facile accumularlo. E non è affatto vero che gli investimenti produttivi sono proporzionati alla quantità di capitali realizzati. Le due cose oggi marciano completamente separate.

Spesso i governi politici favoriscono i grandi capitali (diminuendo p.es. le tasse, condonando evasione o elusione fiscale, ecc.) nella convinzione che, in tal modo, aumenteranno gli investimenti in attività imprenditoriali, che assicureranno più lavoro a operai e impiegati, ma nessuno può obbligare un capitalista a farlo. Anzi, in genere nessun capitalista è così ingenuo da mettere in piedi un'azienda vera e propria quando può fare investimenti unicamente di tipo finanziario (non a caso nei periodi di crisi l'usura aumenta tantissimo). Il capitalismo maturo tende ad essere parassitario sul piano produttivo. Spesso si mettono in piedi delle aziende solo sulla carta, per avere i fondi con cui partire, ma poi si fanno fallire. Ciò che trattiene i capitalisti dal compiere solo operazioni speculative è la grande volatilità dei mercati finanziari, per gestire i quali occorre non poca competenza. Non è facile fidarsi di un broker, poiché, se va male, lui non ci rimetterà di tasca propria.

I governi dovrebbero penalizzare le rendite finanziarie e incentivare gli investimenti produttivi. Ma quando mai in occidente si è visto un governo non fare gli interessi del capitale? Come minimo, per indurre davvero i capitalisti a fare investimenti produttivi, non dovrebbe esistere, in nessuna parte del mondo, il segreto bancario (che è tipico dei cosiddetti "paradisi fiscali", ove le tasse sono ridicole). E neppure dovrebbe essere possibile gestire il proprio patrimonio attraverso una miriade di società fittizie, collegate tra loro mediante fili invisibili. E che dire di quei commercialisti specializzati nel far pagare agli imprenditori o detentori di partita iva quante meno imposte possibili? Quando si evade il fisco, si investe di meno in attività produttive: gli investimenti avvengono nell'ombra e soprattutto a livello finanziario.

Questa è la ragione fondamentale per cui il capitalismo è un sistema da abbattere senza pietà. Nessun sistema è riformabile al proprio interno quando i suoi presupposti di fondo sono profondamente sbagliati. Per sostituire lo schiavismo col servaggio ci sono volute le invasioni barbariche. Oggi però, visto che il capitalismo è su scala planetaria, non possiamo aspettarci gli alieni per passare al socialismo: è il Terzo Mondo che deve insorgere, cioè quella larga parte dell'umanità che vive di stenti per mantenere nel lusso pochi privilegiati, moralmente corrotti, che dispongono di un potere materiale immenso. I lupi esistono perché esistono le pecore.

L'automazione nella produzione

Ma andiamo avanti con Engels. Dice a p. 335, proseguendo il discorso sulla crisi sistemica del capitale: "Se il modo di produzione capitalistico ha cominciato col soppiantare gli operai [grazie alle macchine], oggi esso soppianta i capitalisti e li relega, precisamente come gli operai, tra la popolazione superflua, anche se in un primo tempo non li relega tra l'esercito di riserva industriale".

Queste sono frasi che, in realtà, non vogliono dir nulla. Le macchine non sostituiscono affatto gli operai, semmai li trasformano: li fanno diventare più "intellettuali". Persino la Toyota ha capito che se nella produzione si usano macchine molto sofisticate, ci rimette l'idea di "flessibilità", per cui uno dei suoi princìpi è diventato quello di usare solo tecnologie affidabili e adeguatamente collaudate, vantaggiose non solo ai processi ma anche alle persone. E in ogni cosa la Toyota non è più concorrenziale di altre aziende automobilistiche solo perché al posto degli operai usa le macchine.

Per essere costruite in maniera evoluta, le macchine devono essere prodotte da altre macchine, le quali sono progettate da salariati intellettuali e manuali, i quali ovviamente non dispongono della proprietà dei capitali necessari per progettarle e, tanto meno, per costruirle. Quando queste macchine vengono vendute, le aziende che le comprano hanno, a loro volta, dei salariati manuali e intellettuali. Certo, una macchina evoluta può richiedere meno manodopera manuale, ma richiede più manutenzione e anche più competenza nella sua gestione, che è costosa. E poi una macchina evoluta, messa in funzione in un'area sociale dove il costo del lavoro è molto basso, può impiegare molta manodopera operaia, che va addestrata solo quel tanto che basta per ottenere un prodotto finito di qualità. Non a caso la gran parte dell'hardware usato per computer, tablet, cellulari... viene prodotta in Asia, non in occidente.

Questo per dire che non è così automatico che le macchine sostituiscano gli operai. Semmai possono sostituire gli operai meno qualificati o quelli che svolgono mansioni pericolose o quelli che possono compiere degli errori per vari motivi. Ma la macchina, senza l'operaio, non è che un "capitale fisso", i cui costi vanno ammortizzati in tempi brevi, facendo lavorare gli operai 24 ore al giorno: acquistare una macchina senza sapere quanto si dovrà spendere per formare una forza-lavoro in grado di farla funzionare, senza sapere quali sono i costi per tenerla sempre efficiente, ed entro quanto tempo la si dovrà completamente sostituire, sarebbe folle. Va poi considerato che le macchine producono oggetti tutti uguali, che nel capitalismo, ad un certo punto, i mercati non riescono più a sopportare. Oggi siamo abituati a cambiare piuttosto velocemente le merci che acquistiamo. Dovremmo anzi fare il ragionamento inverso: assumere operai addetti al riciclo o riutilizzo delle macchine obsolete.

Se in occidente noi abbiamo la percezione che gli operai diminuiscano, è perché le macchine vengono trasferite nelle aree del pianeta dove il costo del lavoro è assai minore o dove i mercati sono molto più ampi. La Cina è il primo mercato mondiale per quanto riguarda l'acquisto di robot, ma perché ha un mercato immenso. E comunque i capitalisti non possono non sapere che in un mercato non è possibile entrarci solo come "consumatori" e non anche come "lavoratori che producono". Il capitalismo deve stare attento a non creare un'eccessiva disoccupazione. Già gli imperatori romani a volte impedivano i miglioramenti nella strumentazione con cui si lavorava, per non avere troppi disoccupati da mantenere con l'assistenza pubblica.

In occidente possiamo anche constatare una diminuzione degli operai, ma ciò va considerato in termini relativi, poiché in termini assoluti, a livello planetario, gli operai potrebbero anche essere in crescita. Anzi, in occidente tende a mancare la manodopera specializzata, quella con capacità intellettuali significative, sia perché la formazione scolastica e universitaria non è in grado di reggere il passo rispetto allo sviluppo della produzione (tant'è che sono le stesse aziende che si preoccupano di formare i loro lavoratori), sia perché la gran parte degli studenti tendono a voler fare lavori amministrativi o lavori che non sempre coincidono con le aspettative del capitalismo maturo, il quale spesso richiede un personale disposto a tutto (p.es. a trasferirsi in qualunque luogo lavorativo, a lavorare in qualunque orario, a non sposarsi o a non fare figli...).

Gli operai, semmai, diminuiscono non per colpa delle macchine, ma perché i capitalisti, invece di fare investimenti produttivi, li fanno solo a livello finanziario-speculativo (p.es. prestare soldi, acquistare edifici per affittarli o rivenderli dopo averli ristrutturati, investire in titoli azionari...). I capitali vengono bruciati nelle borse di tutto il mondo, oppure vengono utilizzati per acquistare titoli che poi si rivelano "tossici", offerti persino dalle banche. Non pochi imprenditori diventano usurai.

In sostanza non mancano i capitali per far funzionare il sistema, né mancano le macchine, né la manodopera: quello che manca è soprattutto lo "spirito capitalistico", cioè la volontà di rischiare in prima persona in qualcosa di produttivo. Oggi le nuove maggiori imprese industriali sono tutte di tipo info-telematico, nate in laboratori improvvisati, da parte di giovani skillati in campo informatico, i cui genitori han speso molto per la loro formazione intellettuale generale. Sono queste le imprese che rendono di più perché le spese nel capitale fisso sono minime. Si investe soprattutto nella formazione intellettuale e nel capitale umano. Oggi qualunque impresa industriale ha bisogno di appoggiarsi a sistemi info-telematici di qualsivoglia natura.

I giovani di oggi non sono disposti ad affrontare i sacrifici dei lavori manuali, come facevano i loro genitori, in quanto sono stati disabituati da 60 anni di continuo benessere. Solo che la formazione che ricevono è astratta, non è sempre all'altezza delle aspettative del capitalismo maturo. Non lo è non solo sul piano info-telematico, ma neppure in quello linguistico-comunicativo. I giovani di oggi non conoscono tutti i meccanismi di marketing, le modalità psicologiche con cui presentarsi a un pubblico, con cui vendere un prodotto, con cui usare un linguaggio persuasivo, convincente, sicuro di sé: non hanno neppure una buona padronanza dell'inglese. Sono cose che devono imparare solo *dopo* aver studiato. Persino a livello info-telematico spesso abbiamo a che fare con giovani autodidatti, che si sono formati tra di loro, usando la tecnologia del web. L'istruzione non aiuta il capitale come il capitale vorrebbe. Questo per dire che le potenzialità di sviluppo del capitalismo, a livello planetario, sono ancora enormi.

Quando Marx ed Engels vedevano le prime crisi internazionali del capitale, a fronte di uno sviluppo tecnologico senza precedenti, pensavano che il crollo definitivo sarebbe stato imminente, proprio per l'impossibilità del consumo di star dietro ai ritmi produttivi e quindi per l'insopportabile caduta del tasso di profitto. Per loro era inconcepibile che proprio l'enorme ricchezza fosse causa di tanto malessere.

Ma i fatti smentirono le loro previsioni. Il capitalismo crea e distrugge di continuo, senza soluzione di continuità. L'unico modo per interrompere questa corsa insensata del suo progresso è quello della ribellione delle masse. Anche perché se c'è una cosa che il capitale non sopporta è vedere che tutti i paesi del mondo vogliano diventare capitalisti. L'irrazionalità del capitale sta proprio in questo, che da un lato vuole che tutti siano borghesi, di mentalità e di comportamento, mentre dall'altro vuole che la maggior parte dei cittadini siano proletari da sfruttare. La vera contraddizione che fa saltare il sistema è la competizione tra Paesi capitalistici. Solo che, finita la guerra interimperialistica, se non intervengono fattori soggettivi in grado di realizzare una transizione socialista, si ripropongono nuovi equilibri internazionali, che fanno ripartire il capitale su basi diverse, come se nulla fosse accaduto. È questa la vera tragedia dell'umanità: avere la percezione di dover soffrire per niente.

La statizzazione del capitale

Engels però faceva bene a dire che "né la trasformazione in società anonime, né la trasformazione in proprietà statale sopprime il carattere di capitale delle forze produttive". Che cos'è infatti una "società anonima"? È la possibilità di acquistare, da parte di chiunque disponga di capitali, quote azionarie di una qualsivoglia azienda quotata in borsa.[71]

Chi compra è *già* un "capitalista" (anche se non ha un'azienda con operai da sfruttare); lo è perché beneficia indirettamente di un modo di produzione che lo precede nel tempo, e siccome ha fatto sua l'ideologia che lo giustifica, si aspetta che il suo investimento produca interessi significativi. Può anche non far nulla per far maturare questi interessi. Può, se ha un'impresa, affidarne la gestione a manager specializzati. Ma pretende continue rendicontazioni, in quanto, al primo accenno di crisi, vuol poter decidere liberamente sul destino delle proprie azioni. La proprietà quindi può essere suddivisa tra i capitalisti azionari (i cui nomi, peraltro, non sono resi pubblici), di cui hanno voce in capitolo solo i più importanti, quelli che hanno fatto gli investimenti più significativi (il peso delle decisioni è in stretto rapporto alle quote possedute, anche se nelle assemblee generali periodiche s'invitano tutti gli azionisti). La gestione della società è *tutta* capitalistica.

Lo stesso avviene a livello statale. Quando lo Stato partecipa direttamente allo sfruttamento dei lavoratori, lo fa in nome del capitalismo nazionale, offrendo p.es. capitali per le ristrutturazioni, gestendo imprese troppo grandi per i singoli imprenditori, salvando (o nazionalizzando) situazioni disperate... E, nel far questo, utilizza le tasse dei cittadini, i quali così vengono sfruttati tre volte: anzitutto dalle imprese presso cui lavorano, relativamente al plusvalore; poi dallo Stato che estorce loro una percentuale esorbitante di tasse dirette e indirette[72]; infine da Stato e imprese

---

[71] Giusto per capire l'importanza delle società anonime quotate in borsa: quelle in Svizzera sono meno di 300, ma generano un franco su sei, pagano oltre il 40% del totale delle imposte sulle persone giuridiche e rappresentano direttamente e indirettamente circa 600.000 impieghi.

[72] Si pensi solo a quella truffa legalizzata chiamata IVA, che viene fatta pagare unicamente all'acquirente, cioè alla parte più debole nella compravendita, ma an-

insieme (cioè anche da quelle in cui non lavorano), solo perché esse ricevono, a diverso titolo, da parte dello Stato una quota-parte delle tasse di tutti i cittadini.

È uno sfruttamento continuo, quotidiano, il più delle volte del tutto immotivato, i cui protagonisti attivi non sono soltanto le imprese e lo Stato, ma anche gli Enti Locali Territoriali, con le loro tasse supplementari su immobili, sanità, immondizia, fognature..., senza poi considerare che non sempre lo Stato è in grado di garantire servizi efficienti, proporzionati alle tasse che pretende, per cui spesso i cittadini sono costretti a rivolgersi, di tasca propria, a soluzioni private (soprattutto in campo sanitario, previdenziale e anche scolastico).

In Italia il capitalismo, per poter essere vissuto senza finire in un dormitorio pubblico o a mangiare in una mensa della Caritas, esige un reddito familiare per tre persone (una coppia con un figlio in età scolare) di almeno 1.500 euro nette mensili, senza concedersi lussi o vizi di sorta e sempre che non si abbia l'affitto da pagare, perché solo quello porterebbe via la metà dello stipendio. Venire a vivere da noi, senza sapere queste cose, può diventare molto frustrante, che può indurre alla microcriminalità. Come minimo si dovrebbe pensare a una gestione comune del problema abitativo ed alimentare, sfruttando inoltre al massimo le opzioni offerte dai centri assistenziali sparsi nelle varie città, sempre che l'indigenza non sia un fenomeno abbastanza diffuso anche tra i residenti, nel qual caso è quasi impossibile evitare le cosiddette "guerre tra poveri".

Insomma, oggi è difficile emigrare, privi di reddito, là dove il costo della vita è molto alto. Non siamo più al tempo dell'emigrazione degli europei verso il continente americano o verso il Canada, l'Australia... Oggi se gli europei emigrano verso territori dove il costo della vita è alto, lo fanno perché hanno già delle competenze da spendere (i professionisti oppure i giovani neolaureati, sostenuti finanziariamente dalle famiglie). Oppure abbiamo europei che emigrano verso Paesi dove il carovita è decisamente inferiore al nostro, ma si tratta di pensionati che vogliono star bene nell'ultima parte della loro vita con una pensione modesta, peraltro molto meno tassabile.

Tuttavia non so se Marx avrebbe detto una frase del genere: "La proprietà statale delle forze produttive non è la soluzione del conflitto, ma racchiude in sé il mezzo formale, la chiave della soluzione". Engels a volte non si capisce: da un lato vuol far vedere che una statizzazione di talune imprese, fatte da uno Stato capitalistico, non ha nulla a che fare

---

che a quelle tasse assurde relative alle successioni ereditarie, con le quali lo Stato vuol "punire" chi gli impedisce d'incamerare dei beni immobili quando mancano gli eredi.

col socialismo vero e proprio; dall'altro però vuol dimostrare che se c'è questa esigenza, allora vuol dire che il capitalismo privato è arrivato al capolinea; dall'altro ancora non è contrario a una pianificazione statale dell'economia; poi però parla di "estinzione progressiva dello Stato" a vantaggio dei lavoratori che si autoamministrano. Quest'ultima cosa era già stata detta da Marx, per il quale aveva senso tenere in piedi lo Stato solo quel tanto che bastava per reprimere una possibile reazione furiosa della borghesia, una volta che la si è espropriata dei propri beni; ma, fatto questo, avrebbe dato ragione a Bakunin: la proprietà va "socializzata" tra i produttori, e non tanto "statalizzata", tanto il "piano" va comunque fatto.

Engels invece sembra considerare il capitalismo monopolistico-statale come l'anticamera del socialismo statale. Ai suoi occhi la necessità di statizzare il capitalismo era un segno che la borghesia, coi suoi interessi privati, aveva perduto la propria autonomia sociale: era diventata una classe inutile, parassitaria, incapace di gestire le grandi forze produttive messe in moto.

In realtà non c'è alcuna chiave di soluzione dell'antagonismo sociale nella statizzazione del capitale. Semmai si potrebbe dire che quando il capitalismo giunge a questo livello, la lontananza dal socialismo è massima: è il perielio rispetto all'afelio. Nel senso che il capitale, per fronteggiare le proprie crisi sistemiche sempre più gravi, si dà una parvenza di *eticità*, affidando la gestione dei propri interessi a un'entità astratta, fatta passare come interclassista, basata sul diritto costituzionale, quello di tutti i cittadini, a prescindere dalle loro posizioni politiche. Lo Stato diventa lo strumento del grande inganno del capitale che non vuole cedere alle istanze emancipative del lavoro. L'Italia ha sperimentato questa grande illusione nel ventennio fascista e la Germania nel decennio nazista.

Tuttavia l'occidente non è abituato, per cultura e mentalità, a dare così tanta importanza allo Stato. Ecco perché il futuro del capitalismo dovrà essere gestito dai Paesi asiatici. È vero, in Europa occidentale tutto il socialismo teorico è sempre stato profondamente statalista: non solo perché era convinto di poter andare al potere seguendo la via legale e parlamentare, ma anche perché ha sempre votato i crediti richiesti dai governi borghesi per favorire il colonialismo e le guerre (regionali e mondiali), in nome di una idea di nazionalismo e di patriottismo identica a quella della destra più becera.[73] Ma l'insieme degli europei, per ragioni storiche, non

---

[73] I socialisti riformisti si son sempre preoccupati di non apparire antinazionalisti o antipatriottici. All'origine di questo atteggiamento avverso all'internazionalismo proletario sta l'interpretazione di Bernstein relativa al passo del *Manifesto* in cui è scritto che i proletari non hanno patria: non ce l'hanno perché sono messi

sono "statalisti"; semmai sono "nazionalisti", avendo tradizioni, culture, lingue e religioni molto diverse, anche se gli imponenti flussi migratori del Novecento hanno ormai rimesso tutto in discussione. Gli europei sono fondamentalmente "individualisti", sin dal tempo della loro nascita, come civiltà schiavistica, nel mare Egeo. Se non fossero stati così, non avrebbero potuto produrre la più grande rivoluzione tecnologica della storia.

La statizzazione del capitale è la faccia pseudo-etica che la borghesia si vuol dare per poter difendere meglio la proprietà privata. Ma se tra Stato e borghesia privata prevalgono, in ultima istanza, gli interessi di quest'ultima, la finzione, prima o poi, si smaschera sola. Ecco perché la Cina è destinata a sostituirsi all'occidente nello sviluppo del capitalismo: lì le tradizioni statalistiche hanno radici addirittura confuciane. Se non si oppone a tale mistificazione "asiatica" la proprietà "sociale" (non "statale") dei mezzi produttivi, il socialismo statale di mercato rischia di diventare l'arma vincente della borghesia per i prossimi secoli. Le prove generali di ciò il governo cinese, da circa vent'anni, le sta facendo in Africa e nei territori più poveri dei pianeti, con tante risorse naturali ancora da sfruttare.

Dove poi Engels vedesse tutta questa statizzazione del capitale non è dato sapere. Ai suoi tempi gli Stati aiutavano gli imprenditori privati a diffondersi nel mondo attraverso l'imperialismo, ma non entravano direttamente nella gestione dell'economia più produttiva. Se si escludono i due ultimi paesi europei che avevano compiuto l'unificazione nazionale in nome degli interessi borghesi, e cioè l'Italia e la Germania, per i quali lo Stato aveva una certa importanza, bisogna dire che nell'occidente industrializzato gli imprenditori erano in grado di provvedere da soli alle loro esigenze economiche. Italia e Germania, essendo ancora troppo deboli nei confronti di Francia, Inghilterra, Stati Uniti..., avevano bisogno del protezionismo statale, che imponesse dazi significativi alle merci straniere; avevano bisogno di crearsi prima un mercato interno, di aiuti finanziari e di altro genere, da parte dello Stato, per far decollare un si-

---

ai margini dalla borghesia, non perché la rifiutano come principio; con le lotte se la possono guadagnare e anche difenderla meglio della borghesia dai nemici esterni. Così Bernstein. D'altra parte la socialdemocrazia tedesca usò proprio il testo di Engels, *Socialismo in Germania* (1891), per giustificare l'assenso ai crediti di guerra del 4 agosto 1914. La motivazione ideologica usata in quel momento fu quella di dover combattere l'autocrazia zarista. In realtà già nel 1904 i deputati socialisti si erano astenuti dal voto sui crediti di guerra chiesti dal governo per reprimere la ribellione nelle colonie africane; e nel 1913 li avevano approvati per evitare il ricorso a nuove imposte indirette. Analogo atteggiamento opportunistico del socialismo si verificò in molti altri Paesi europei.

stema produttivo rimasto al palo per troppo tempo: in Germania perché la riforma luterana aveva cercato un compromesso con l'aristocrazia fondiaria, rifiutando di diventare calvinistica, cioè nettamente borghese; in Italia perché la Controriforma aveva bloccato qualunque sviluppo economico moderno.

Probabilmente Engels si riferiva proprio a questi due Paesi, anzi soprattutto al suo Paese d'origine, la Germania, da lui considerata molto più efficiente (razionale) di qualunque altro Paese europeo. L'Italia – lo sappiamo – è sempre stato un Paese troppo dominato dal clero, troppo politicamente anarcoide: non per nulla il socialismo nascerà dalla crisi dell'anarchismo. Nella sua Germania invece, creata dalla Prussia militarista, il socialismo aveva già fatto ingresso in veste utopistica quando lui era giovane, mentre ora, proprio grazie a lui e ovviamente agli studi di economia politica di Marx, si presentava in veste "scientifica".

Sia Marx che Engels avevano contatti diretti con molti socialisti del loro Paese, alcuni intenzionati a ribaltare il sistema, altri, la maggioranza, favorevoli al solo parlamentarismo: e saranno questi ultimi a dirigere la II Internazionale.[74] In quella loro fase storica, vissuta in Inghilterra, i fondatori del cosiddetto "socialismo scientifico" erano diventati molto meno rivoluzionari che nel periodo delle grandi battaglie di trent'anni prima. Erano favorevoli a una transizione più o meno indolore al socialismo, che passasse anche attraverso le istituzioni statali. Forse è stato per questa ragione che quando Engels vide in Germania una certa statizzazione del capitale, se la immaginava come l'anticamera borghese del socialismo.

In realtà prima che passi l'idea di un intervento esplicito dello Stato nell'economia privata, ci vorranno ben due guerre mondiali. Negli Stati Uniti, p.es., si dovrà attendere la profonda crisi del 1929. L'idea di "Welfare State" s'imporrà soltanto a partire dal secondo dopoguerra, in risposta alla vittoria del socialismo stalinista sul nazismo hitleriano. Questo per dire che la statizzazione del capitale è soltanto un mezzo in più che il capitale si dà per risolvere le proprie crisi irrazionali, ma è un'arma (pseudo-democratica) usata solo *in extremis*, di cui ci si vuole liberare quanto prima.

La borghesia occidentale, per ragioni storiche, non ama essere

---

[74] In Germania vi furono scioperi di massa dopo la disgregazione dell'artigianato e dell'economia domestica avvenuta negli anni 1830-40. La stagnazione terminò intorno al 1844; poi, nel periodo 1869-73, fu la volta della classe operaia ad essere molto combattiva. Infine, con l'inizio della Grande depressione, che durò sino al 1896, inaugurando la fase imperialistica del capitalismo, i socialisti preferirono l'opzione parlamentare, salvo il breve episodio insurrezionale degli spartachisti subito dopo la I guerra mondiale.

controllata, quando esercita i propri affari, da alcuna istituzione di potere. Lo Stato viene sempre più considerato come un salvadanaio da utilizzare nelle situazioni di emergenza. Le tasse dei cittadini servono proprio per tamponare le falle create da un'imprenditoria irresponsabile, la quale vuole sì uno Stato forte, ma non nei confronti di se stessa. Lo Stato serve soltanto per "socializzare le perdite", confermando l'idea che i profitti vanno tenuti privati. Di qui i colossali debiti pubblici di alcuni Stati occidentali (Stati Uniti, Giappone, Italia...). In Francia e in Gran Bretagna il debito pubblico non è enorme per il semplice fatto che questi due Paesi stanno ancora beneficiando, sul piano economico, del loro grande impero coloniale del passato. La Germania, che pur non ha mai avuto un vero impero coloniale, non ha un debito del genere perché qui lo Stato vuole controllare l'economia: questo è forse il Paese capitalistico che, nella gestione dell'economia, assomiglia di più alla Cina, con la differenza che quest'ultima, approfittando del fatto che la propria borghesia è ancora debole, fa coincidere lo Stato col partito unico, sedicente "comunista".

In Italia lo Stato sociale è meno forte che in Germania e in Cina perché qui la borghesia, per tradizione storica, ha sempre avuto uno sviluppo considerevole a livello di micro-imprese, spesso a gestione familiare.[75] Queste innumerevoli imprese (oltre 4,2 milioni, cioè il 95% del totale!), che danno all'Italia una configurazione sociale di tipo anarcoide, tendenzialmente avrebbero bisogno di un maggiore appoggio statale che le aiutasse p.es. nel commercio estero. Ma in Italia lo Stato è "sociale" solo per quanto riguarda la scuola, la sanità e la previdenza: per tutto il resto è visto solo come una sanguisuga, una fonte perenne di corruzione, un carrozzone burocratico e parassitario, poco efficiente sul piano amministrativo. D'altra parte non potrebbe essere diversamente: uno Stato che, per tradizione politica, vuole essere "centralista", senza concedere nulla al federalismo, non può indirizzare in maniera intelligente un'economia capitalistica di 60 milioni di abitanti. La Germania, che pur ne ha 20 milioni più di noi, può farlo, proprio perché ha scelto la strada del federalismo: le decisioni vanno decentrate quando la realtà diventa molto complessa. Anche il Giappone, che pur ha uno Stato centralizzato come il nostro, sta provvedendo a realizzare il federalismo fiscale (spinto, in questa

---

[75] Le microimprese, come noto, non hanno una vera progettualità economica e finanziaria, vivono alla giornata, in continua emergenza. È facile che l'imprenditore concentri su di sé tutte le funzioni aziendali. La ricerca di nuovi clienti, sia nazionali che esteri, è spesso affidata al caso e ad attività promozionali di basso costo, anche perché tutto ruota intorno ai prodotti, che in genere sono di ottima qualità, artigianali nella stragrande maggioranza e con poche modifiche negli anni. In un mercato globalizzato come quello attuale il rischio che vengano subissate dalla concorrenza straniera è molto forte.

decisione, dalla lunga crisi economica degli anni Novanta e dall'enorme accumulo del debito pubblico).

In Italia si è convinti che con un debito pubblico così gigantesco (circa 35.000 euro a testa, inclusi i neonati), un qualunque federalismo porterebbe lo Stato alla bancarotta, poiché si pensa che le Regioni più ricche abbandonerebbero quelle più povere al loro destino. In realtà il federalismo potrebbe essere vissuto per gestire meglio il debito pubblico, da ripartirsi tra le Regioni in rapporto al loro prodotto interno lordo e in rapporto al numero degli abitanti. Lo Stato dovrebbe lasciare alle Regioni ampia autonomia, nel senso che esse potrebbe accollarsi l'onere del suddetto debito, chiedendo in cambio di pagare molte meno tasse allo Stato. Se la Regione fosse messa in grado di autogestirsi, i propri abitanti diventerebbero più responsabili, starebbero più attenti a come le istituzioni usano le risorse comuni. E la smetterebbero d'incolpare lo Stato per ogni cosa che non funziona.

In Italia il debito pubblico viaggia al 132% del PIL (in Germania è la metà): nessun governo è mai stato in grado di trovare misure efficaci per ridurlo in maniera progressiva. Andando avanti di questo passo, la prospettiva è quella di fare la fine della Grecia, ove si tocca quota 180% (da notare che, proprio per questa ragione, tutti sono convinti ch'essa abbia meritato d'essere strangolata dalle condizioni capestro della UE e del FMI). Senza poi considerare che la pretesa di un equilibrio di bilancio, da parte della UE, non fa che bloccare ulteriormente lo sviluppo capitalistico dei Paesi più indebitati, a vantaggio di quelli che hanno un debito molto più contenuto o delle economie più forti. Il debito nazionale è diventato un'arma di ricatto a livello europeo.

Tuttavia, se non si vuole che l'Italia fallisca, si dovrebbe almeno favorire il federalismo fiscale. In ogni caso non è possibile che agli italiani la UE riduca il potere politico col pretesto che non sanno gestire i loro soldi. Tra riserve assicurative (23,3%), azioni e partecipazioni (22,8%), contanti e depositi a vista (20,6%) gli italiani hanno un patrimonio enorme, che ammonta a 4.228 miliardi di euro, che è il doppio del loro debito. Risparmiamo senza investire. Questo vuol dire che l'enorme debito pubblico è stato causato da governi corrotti e da uno Stato inefficiente.

La UE, invece di minacciare continuamente la nostra sovranità nazionale, dovrebbe chiederci il contrario, cioè di pretendere una maggiore autonomia decisionale. Una parte del debito o anche tutto dovrebbe essere redistribuito a livello regionale, a condizione che gli italiani sappiano darsi gli strumenti per tenere sotto controllo le loro istituzioni. Questo si potrebbe fare facilmente se ci fosse il socialismo. In attesa che si realizzi, si dovrebbe almeno favorire il federalismo, che permette di ridurre le distanze tra cittadini e istituzioni. In Italia la corruzione è soprattutto politica, proprio perché i cittadini sono diventati fatalisti e lasciano che i politici facciano quel che vogliono. A partire dalle Signorie e soprattutto dai Principati di tipo machiavellico, passando per la lunga dominazione spagnola e austriaca, sostenuta dalla Controriforma di un papato assolutistico, per finire con l'autoritarismo dei Savoia, la dittatura fascista e il centralismo paternalistico della Democrazia cristiana, ereditato dalla coppia sciagurata di Craxi e Berlusconi, l'Italia è sempre stata caratterizzata da un'egemonia soffocante della politica, che ha indotto i cittadini a subire con molta rassegnazione i peggiori abusi. Ma in nessun popolo del mondo la pazienza ha dei limiti oltre i quali non sia destinata a trasformarsi nel suo contrario.

Il ruolo della Cina

Indubbiamente il crollo del cosiddetto "socialismo reale" ha rinviato nel tempo quello del capitalismo maturo. Agli imprenditori, infatti, non è parso vero di poter andare a investire i propri capitali in territori che fino a trent'anni fa erano quasi del tutto interdetti. Erano convinti di poter fare affari colossali in Paesi dove il livello tecnologico è sempre stato molto basso e dove la manodopera costa molto meno di quella occidentale e dove è possibile sfruttare nuove risorse naturali. I mercati, a partire dalla seconda metà degli anni Ottanta, hanno cominciato a estendersi sempre più.

Tuttavia l'occidente non è riuscito a prevedere l'impetuoso sviluppo capitalistico della Cina, la quale, per poter recuperare il tempo perduto e competere coi colossi aziendali dell'occidente, ha indotto la popolazione a lavorare 24 ore al giorno, senza mai rivendicare alcun diritto. La Cina "copia" le merci occidentali così come faceva il Giappone nel secondo dopoguerra. E se anche la qualità non è sempre alla pari, i prezzi restano imbattibili: mandano in rovina molto velocemente le "nostre" imprese.

Si è voluto abbattere il socialismo statale e ora si deve combattere un capitalismo molto più agguerrito ed efficiente del "nostro".[76] Si pensava di dover sfruttare risorse altrui e invece si viene mandati in rovina in una guerra semplicemente commerciale. Basterà difendersi col protezionismo? in un'economia globale e interconnessa come quella attuale? O si dovrà di nuovo ricorrere alla forza delle armi vere e proprie? Come può l'occidente trovare delle soluzioni pacifiche quando è sempre stato

---

[76] Non solo, ma quando la Cina investe nei Paesi del Terzo Mondo è molto agevolata dalla storia dell'ultimo mezzo millennio nel sostenere che il suo intervento non è "imperialistico" come quello occidentale.

abituato a comandare? Come può pretendere che il capitalismo cinese rispetti le "regole", quando "noi", al momento della partenza, non l'abbiamo mai fatto? "Noi" ci siamo dati delle regole per evitare di distruggerci a vicenda a colpi di cannone e oggi le dettiamo da posizioni di forza. Ma come può lo squalo pretendere che la balena resti sempre docile?

La storiografia del socialismo scientifico

Dal Medioevo alla Modernità

Una concezione della storia come nettamente dominata dall'economia e, in particolare, dalla tecnologia, pecca inevitabilmente di un certo unilateralismo. Ciò ha portato Engels a fare considerazioni del tutto errate circa il passaggio dal Medioevo alla Modernità.

Facciamo alcuni esempi. Anzitutto nell'*Anti-Dühring* egli non vede tanto i "servi della gleba", quanto piuttosto i "contadini liberi", quando in realtà questi erano un'eccezione e neanche lontanamente paragonabili ai "contadini" veri e propri, in quanto svolgevano piuttosto il mestiere del "capitalista agrario", cioè del coltivatore che produce per un mercato urbano, una figura sì "medievale", ma solo di alcune zone europee e solo dopo il Mille (Italia, Fiandre, alcune aree vitivinicole e fieristiche della Francia, l'area della Lega anseatica). Il rapporto fra seminato e raccolto resta sostanzialmente invariato fino al Trecento, proprio perché il servaggio era il modo prevalente di lavorare nelle campagne europee.

Dopodiché Engels sostiene, in maniera conseguente per lui ma non per la storiografia medievistica, che "i primi capitalisti trovarono già esistente la forma del lavoro salariato... come eccezione, occupazione ausiliaria, accessoria, fase transitoria". Poi spiega ciò dicendo che "il lavoratore agricolo che andava temporaneamente a lavorare a giornata, aveva il suo palmo di terra col quale, in mancanza di meglio, poteva vivere".

Cerchiamo quindi di capire. Al dire di Engels esistevano nel Medioevo dei contadini liberi, proprietari di un pezzo di terra appena sufficiente per far vivere la loro famiglia, i quali, per superare i limiti dell'autoconsumo, andavano a lavorare a giornata, sotto contratto, presso agricoltori più facoltosi. I capitalisti urbani scoprono la realtà di questo contratto e, da eccezione che era, ne fanno una regola. Il resto viene da sé, in maniera molto semplice e lineare.

In realtà la figura prevalente – almeno in Europa occidentale – era il contadino alle dipendenze di un signorotto locale, ed egli non aveva affatto la possibilità di arrotondare liberamente il suo magro reddito andando a lavorare a giornata presso terzi. Per tutto l'alto Medioevo non esistevano neppure redditi monetari e, a partire dal Mille, il contadino poteva ottenere del denaro soltanto andando sul mercato a vendere le proprie eccedenze, oppure riconvertendo una parte della propria produzione appositamente per le esigenze delle città. Col denaro guadagnato pagava al proprietario fondiario una rendita monetaria, sostituendo quella in natura e/o in *corvées*.

Nel corso dell'anno i contadini, liberi o servi che fossero, non avevano molte possibilità per dedicarsi ad attività lavorative sotto contratto al di fuori delle loro terre. È vero, i servi della gleba poteva essere "prestati" per una certa mansione da un nobile a un altro nobile; ed è anche vero che i contadini liberi, potevano fare, durante l'inverno, dei lavori saltuari dietro un certo compenso. Di regola però queste attività venivano svolte da contadini privi di terra, cioè da salariati agricoli, che nei tempi morti dell'agricoltura andavano in città a fare i manovali, cioè i mestieri più umili, pesanti, non qualificati. Ma non era sulla base di contratti del genere o di tali mansioni che sarebbe mai potuto nascere l'imprenditore borghese.

Quando i contadini liberi cominciarono a diventare degli affittuari in grado di assumere del personale per le terre che gestivano, il capitalismo era già nato nelle città. Il capitalismo non nasce quando i contadini liberi sono rovinati dalla concorrenza dei capitalisti agrari che si servono di fittavoli. Il capitalismo nasce quando gli imprenditori tessili inducono i feudatari a cacciare i servi della gleba dalle loro terre per trasformare gli arativi in prativi per le pecore, cioè per produrre lana; nasce quando le pluricolture per l'autoconsumo vengono indotte a trasformarsi in monocolture per soddisfare le esigenze urbane, dove la borghesia tende a dominare il contado. È l'industria tessile che distrugge il feudalesimo, e lo fa in una maniera che, ad un certo punto, appare drammatica.

Dunque a quali contadini fa riferimento Engels? A quelli inglesi del Seicento, che divennero liberi grazie alla rivoluzione calvinista di Cromwell, che fece diventare borghesi persino i nobili? I primi capitalisti non trovarono affatto già pronti i contratti salariali, legalmente scritti, ma se li dovettero inventare, e poterono farlo solo *dopo* aver liberato i contadini dalla servitù della gleba, al fine di poterli trasformare in operai salariati nelle loro aziende.

Il contratto lavorativo suppone la *libertà giuridica* di entrambi i contraenti, e questo nel Medioevo, in riferimento ai contadini, era impensabile. I contadini liberi erano un'infima minoranza e non sarebbero mai andati a lavorare come operai salariati, a meno che un capitalismo agrario molto sviluppato non li avesse rovinati coi prezzi troppo concorrenziali. Ma il primo tipo di capitalismo manifatturiero che riuscì a trionfare fu quello *tessile* e *urbano*, non quello agrario. I primi imprenditori dovevano aver capito che l'anello debole nelle campagne, da poter mettere a frutto, erano le *donne* coi loro *telai*. Tuttavia, per poterle convincere a produrre per loro, dovevano già esistere dei mercati urbani, in cui i magnati andavano a comprare ciò che non si trovava nel territorio locale, in genere quindi articoli esotici, di lusso. Il capitalismo non nasce quando il mercante vende su un mercato urbano una merce introvabile nel contesto locale, che solo un nobile poteva acquistare, avendo essa un prezzo proibitivo per i contadini. Ma nasce quando il nobile, per poter riacquistare quella stessa merce e altre ancora, impone ai propri contadini delle condizioni vessatorie irreversibili.[77]

Sin dai suoi esordi, il capitalismo ha voluto basarsi su una propaganda ingannevole, quella di far credere che, comprando cose non strettamente necessarie, si diventa migliori, più importanti, oggetto d'invidia e di emulazione. Il capitalismo non ha vinto il feudalesimo perché aveva una tecnologia infinitamente "superiore" (con cui, secondo Engels, poteva anche "socializzare" il lavoro, come se nel Medioevo tutti i contadini non vivessero in comunità di villaggio o rurali); ma ha vinto perché le città hanno subordinato, in parte con l'inganno, in parte con la forza, le campagne circostanti, imponendo ai proprietari terrieri il tipo di derrate agricole che i contadini dovevano produrre.

Con l'appoggio della Chiesa la borghesia assicurava una certa immunità, entro le mura urbane, ai servi della gleba che fuggivano dal feudo: era sufficiente non aver compiuto delitti contro la persona. Essa infatti aveva bisogno, nelle proprie manifatture, di manodopera a basso costo. Quando le rivoluzioni borghesi imposero il principio che di fronte alla legge si è tutti uguali, il contratto salariale divenne la regola. La dipendenza del lavoratore da "personale" divenne "contrattuale". Senza questi presupposti il capitalismo non sarebbe mai nato. Lo sviluppo della tecnologia fu solo una conseguenza. I primi capitalisti non avevano alcuna tecnologia, ma si limitavano a fornire la materia prima alle contadine che nelle loro case usavano i telai per produrre tutto il tessile di cui la famiglia aveva bisogno.

Quando arrivò il capitalista (che, in tal caso, era solo un commerciante un po' più industrioso di quello che faceva lunghi viaggi in oriente alla ricerca di oggetti lussuosi), le donne finiranno col produrre anche per lui sulla base di un qualche contratto. Il capitalismo nasce quando il commerciante delle lunghe distanze riesce a trasformarsi in imprenditore locale, sfruttando il lavoro altrui. Solo dopo un certo tempo l'imprenditore era in grado di mettere in piedi una propria filanda con molti telai, tecni-

---

[77] È noto che una parte della nobiltà, volendo comprare le merci borghesi e non avendo grandi disponibilità di denaro, ma solo di terre, finì nelle mani degli usurai, da cui poteva liberarsi o vessando all'inverosimile i propri contadini o cedendo quote significative dei propri possedimenti ai borghesi. Tuttavia il capitalismo non nasce dall'usura, la quale lo presuppone e che, per certi versi, lo ostacola nel suo sviluppo, tant'è che dalla piaga dell'usura sorgeranno, come alternativa, i monti di pietà (XV sec.).

camente migliorati, chiedendo alle donne di trasferirsi in città. Il capitalismo è nato grazie al lavoro sottopagato al telaio delle donne e persino dei fanciulli, mentre nelle campagne i latifondisti o trasformavano gli arativi in pascoli, per fornire lana grezza agli imprenditori tessili, oppure mettevano a coltura solo i prodotti più convenienti sul mercato urbano. Fu la nascita della città, prima ancora della tecnologia, a convincere mercanti, artigiani e liberi professionisti che si poteva creare un'alternativa al feudalesimo. E, nell'ambito di quest'ultimo, furono i piccoli nobili (esclusi dall'asse ereditario) i primi a convincersi che sarebbe stato meglio offrire i loro servigi militari e polizieschi alle amministrazioni comunali, piuttosto che cercare fortuna in rischiose crociate o fare i mercenari per il nobile che li avesse pagati meglio o piegarsi a una carriera ecclesiastica senza averne la vocazione.

In sostanza, ciò che Engels ha frainteso è che non ci fu, propriamente parlando, un passaggio dallo sviluppo tecnologico a quello economico borghese, ma, in un certo senso, il contrario. La tecnologia prese a svilupparsi in maniera significativa quando nelle campagne, a causa dell'egemonia esercitata dalle città, arricchitesi grazie ai commerci sulle lunghe distanze[78], si svolgevano tre processi concomitanti: 1. introdurre monocolture alimentari ad usum mercato urbano; 2. investire in grandi mandrie di pecore per produrre lana pregiata; 3. trasformare i telai domestici in strumenti per ottenere ingenti profitti. In Italia, inizialmente, ci si arricchì in questa maniera; e fu qui che nacque il capitalismo, non in Inghilterra, che al tempo dei Comuni borghesi italiani era ancora completamente feudale. Poi vennero gli aspetti più propriamente finanziari e bancari. L'unica tecnologia esistente era quella costituita dal tessile e il tessile era gestito dalle donne, da sempre.

I contadini che lavoravano direttamente la terra e che raccoglievano legna e frutti spontanei nei boschi e che andavano a caccia di animali selvatici o che pescavano nelle acque di fiumi, laghi, mari, e che andavano in guerra al seguito del loro "signore", erano uomini "tuttofare", che, alla bisogna, sapevano trasformarsi in falegnami, muratori, carpentieri, sterratori, scarriolanti, ecc. Non era certo a motivo di questa loro versatilità che poteva nascere il capitalismo. L'imprenditore borghese era tutto concentrato su un unico prodotto da vendere e aveva bisogno di manodopera specializzata da sfruttare: ecco perché trovò conveniente rivolgersi alle donne.

---

[78] Si pensi solo alla mitica figura di Marco Polo o alle motivazioni con cui si facevano le crociate, oppure all'occupazione militare, prima araba poi turca, del Medioriente, che costrinse a cercare nuove rotte commerciali circumnavigando l'Africa o attraversando l'Atlantico.

Engels sostiene che il capitalismo si inserisce "in una società di produttori di merci, di produttori individuali, il cui nesso sociale era determinato dallo scambio dei loro prodotti", poiché vuole mostrare che tra feudalesimo e capitalismo vi fu una certa continuità, una certa evoluzione e non una rottura traumatica. Il vero motivo di vittoria non fu quindi l'inganno e la violenza, ma solo la diversa tecnologia.

Questa è un'analisi storica completamente sbagliata. L'idea stessa di un prodotto usato come "merce" esisteva solo nei mercanti che acquistavano in oriente prodotti esotici, introvabili in occidente, come p.es. le spezie, i cristalli, i broccati, le pellicce... Ma si trattava di una vendita di oggetti particolari, che solo pochissime persone potevano permettersi. La gente comune, al massimo, comprava il sale. Quando i contadini, che praticavano l'autoconsumo, andavano nei mercati, acquistavano, in genere, capi di bestiame, animali per l'aia, attrezzi agricoli, sementi... Prima di poter spazzare via tutto ciò, ci vorranno dei secoli: in Italia la vera svolta che rese il capitalismo un fenomeno assolutamente nazionale, tanto che si cominciò a parlare di "consumismo di massa", avvenne solo dopo la II guerra mondiale, con l'egemonia statunitense in Europa occidentale.

Il "nesso sociale" dei produttori medievali non era affatto determinato – come vuole Engels – dallo "scambio dei loro prodotti", a meno che non ci si voglia riferire a un mondo rurale completamente imborghesito. Un'affermazione del genere non può avere alcun senso in un sistema sociale basato prevalentemente sull'*autoconsumo*, per il quale l'accesso al mercato era saltuario e per cose non essenziali alla sopravvivenza della comunità di villaggio o della famiglia patriarcale. I mercati non avevano certo la periodicità che hanno oggi, anzi, prima ancora che nascessero esistevano solo le fiere annuali riservate ai mercanti all'ingrosso.

I "nessi sociali", in una società basata sull'autoconsumo, erano anzitutto "sociali" e non anzitutto "economici". Ma qui non è solo Engels che confonde "sociale" con "economico", inglobando il primo nel secondo: è tutto il socialismo scientifico che ricalca questo riduzionismo borghese. Egli ha preteso di dimostrare che il capitalismo, favorendo la produzione "sociale", in quanto riunisce in un unico luogo (la fabbrica) tutti i lavoratori che occorrono, è nettamente superiore a qualunque altro sistema economico: lo è quindi per motivi *tecnologici*, e di questo vantaggio gli stessi imprenditori, attaccati come sono alla loro proprietà privata, non si rendono conto sino in fondo, altrimenti avrebbero già accettato il socialismo, che, sul piano produttivo, è sicuramente più razionale. Ma le sue analisi non "dimostrano" proprio nulla.

Socialismo scientifico contro autoconsumo

Si faccia ora attenzione a questa strana argomentazione storico-economica: "ogni società fondata sulla produzione di merci ha questo di particolare: che in essa i produttori hanno perduto il dominio sui loro propri rapporti sociali. Ognuno produce per sé con mezzi di produzione che casualmente possiede e per il fabbisogno del suo scambio individuale".

Engels vede solo produttori liberi e individualisti. Poi aggiunge: "Nessuno sa né quale quantità del suo articolo arriva al mercato, né, in generale, quale quantità ne è richiesta; nessuno sa se il suo prodotto individuale risponde a un effettivo bisogno, né se potrà cavarne le spese, né se in generale potrà vendere. Domina l'anarchia della produzione sociale". E lui poteva dirlo per esperienza personale, visto che per vent'anni aveva lavorato nell'azienda del padre.

A suo parere l'autoconsumo è cosa "primitiva", di quel periodo storico in cui l'uomo assomigliava all'animale. Le civiltà iniziano solo con gli scambi commerciali delle persone libere. Egli è convinto che tutte le società commerciali siano individualistiche e quindi incapaci di razionalità. La gente produce alla cieca, proprio perché non è abituata a confrontarsi alla pari coi propri simili. Se Engels avesse assolutamente ragione nel descrivere tali civiltà, si farebbe molta fatica a capire come abbiano potuto sopravvivere per migliaia di anni. In mezzo a un'anarchia del genere avrebbero dovuto disintegrarsi molto presto.

Tuttavia il suo obiettivo è un altro, quello di far capire ai borghesi che se essi rinunciano al loro individualismo, potranno ottenere dai loro stessi mezzi di produzione infinitamente di più, proprio a motivo del fatto che gli stessi lavoratori sarebbero interessati a migliorarne di continuo l'efficienza. Engels, qui, fa un discorso meramente economico, senza rendersi conto che tutta la sofisticata tecnologia prodotta dal capitalismo è funzionale a esigenze di mero profitto e solo secondariamente a soddisfare bisogni. Se il bisogno fosse prioritario, il livello tecnologico sarebbe di qualità inferiore o comunque non subirebbe mutamenti così incalzanti, dovuti alla competizione senza tregua.

Peraltro, se è vero che il miglioramento della qualità (nel contenuto della merce o nei macchinari per produrla) è in relazione all'antagonismo tra le imprese, è anche vero che in una situazione di monopolio la qualità tende a scadere, in quanto l'impresa, a livello nazionale, si accontenta di acquisire un profitto garantito, facendo leva anche sui dazi doganali nei confronti delle imprese estere che producono la stessa merce.[79] In

---

[79] Le innovazioni tecnologiche sono scarse anche là dove il costo del lavoro è molto basso e non si è costretti a competere con agguerriti rivali: ciò p.es. avvie-

Italia la Fiat è stata l'esempio più eclatante di questa politica industriale monopolistica almeno sino alla nascita dell'Unione Europea, quando il mercato unico è diventato sovranazionale. Non a caso essa, dopo aver assorbito varie case automobilistiche, ha potuto investire gran parte dei propri capitali in settori industriali completamente diversi dal proprio, poi progressivamente abbandonati quando il problema n. 1 era diventato la ristrutturazione in un mercato europeo e mondiale. Il monopolio non garantisce affatto un'importante innovazione tecnologica se non è costretto dalla concorrenza.

Che poi la tecnologia capitalistica garantisca di per sé un'efficienza sempre migliore delle merci è cosa che può essere negata anche dalla semplice vita quotidiana. Mezzo secolo fa le aziende, per sfondare sul mercato, producevano elettrodomestici praticamente indistruttibili: si sostituivano ch'erano ancora in funzione. Oggi, pur con tutti gli accessori informatici e gli accorgimenti a favore dell'ambiente, se durano una decina d'anni è un miracolo. Sembrano prodotti destinati ad autodistruggersi entro un tempo piuttosto limitato. Sostituire singoli pezzi usurati è diventato, per svariate ragioni, praticamente impossibile: la ditta è fallita, il tecnico è introvabile, il ricambio è molto costoso e l'intera macchina non rispecchia più i canoni moderni, pur avendo essa pochi anni di vita. È forse stato un caso che sotto il cosiddetto "socialismo reale" si producessero beni destinati a durare nel tempo, anche se non erano particolarmente sofisticati?

Questo per dire che tutta la tecnologia presente nel capitalismo va profondamente ripensata, partendo p.es. da queste considerazioni: se essa non è di lunga durata, se non soddisfa esigenze reali e non indotte dai mercati, e se non è riciclabile o riutilizzabile in altre forme, andrebbe messa al bando. Il criterio per capire se uno strumento merita di esistere dovrebbe essere offerto dalla stessa natura. Nessun rapporto sociale, nessuna attività lavorativa può dirsi davvero "umana" se non rispetta le esigenze riproduttive della natura. Engels era piuttosto lontano dal capire una verità così elementare.

Il capitalismo ha avuto la pretesa, attraverso l'info-telematica, di poter controllare molto meglio le proprie contraddizioni, ma è illusorio pensare di poterlo fare quando gli antagonismi sono sempre più globali. Neppure i grandi istituti finanziari mondiali né le agenzie di rating sono in grado di prevedere il momento in cui avvengono gravi crisi di sistema, la loro intensità planetaria, la loro durata... e tanto meno sono in grado d'impedirle. Anzi, quando sarebbero in grado di farlo, si guardano bene

ne quando determinate imprese riescono ad ottenere una presenza esclusiva da parte degli Stati che le ospitano e le proteggono dalla concorrenza.

dal prendere misure opportune, poiché sanno anche che il capitale ha bisogno di compiere periodiche operazioni distruttive per poter risorgere più forte di prima.

Sanno bene anche che il capitale non può avere scrupoli di sorta quando all'orizzonte si profilano ipotesi di alternativa al sistema. È una legge elementare della storia, quella secondo cui la mancata soluzione di un antagonismo sociale, nel momento in cui appare per la prima volta, renderà col tempo tale antagonismo ancora più difficilmente risolvibile, soprattutto se chi lo impone si sarà, nel frattempo, attrezzato con strumenti di controllo più sofisticati. Se, nonostante questo, si parla ancora di "alternativa al sistema", o se sulla scena entrano in gioco nuovi competitori, che vogliono allargarsi a spese degli altri, la reazione può essere incontrollata. Le conseguenze di tali antagonismi avranno un tasso di catastroficità proporzionale al livello qualitativo ed estensivo (sul piano geografico) della tecnologia impiegata per controllarli. Il ritorno al comunismo primitivo sembra essere in una relazione di prossimità proprio a ciò che, in apparenza, appare lontanissimo. È come se si dovesse chiudere un cerchio, in cui l'alfa e l'omega giungono a toccarsi.

Feudalesimo e autoconsumo

La descrizione che Engels fa del feudalesimo alle pp. 328-29 dell'*Anti-Dühring* è sostanzialmente corretta. Il che però fa pensare che quando parlava di "produttori liberi e individualisti" si riferisse a un capitalismo meramente commerciale, destinato a essere inglobato in quello più propriamente industriale.

Tuttavia questa sembra essere una descrizione posticcia, aggiunta in un secondo momento, forse dietro suggerimento dello stesso Marx, che aveva sicuramente letto il manoscritto. Infatti non si è rispettata la cronologia storica. Engels sembra riprendere il discorso sulla formazione del capitalismo da un'angolazione diversa. Ora finalmente dice che il prodotto del lavoro diventa "merce" solo quando è "eccedente" ai bisogni naturali di chi lo realizza.

In realtà non è neppure questo che fa nascere il capitalismo, il quale, quando riesce a penetrare nelle campagne, può farlo perché s'era già affermato nelle città, grazie ai mercanti trasformatisi in imprenditori tessili, dopo che avevano fatto fortuna coi commerci sulle lunghe distanze o coi prodotti lussuosi.

Il borghese era uno sradicato che non voleva sottostare alle prepotenze del nobile e non credeva nella capacità di ribellione dei contadini, né era interessato a fare una qualche carriera ecclesiastica. Era un individualista che pensava di arricchirsi a suo rischio e pericolo, confidando solo nelle sue capacità affaristiche. L'estraneazione dalla sua comunità d'origine lo portava ad avere un tasso di eticità poco sviluppato.

In vari punti dell'*Anti-Dühring* Engels definisce "merci" tutti i prodotti oggetto di scambio mercantile. È un errore. Le vere "merci" non sono quelle che provengono da un surplus dell'autoconsumo, ma quelle il cui *valore di scambio* è superiore al *valore d'uso*, in quanto sono merci prodotte più per essere vendute che per soddisfare un bisogno essenziale. Infatti le prime "merci" furono quelle lussuose, che pochi si potevano permettere. Poi sono venute fuori le merci in serie, prodotte ai telai o nei forni, qualitativamente quasi identiche. Furono appunto queste merci seriali a eliminare l'egemonia dell'artigianato urbano, il quale, avendo una significativa componente manuale, era costretto a porre dei prezzi elevati, soprattutto se il cliente pretendeva qualcosa di qualità e di unicità. In caso contrario ci si doveva accontentare dell'artigianato rurale, quello improvvisato dal contadino quando ve n'era necessità, o quello abituale delle donne al telaio.

Le merci hanno un prezzo di mercato che quasi mai coincide col loro effettivo valore, poiché alla determinazione del prezzo concorrono fattori molto diversi tra loro, i cui costi non sono facilmente preventivabili. Non basta calcolare il tempo di lavoro socialmente necessario di un operaio medio: bisogna tener conto anche del gioco della domanda e dell'offerta sul mercato, che può subire variazioni, per molti motivi, del tutto imprevedibili.[80]

Viceversa, quando si usa il baratto come metodo di scambio o quando si acquistano prodotti di uso comune e quotidiano, è tutto molto più semplice, poiché si conosce il tempo di produzione, la fatica impiegata, l'ingegno profuso... Non è affatto vero – come dice Engels – che le leggi del commercio "si attuano senza i produttori e contro i produttori, come leggi naturali della loro forma di produzione agenti ciecamente". Il prodotto "domina" i produttori solo nell'ambito del capitalismo, non in quello dell'*autoconsumo* e quindi del *baratto*. Laddove si devono soddisfare esigenze primarie, la comunità locale autogestita sa bene fin dove possono arrivare le proprie capacità, sa bene che valore dare ai prodotti, e non è disposta ad acquistare quelli altrui, se ciò può minare la propria indipendenza produttiva, la propria autonomia gestionale. Esiste una bella differenza, nel concetto di "merce", tra un guadagno ottenuto da un'ecce-

---

[80] Oggi, con un mercato quotidiano su scala internazionale, è sufficiente che in una qualunque area del pianeta avvenga, per una qualche ragione, una grave crisi economica o finanziaria, per produrre conseguenze, più o meno immediate, sull'intero pianeta. Tutto è diventato così interconnesso che assumere delle decisioni di tipo "nazionalistico" sta diventando una cosa priva di senso.

denza dell'autoconsumo, e un guadagno ottenuto da un surplus che serve
per pagare al nobile un affitto monetario, da lui richiesto a motivo del
fatto che con la rendita in denaro vuole acquistare beni pregiati nel mercato urbano.

La comunità basata sull'autoconsumo non si sente minacciata da
altre comunità analoghe che, come essa, smerciano le loro eccedenze.
Viceversa, se questi "esuberi" vengono venduti da un imprenditore, che
se li è procurati sfruttando industrialmente il lavoro altrui, allo scopo di
ricavarci un profitto puramente monetario, allora la comunità autogestita
che produce lo stesso bene o un bene equivalente, può sentirsi minacciata, in quanto avrà sicuramente dei prezzi superiori, per unità di prodotto,
da proporre al mercato. L'organizzazione di una produzione in serie man-
da sempre in rovina il lavoro artigianale autonomo, costringendo l'artigiano a trasformarsi in operaio salariato.

La storia come processo senza soggetto

Il socialismo scientifico non può ridurre gli esseri umani a soggetti senza personalità, che non sanno quello che fanno, o che si lasciano
trascinare da eventi giudicati troppo superiori alla loro volontà. Marx,
che non ha mai formulato il concetto di "socialismo scientifico", non
avrebbe potuto accettare una visione così semplicistica delle cose. Il fatto
che non si sia opposto in maniera esplicita ad alcune tesi dell'*Anti-Dühring* può anche essere dipeso dalla sua totale dipendenza dalle finanze di
Engels. Quel che ha dimostrato Marx nel *Capitale* non è stato il passaggio automatico dal comunismo primitivo (che si metterà a studiare solo
dopo la pubblicazione del I volume) a una formazione sociale antagonistica, ma il passaggio dal tardo feudalesimo inglese, distrutto dalla rivoluzione borghese, al capitalismo vero e proprio, in forza della pressione
commerciale olandese, che aveva bisogno di lana grezza per le proprie
imprese tessili.

La borghesia inglese, di religione calvinista, ebbe la meglio, economicamente, sulla nobiltà grazie a una rivoluzione piuttosto cruenta, ma
anche grazie al fatto che la nobiltà sopravvissuta decise d'imborghesirsi.
Marx disse semplicemente, sul piano storico, che il passaggio dal feudalesimo al capitalismo fu qualcosa di necessario, in quanto il feudalesimo
parassitario, basato sulla rendita agraria, aveva fatto il suo tempo e non
poteva reggere il confronto con una classe che faceva del lavoro e dell'attività commerciale e manifatturiera la propria ricchezza.

D'altra parte era facile giungere a una conclusione del genere. Gli
storici potevano individuare tracce di capitalismo in Europa sin dalla nascita dei Comuni italiani e nel potente sviluppo delle Fiandre e delle città

anseatiche, e anche in talune zone francesi ove si tenevano importanti fiere europee. L'Inghilterra di Cromwell si limitò a prendere atto che un piccolo Paese come l'Olanda era incredibilmente ricco a causa dell'industria tessile e del commercio internazionale delle spezie, oltre ad altre importanti industrie (p.es. tulipani, strumenti ottici, ecc.). Nel XVII sec. l'Italia, rovinata dalla Controriforma, non aveva più niente da dire sul piano economico; e la Germania, ove pur aveva trionfato la Riforma, non ebbe una borghesia così forte da imporsi sui proprietari fondiari, sicché il capitalismo fu soffocato sul nascere, e ci vorrà il nazifascismo per farlo risorgere in tutta la propria bellicosità.

Tuttavia Marx era perfettamente consapevole che, a parità di condizioni economiche, possono imboccarsi strade molto diverse tra loro, per cui non sempre si può parlare di "necessità storica". Engels ha voluto dare del *Capitale* un'interpretazione riduzionistica, anche se è vero quel che dice: Marx ha provato "che ad un certo grado di sviluppo la produzione di merci si trasforma in produzione capitalistica". È evidente, infatti, che i passaggi dal capitalismo meramente commerciale a quello manifatturiero e da questo a quello industriale vero e proprio avvengono con molta più facilità che non quello dalla proprietà pubblica a quella privata. Quando le basi della proprietà privata sono poste, la lotta furibonda si svolge soltanto tra i proprietari terrieri, che hanno tutto il potere politico, e i proprietari di capitali, che ambiscono ad averlo: un classico esempio di tale competizione è la lotta nel mondo romano tra senatori e cavalieri.[81] E in questa lotta generalmente hanno la meglio i proprietari di capitali, più spregiudicati nella loro attività e con pochi scrupoli morali, salvo concludere con gli agrari un patto di mutuo interesse per spartirsi il potere e opporsi alle rivendicazioni dei nullatenenti.

Il diritto di proprietà, fondato sul proprio lavoro, è *già* un diritto borghese moderno. È un diritto che si oppone al privilegio di possedere una proprietà terriera privata, conseguita con l'uso della forza fisica o militare e trasmessa per via ereditaria. L'aristocrazia fondiaria è sempre, fondamentalmente, un ceto militare, che, sotto l'impulso egemonico borghese, si trasformerà progressivamente in un ceto burocratico, amministrativo, diplomatico...

Quando la borghesia "illuminata" rivendica la proprietà privata sulla base del lavoro personale, appare più democratica della nobiltà, abituata al lusso e ai vizi; ma, appena acquisita tale proprietà e ottenuta, in

---

[81] Nella tarda età repubblicana cominciò ad affermarsi economicamente la classe sociale degli *equites*, che traeva le proprie ricchezze non dall'agricoltura, come i senatori, bensì dal commercio, dalle industrie e dalla finanza (riscossione delle imposte e prestiti a interesse).

forza di essa, un peso politico adeguato, la stessa borghesia si presenta
come una classe oppressiva, che aspira a vivere sulle spalle del lavoro altrui, esattamente come la nobiltà, con la differenza che non si accontenta
di una rendita fondiaria, ma vuole mettere a profitto i propri capitali in
imprese industriali e/o finanziarie.

Il superamento della religione

L'ateismo del comunismo primitivo

È impossibile dar torto a Engels quando considera ridicola l'idea di Dühring di "abolire" la religione nella società socialista. Infatti il socialismo scientifico ha sempre detto ch'essa è soltanto un epifenomeno, una sovrastruttura che si estinguerà da sé, insieme allo Stato politico, quando il socialismo sarà realizzato.

Ciò che non piace, nella sintesi engelsiana sulla posizione del socialismo in merito al fenomeno religioso, è un'altra cosa. Scrive nel suo *Anti-Dühring*: "Agli inizi della storia sono anzitutto le potenze della natura quelle che subiscono questo riflesso...", assumendo col tempo "svariate e variopinte personificazioni". Quale riflesso? "Ogni religione non è altro che il fantastico riflesso nella testa degli uomini di quelle potenze esterne che dominano la sua esistenza quotidiana, riflesso nel quale le potenze terrene assumono la forma di potenze ultraterrene".

Molto feuerbachiana questa definizione della religione. Cerchiamo di capir bene cosa Engels voleva dire. Anzitutto non si sta riferendo alle religioni politeistiche, tipiche dello schiavismo, poiché subito dopo parla di "mitologia comparata" dei popoli indoeuropei, di cui i Veda induistici costituiscono l'origine ancestrale. Egli si sta riferendo alle religioni più primitive, quelle clanico-tribali, cioè quelle passate alla storia col nome di "totemico-animistiche".

Queste però non erano religioni che riflettevano rapporti sociali di tipo antagonistico. Erano dunque così alienanti? così predisposte a fuorviare gli uomini dall'idea di doversi liberare da rapporti sociali frustrati? Assolutamente no, anche perché appunto non esisteva ancora lo schiavismo.

Ma facciamo ora mente locale e cerchiamo di ricordare come sono fatte le tante pitture rupestri dell'uomo preistorico trovate in vari luoghi del pianeta. Presentano forse una simbologia magico-religiosa o animistico-totemica? Purtroppo per Engels dobbiamo dire che appaiono molto realistiche e naturalistiche, per quanto le figure siano stilizzate, appena abbozzate. Esse dovevano soltanto rimandare ad altro, non avevano la pretesa d'aver un significato in sé. Il pittore preistorico non voleva rappresentare tutto se stesso, né faceva della sua arte una forma di consolazione o di evasione o di protesta in rapporto alle contraddizioni della sua vita. Picasso rimase molto stupito di questo realismo ingenuo e cercò d'imitarlo nelle sue raffigurazioni dei tori.

Ora, perché questa assenza di riferimenti religiosi? Il motivo è molto semplice: nel comunismo primitivo non esisteva alcuna religione. Il fatto che seppellissero i loro morti con tutto ciò che d'importante avevano usato in vita, non voleva affatto dire che basassero la loro esistenza in funzione di una credenza religiosa. Non c'erano sacerdoti che si distinguevano dal resto della comunità, rivendicando un potere particolare. Se c'erano sciamani o stregoni, non svolgevano riti non compatibili con le funzioni attribuite alla natura. Alcuni eminenti studiosi han detto che non c'era la religione perché il cervello degli uomini primitivi non era sufficientemente sviluppato. Allora non lo è neppure quello dei socialisti! Ancora oggi ci si imbatte in qualche studioso di mentalità borghese che legge il passato con gli occhi del presente o che ritiene sia impossibile non credere in un'entità superiore.

Gli uomini primitivi erano forse religiosi perché mancava la scienza? Ma la fede cieca nella scienza non rende forse altrettanto superstiziosi? L'unica vera scienza è forse quella occidentale? La conoscenza diretta della natura, trasmessa per prove ed errori attraverso le generazioni, va considerata non scientifica? La scienza è davvero "scientifica" solo quando fa esperimenti in laboratori asettici, neutrali, non influenzati dall'ambiente esterno? La vera scienza è soltanto quella che sa "dominare" la natura perché ne conosce a fondo tutte le sue leggi?

Sono tutte domande le cui risposte, oggi, dovrebbero essere scontate, anche perché l'uomo primitivo, avendo una visione *olistica* delle cose, era inevitabilmente molto più scientifico degli odierni scienziati, sempre molto settoriali e privi di senso etico, in quanto, se sono idealisti, non si ritengono responsabili quando le loro ricerche vengono usate dalla politica o dall'economia in maniera negativa, oppure, se sono venali, si chiedono come ricavare dalle loro ricerche un utile economico. Quando parliamo di medicina non stiamo forse lì a chiederci perché in occidente si curi soltanto l'organo malato e non si abbia un vero rapporto col paziente?

Vivendo rapporti sociali naturali, l'uomo primitivo non poteva avere alcuna religione, e se aveva delle credenze che oggi qualifichiamo, sbagliando, col termine di "religiose", esse non lo facevano sentire in balìa delle forze della natura, non provenivano da un senso d'impotenza nei confronti di tali forze, poiché la natura era considerata "madre", non "matrigna". Semmai è sotto lo schiavismo che si inizia ad attribuire a forze innaturali o sovrannaturali la causa e, insieme, il rimedio delle proprie frustrazioni. È così che si creano delle personificazioni simboliche, astratte, di ciò che si vive (il male) e che si vorrebbe vivere (il bene) nella realtà.

Gli uomini primitivi non si sentivano "dominati" dalla natura, né avvertivano il desiderio di "dominarla". Per loro la natura era una partner dotata di personalità autonoma (che, p.es., non si poteva ferire con l'uso dell'aratro, per non devastarne il ventre, come dicevano tante popolazioni antiche). Era considerata una madre severa, esigente, ma anche protettiva, rassicurante, con cui misurarsi alla pari, man mano che si diventava adulti, senza mai scordarsi che gli esseri umani sono tutti "figli della natura". Concepivano la natura come fonte esclusiva[82] delle loro risorse, della loro stessa vita. Se per il fatto di ritenerla una sorta di "divinità" è necessario definirli "religiosi", indubbiamente lo erano. Ma allora dovremmo considerare tali anche gli antichi filosofi ilozoisti o panpsichisti, quando invece erano fondamentalmente atei.

Credere che esista un aldilà o che la morte sia una forma di passaggio da un'esistenza a un'altra non significa essere "religiosi", poiché anche la scienza parla di eternità e infinità della materia e dell'universo che la contiene, e della sua perenne trasformazione. Per non essere "religiosi" è sufficiente non credere in un dio onnipotente, onnisciente, onnipresente, preveggente..., in grado di leggere il pensiero umano, di anticiparne le decisioni, di condizionarne le scelte, di indurlo in tentazione e altre amenità del genere, che fanno sentire l'uomo una marionetta nelle mani di dio. Chi crede nell'eternità della natura, non ha bisogno di credere in dio, oppure crederà in un dio che sostanzialmente avrà caratteristiche umane. Il livello massimo di religione che potevano avere gli uomini preistorici era il *culto degli antenati*, che è quanto di più umano vi possa essere.

Schiavismo e paganesimo

Il secondo aspetto sbagliato nella sintesi di Engels, sullo sviluppo del fenomeno religioso, è che non mette in relazione il paganesimo con lo schiavismo. Eppure avrebbe dovuto essere scontato. Tutte le religione cosiddette "pagane" o politeistiche sono nate quando *già* esisteva la fine del comunismo primitivo. Tali religioni avvertivano la natura come un pericolo o una minaccia, in quanto gli uomini vivevano così i loro rapporti sociali. Cioè consideravano la natura uno strumento nelle mani degli dèi, che lo usavano a loro discrezione, il più delle volte per punire gli uomini di qualche mancanza; oppure veniva invocato l'aiuto degli dèi per nuocere al nemico.

Non è mai esistito – come invece dice Engels – un periodo in cui

---

[82] Oggi non usiamo più il termine "esclusiva" ma "prioritaria", in quanto ci vantiamo di poter costruire artificialmente ciò di cui abbiamo bisogno.

gli uomini temevano le forze della natura, antecedente a un secondo periodo in cui hanno iniziato a temere le forze sociali antagonistiche. Dopo la fine del comunismo primitivo l'uomo ha subito avvertito il proprio simile come un nemico, e là dove non riusciva a sconfiggerlo, a sottometterlo, s'inventava delle forze supplementari astratte che potessero aiutarlo. Oppure chi era in grado d'imporsi con la forza o l'astuzia, escogitava delle entità simboliche per giustificare la propria superiorità.

Che poi sotto il paganesimo ci fossero tante divinità, mentre sotto le cosiddette "religioni del libro" ve ne fosse una sola, non ha molta importanza. Forse le religioni monoteistiche sono emerse quando il peso dei condizionamenti sociali antagonistici era troppo forte per essere sopportato. Esse infatti appaiono come una forma d'illusione a un livello superiore, più astratto e sofisticato: hanno sostituito qualcosa che aveva fatto il suo tempo, nella convinzione che occorressero ideali più elevati, da realizzarsi a tutti i costi. Le religioni monoteistiche sono legate più alla storia che non alla natura, più all'azione che non alla contemplazione, più a una organizzazione collettivistica con addentellati politici che non a un approccio alla divinità di tipo clanico-parentale o individuale, più a una sensibilità universale che non a un riferimento urbano o locale, più a rigidi dogmi che non a riti conformi ai ritmi della natura. Il passaggio da tante divinità che si possono rappresentare visivamente a un unico dio non rappresentabile o, come nel cristianesimo, a un personaggio che insieme è umano e divino, potrebbe anche essere visto come una forma di criptoateismo, di disincantamento da una certa ingenuità di fondo.

Insomma la formazione e lo sviluppo delle religioni sono stati molto sfaccettati nei secoli e nei diversi luoghi geografici, per cui non è possibile stabilire un "prima" e un "dopo" tra una forma e l'altra. L'unica cosa che si può dire è che, se si escludono le religioni animistico-totemiche, tutte le altre riflettono rapporti sociali conflittuali, cui s'è cercato di trovare una spiegazione fantastica a seconda delle circostanze. Tutti gli dèi servono per giustificare la posizione delle classi dominanti, o possono essere inventati per contrastare tale posizione. Le divinità possono assumere col tempo nomi, funzioni, caratteristiche, modalità d'azione... incredibilmente diversi, a seconda della fantasia umana: quello che non cambia è che esse vengono sempre usate in rapporto agli antagonismi sociali.

Anche oggi esistono divinità laicizzate che chiamiamo Stato politico, Libero mercato, Scienza laboratoriale, Diritti umani universali, Democrazia parlamentare... Persino la Scrittura, rispetto alla semplice Oralità, è considerata una divinità. Siamo in grado di "deificare" qualunque cosa, vivendo in sua funzione, sottomettendoci come servi: il denaro da accumulare, lo shopping per spendere il denaro accumulato, il sesso da godere, la droga per evadere, lo sport della squadra del cuore, l'attività ginnica che tiene sempre in forma, la medicina che risolve ogni problema fisico, l'alimentazione che rende sani, giovani e belli, i film che fanno sognare, la musica che distrae, le chat che coinvolgono, il gioco d'azzardo che ipnotizza, l'analista cui confidare i nostri problemi... Quando dominano i rapporti antagonistici, tutto può essere trasformato in una "religione", persino l'ideologia con cui vengono criticati questi rapporti.

La religione è una fissazione da cui è molto difficile liberarsi, se non ci si libera di ciò che la origina. Con uno sforzo di volontà personale al massimo si può passare da una fissazione a un'altra. Tutto può diventare una forma di dipendenza, esattamente come le classiche religioni. L'oppio dei popoli oggi è il capitalismo, ma, in alcuni Paesi del mondo, per 70 anni è stato il cosiddetto "socialismo reale". Gli stessi Marx ed Engels avevano il culto per la scienza e la tecnica e avevano concepito una transizione socialista che non prescindesse minimamente da ciò che la borghesia aveva realizzato sul piano tecnologico.

Ecco perché oggi, se davvero vogliamo realizzare un socialismo democratico, dobbiamo rimettere tutto in discussione. Oggi ci vantiamo di conoscere la natura molto meglio di quanto potessero fare gli uomini prima della rivoluzione tecnico-scientifica del Settecento. Ma chiediamoci: forse per questo abbiamo eliminato il concetto di "religione"? O non l'abbiamo piuttosto trasformato in qualcosa di più laico, conseguente al fatto che la società borghese ha aumentato, col consumismo, gli oggetti di cui possiamo disporre per illuderci di superare le nostre alienazioni?

Tutte queste opinioni limitate di Engels non dipendono solo dal fatto che risalgono a 150 anni fa, ma anche e soprattutto da una visione piuttosto terribile della preistoria. Scrive a tale proposito: "Gli uomini, appena nelle origini emergono dal mondo animale (in senso stretto), fanno il loro ingresso nella storia: ancora mezzo animali, rozzi, ancora impotenti di fronte alle forze della natura, ancora ignari delle proprie; perciò poveri come gli animali e di poco più produttivi di essi". In queste condizioni verrebbe da chiedersi come sia stata possibile un qualunque forma di progresso.

Se osserviamo che talune comunità primitive, ancora oggi esistenti, sono rimaste ferme al neolitico, pur essendo consapevoli, almeno a grandi linee, di un certo progresso tecnico-scientifico e urbanistico, avvenuto non molto lontano dai loro villaggi, verrebbe quasi da pensare che i membri di tali comunità non appartengano affatto alla specie "homo sapiens". A Engels sarebbe parso del tutto incredibile che, pur consapevoli di un certo progresso tecnologico al di fuori del loro habitat, tali comunità abbiano preferito rinunciarvi altrettanto consapevolmente, nella convinzione che, così facendo, avrebbero potuto conservare meglio le caratteristiche della loro identità, le proprietà del loro ambiente vitale.

Purtroppo gli stessi etnologi che visitano tali comunità spesso non sono in grado di capire ch'esse, a causa dei condizionamenti esterni che subiscono, non sono più come vorrebbero essere. Esse sanno benissimo che il cosiddetto "mondo civilizzato" non vede l'ora di espropriarle delle loro risorse naturali. Il fatto stesso che vi siano degli studiosi che vanno a conoscerle come se fossero animali in via di estinzione, è indicativo del profondo abisso che ci separa da loro. Per Engels il criterio fondamentale che spiega la differenza tra "loro" e "noi" è il rapporto con la natura, che per loro sarebbe di "dipendenza", mentre per noi è di "dominio", come se il concetto di "dominio" ci caratterizzasse, nei confronti della natura, come "esseri umani".

Dunque a che serve il sedicente "socialismo scientifico" se nei confronti della natura ha lo stesso atteggiamento "imperialistico" del liberismo borghese? Abbiamo davvero bisogno di "razionalizzare" un atteggiamento che è sbagliato nei suoi presupposti di fondo? Finché per noi il rapporto con la natura si configura solo come dominio, che possibilità abbiamo di diventare noi stessi, cioè "enti di natura"? È forse giusto ritenere che nel mondo primitivo l'uguaglianza fosse soltanto un prodotto inevitabile della loro impotenza nei confronti della natura? un effetto della loro povertà materiale? della loro incapacità produttiva? Per quale motivo è così difficile capire che una qualunque produzione umana deve essere compatibile con le esigenze riproduttive della natura?

Addendum riepilogativo

Là dove c'è paganesimo, c'è sempre schiavismo. E lo schiavismo è sempre basato sui rapporti di *forza*, in cui p.es., sul piano personale/sessuale, l'uomo domina la donna. Se esistono riferimenti ancestrali al primato della natura, all'eternità-infinità dell'universo ecc., ciò va considerato un retaggio del comunismo primitivo, che ha caratterizzato la vita del genere umano in tutto il pianeta per almeno un milione di anni (in genere si fa partire lo schiavismo a circa 6000 anni fa).

Là dove c'è schiavismo, non è possibile considerare il paganesimo migliore del cristianesimo: semmai si possono fare differenze tra ortodossia religiosa (di derivazione greco-bizantina) e cattolicesimo-romano, in cui il papato si considerava politicamente superiore agli imperatori.

Il cristianesimo è quella religione che favorisce il passaggio dallo schiavismo al servaggio, in quanto ha un maggior senso dell'*etica*, proveniente dall'ebraismo. Questo almeno fino a quando, assumendo atteggiamenti neopagani, desunti dalla passata civiltà greco-romana, il cristianesimo non arriverà a trasformare la dipendenza personale del servaggio in dipendenza contrattuale del lavoro salariato. Un processo, quest'ultimo, iniziato in Italia, con la formazione dei Comuni borghesi e sviluppatosi enormemente con la Riforma protestante, specie nella variante calvinistica. Criticando il cattolicesimo borghese del papato, la Riforma sembrava voler riprendere la severità del cristianesimo primitivo; invece estese soltanto la corruzione a tutta la società civile, facendo di ogni credente il pontefice di se stesso.

Tutte queste cose: schiavismo/paganesimo, servaggio/ortodossia-cattolicesimo, capitalismo/protestantesimo vanno superate con una forma di *socialismo democratico e ateistico* (umano-naturalistico), che riprenda lo stile di vita del comunismo primitivo, l'unico in cui vigeva l'uguaglianza sociale e quindi quella di genere. Questo per dire che non potremo ereditare nulla di significativo né dallo schiavismo pagano, né dal servaggio cristiano, né dal capitalismo borghese, e neppure dal socialismo statale (di matrice russa) o mercantilistico (di matrice cinese).

Conclusione

Dunque che cos'è il socialismo engelsiano? È una specie di *correttivo* all'uso individualistico della grande industria, che si basa sostanzialmente su una forma di *patteggiamento* con gli imprenditori: il socialismo promette che le forze produttive non verranno messe in discussione e che anzi, con una gestione più razionale delle stesse, il benessere aumenterà per tutti e non vi saranno più crisi di sovrapproduzione, mentre la borghesia, dal canto suo, dovrà rinunciare alla proprietà giuridicamente privata dei mezzi produttivi. Il socialismo quindi non sarebbe altro che un "piano matematico" (economico e finanziario) che pone fine all'anarchia produttiva basata sul profitto individuale. Il piano, ovviamente, sarebbe anzitutto "nazionale", ma considerando lo sviluppo impetuoso del capitalismo nella seconda metà dell'Ottocento, in cui si realizzò la seconda rivoluzione industriale, si potrebbe prevedere una regolamentazione anche su scala internazionale, proprio per evitare scompensi e attriti tra una nazione e l'altra, le quali, ovviamente, si trovano a gestire risorse molto diverse tra loro.

Come avrebbe potuto "estinguersi" lo Stato al cospetto di un progetto così ambizioso, resta un mistero. Engels aveva sicuramente mostrato l'esigenza di smantellarlo progressivamente, ma non era riuscito a porre le basi metodologiche per farlo. Gestire i meccanismi della grande industria non sarebbe stato certamente un gioco da ragazzi. Non a caso, sotto il cosiddetto "socialismo reale" lo Stato non scomparve affatto, anzi assunse forme decisamente autoritarie, diventando un Leviatano di matrice hobbesiana.

Come noto, il sistema capitalistico non vuole saperne di "piani statali" che controllino la produzione privata; al massimo accetta l'idea che lo Stato protegga i monopoli in tutte le maniere, oppure l'idea che lo Stato gestisca unicamente i propri insignificanti monopoli (p.es. sali e tabacchi, lotterie nazionali ecc.), e che intervenga direttamente sui mercati soltanto in casi di particolare gravità economica o finanziaria. Di regola, quando i capitalisti vedono che le contraddizioni del sistema stanno diventando ingestibili, preferiscono ricorrere a conflitti armati, che servono non solo come valvola di sfogo (psicologica) per distrarre l'attenzione delle masse dai problemi più urgenti, ma anche come forma d'investimento del capitale. Nei conflitti regionali è infatti evidente che il capitalismo risponde immediatamente alle esigenze economiche dell'industria militare, che ha periodicamente bisogno di ristrutturarsi; inoltre là dove l'intervento militare distrugge buona parte della ricchezza altrui, subito gli imprenditori si presentano per operare la ricostruzione del territorio. Una nazione può far scoppiare dei conflitti regionali non solo per impossessarsi di risorse altrui, ma anche per dimostrare ai propri rivali in economia quanto essa sia forte. Nei casi più critici, quando il capitale si sente minacciato molto seriamente, si può ricorrere a conflitti internazionali: cosa che nel Novecento è già successa due volte (e forse tre, se si considera anche il periodo della cosiddetta "guerra fredda").[83]

Il capitale, messo alle strette, ha reazioni scomposte, può anche arrivare a distruggere la sua stessa ricchezza, ovviamente nella convinzione di poter risorgere più forte di prima. Infatti, esso vive nella continua illusione di non poter avere rivali di sorta sul piano tecnologico; anzi, quando non li ha, finisce col crearseli, proprio per tenere alta la tensione, facendo capire che se gli affari non vanno come dovrebbero andare, qualcuno dovrà pagarne le conseguenze.

Il problema è che, coi mezzi bellici attualmente a disposizione, mettersi a fare ragionamenti del genere può diventare molto pericoloso per l'intera umanità (enorme numero di morti e invalidi permanenti) e per la natura (devastazioni ambientali irreversibili). Senza poi considerare che lo stesso capitalismo può ulteriormente incattivirsi quando vede formarsi concrete alternative alla sua egemonia mondiale: nella I guerra mondiale si formò la rivoluzione bolscevica e nella seconda il socialismo statale come sistema economico di valenza mondiale. L'unico risultato che il capitalismo ha ottenuto dalle due guerre mondiali è stato il trasferimento dell'egemonia mondiale dalle mani di Francia e Inghilterra a quelle degli Stati Uniti, mentre quello ottenuto dalla "guerra fredda" è stata l'implosione del "socialismo reale", che però ha fatto nascere un nuovo competitore internazionale, la Cina, che sul piano della produzione capitalistica sembra aver imparato tutto molto velocemente.

Ora il capitalismo occidentale è nella fase dello smantellamento progressivo dello Stato sociale, che è iniziata a partire dall'amministrazione americana di Reagan e inglese della Thatcher. E da allora, nonostante le molteplici crisi di sovrapproduzione, bancarie e borsistiche, ciò non ha conosciuto soste. In assenza di socialismo sul piano internazionale, al capitalismo pare inutile tenere in piedi un organismo nato allo scopo di far credere ai lavoratori che per essere "socialisti" non c'è alcun bisogno di fare una "rivoluzione politica".

Se vogliamo, il socialismo scientifico – per come lo presenta En-

---

[83] Stando agli storici, anche con la guerra dei Sette anni (1756-63) tra Regno Unito da una parte e Francia dall'altra, più i rispettivi alleati, si può parlare di un conflitto "mondiale".

gels – è soltanto una forma di controllo superiore degli interessi individuali. Dovrebbe servire per evitare quegli improvvisi scompensi di mercato che mettono a repentaglio le forze produttive. L'attuale "socialismo di mercato" della Cina sembra avere tutte le caratteristiche per dimostrare la fondatezza del "socialismo engelsiano". Quello staliniano non poteva averle "tutte", proprio perché controllava "troppo" lo sviluppo produttivo. Era esageratamente soffocante, come d'altra parte quello maoista, ch'era la versione "rurale" dello stalinismo "industriale". Bisognava lasciare un certo margine di manovra all'iniziativa individuale e limitarsi a intervenire dall'alto soltanto quando tali iniziative escono fuori dai limiti consentiti.

Davvero il socialismo cinese è una forma di "socialismo"? Solo perché la terra è rimasta di proprietà statale? Solo perché molte aziende importanti sono direttamente gestite dallo Stato? Solo perché l'economia è regolamentata da un partito sedicente "comunista"? Sembra in realtà che questa forma di "socialismo di mercato" sia una sorta di capitalismo (privato e statale) che il partito al governo presume di poter controllare grazie al proprio autoritarismo. La libertà d'iniziativa borghese è stata concessa con fare paternalistico, nella convinzione di poterla revocare in qualunque momento. La stessa cosa accadde nello Stato della chiesa durante il Rinascimento. La borghesia prosperava alla grande, ma quando scoppiò la Riforma protestante e il papato s'accorse che la borghesia avrebbe potuto approfittarne per rivendicare un certo potere politico, subito scattò la Controriforma e quello Stato ripiombò, inaspettatamente, nel Medioevo. Poi, con l'aiuto degli spagnoli, la Chiesa bloccò lo sviluppo economico di quasi tutta la penisola, almeno sino a quando, con l'unificazione nazionale, la borghesia non riuscì a imporre il capitalismo a tutto il Paese. Il paternalismo apparentemente bonario del papato, dopo aver mostrato esplicitamente la sua faccia truce, fu costretto poi a ridimensionarsi notevolmente nelle sue ambizioni di dominio politico quando il fascismo gli impose i Patti Lateranensi; dopodiché, con la svolta del Concilio Vaticano II, finì con l'accettare, volontariamente, di percorrere la strada del capitalismo (salvo gli inutili ripensamenti della coppia ultrareazionaria Wojtyla-Ratzinger). Ovviamente se una sorta di "controriforma" scoppiasse in Cina, le conseguenze sarebbero ben diverse. Un'anticipazione di questo può essere considerata la protesta di piazza Tienanmen nel 1989.

*

Bisognerebbe cercare di capire, se si vuole che una "conclusione" diventi la premessa di una nuova ricerca, come sia stato possibile che una rivoluzione, quale quella bolscevica, condotta su ideali altamente democratici, si sia trasformata in una delle peggiori dittature della storia, gestita da una banda di criminali.[84]

Non è possibile infatti che la democraticità di una rivoluzione debba dipendere dalla personalità di qualche leader e non anche dalla realizzazione di strutture (sociali, politiche, culturali) in cui sia il *popolo* ad essere protagonista del proprio destino. Probabilmente la risposta a questa domanda va cercata nella mancata *decentralizzazione* dei poteri, cioè nel fatto che, per fare dello Stato qualcosa destinato non a scomparire ma a rafforzarsi sempre più, si è approfittato dello scontro armato contro le classi reazionarie e contro le potenze straniere che, finita la I guerra mondiale, cercarono di abbattere il governo in carica e occupare quell'immenso Paese. La vera controrivoluzione venne fatta direttamente dallo stalinismo, in nome dell'unità del partito e dell'integrità dello Stato, sfruttando gli ideali rivoluzionari vissuti al tempo di Lenin.

Bisogna, in sostanza, cercare di capire se dalla fine del comunismo primitivo ad oggi sia passato troppo tempo per avere un senso adeguato della democrazia, per cui qualunque rivoluzione si possa compiere è inevitabilmente destinata al fallimento. Oppure se esistono delle condizioni sufficientemente praticabili per scongiurare questo fatalismo. Di sicuro sappiamo che se un popolo ha bisogno di uno "Stato" per difendersi dai propri nemici, e non è in grado di farlo da solo, qualunque rivoluzione è destinata a trasformarsi nel suo contrario.

Lo Stato infatti è un organo privo di personalità, è anonimo, astratto: in nome di una presunta "ragion di stato" si possono compiere tutti gli abusi che si vogliono, anche i crimini più efferati. Lo Stato è la forma *laicizzata* delle passate divinità religiose, e i rivoluzionari sono i nuovi sacerdoti. Se non si pongono le condizioni per il suo tangibile, progressivo e definitivo superamento, la democrazia non esisterà mai.

In nome della "verità" si possono compiere le azioni più vergognose. Nella Russia rivoluzionaria la verità principale fu quella della *proprietà collettiva dei mezzi produttivi*, cioè i mezzi che decidono l'esistenza di un'intera società. Bastò affermare il principio sacrosanto della proprietà collettiva per creare un sistema fortemente dittatoriale, in cui chi era al potere avrebbe usato qualunque mezzo pur di restarvi.

La "verità" aveva finito con l'usare mezzi disumani contro tutti

---

[84] Che fosse una banda di criminali lo dimostra, al di là di tutti gli innumerevoli orrori compiuti, il trattamento riservato al maresciallo Žukov, l'eroe che durante la II guerra mondiale contribuì in maniera decisiva alla difesa di Mosca, Leningrado e Stalingrado, e alla definitiva sconfitta dei nazisti fino all'occupazione di Berlino. Cfr I. Ickov – M. Babak, *Tra Hitler e Stalin*, ed. Ponte alle Grazie, Firenze 1994.

gli altri valori, convincendo la società che, al cospetto dei "nemici del popolo", era giusto farlo. Alla fine lì usò anche contro se stessa. Infatti tutti i mezzi produttivi appartenevano di nuovo a una cricca di persone che, attraverso lo Stato, gestiva qualunque cosa, incluse le coscienze, poiché nei processi contro i "nemici del popolo" gli imputati non potevano essere giustiziati se prima non confessavano i loro crimini.

La "verità" amava imporsi con la forza dell'ideologia, oltre che con l'ideologia della forza, e i principali mezzi che usava erano terroristici, fisicamente e psicologicamente letali. In nome di un'idea "statalistica" del socialismo si distrusse completamente la democrazia. In nome di una presunta "giustizia" gestita dall'alto, quella per la quale la presunzione d'innocenza non esiste, si eliminò ogni forma di libertà personale. I cittadini dovevano soltanto obbedire, fidarsi di chi li governava, e quando il dittatore, padre della patria, morì, finirono col versare fiumi di lacrime sul suo feretro.

I crimini son stati talmente tanti che ancora oggi non se ne conosce l'entità. D'altra parte la Russia non disponeva, come invece la Gran Bretagna o la Francia o gli Stati Uniti, di un vasto impero coloniale da usare come valvola di sfogo per le proprie contraddizioni. I vari governi comunisti han dovuto opprimere gli stessi cittadini del loro sterminato territorio, famoso per i suoi undici fusi orari.

Sono stati talmente abituati ad obbedire che anche quando hanno avuto l'occasione, con Gorbačëv, di affermare la democrazia, hanno saputo approfittarne solo per rinunciare a qualunque idea di socialismo. Anzi, i peggiori, tra loro, accusarono proprio lui d'essere responsabile di questo sfacelo. Non avevano capito che l'alternativa al socialismo statale non poteva provenire dal capitalismo privato, ma solo da loro stessi.

Ora stanno subendo una nuova illusione, quella di credere che le dinamiche del capitalismo possano essere tenute sotto controllo da uno Stato forte, gestito con autorità. La stessa cosa sta accadendo in Cina, dove addirittura il governo al potere, nonostante la svolta decisa verso il capitalismo, pretende ancora di definirsi "comunista". Il "socialismo statale" si è trasformato in una sorta di "capitalismo statale", che forse diventerà l'erede del capitalismo privato di marca occidentale.

Tutto ciò ci fa capire che le prossime rivoluzioni dovranno porsi il problema di come smantellare lo Stato nel più breve tempo possibile. È il concetto stesso di "istituzione" che va superato. Ognuno dovrà essere messo nelle condizioni di attribuire solo *a se stesso* la responsabilità delle proprie azioni. L'istituto stesso della "delega" dovrà essere profondamente rivisto, in quanto *la democrazia o è diretta o non è*.

Attenzione che con queste considerazioni non vogliamo dire che le rivoluzioni possono essere fatte solo da grandi masse popolari coscienti di sé, cioè solo quando si ottiene la maggioranza assoluta dei consensi. Le rivoluzioni (da quella inglese di Cromwell a quella cinese di Mao) vengono sempre dirette da una minoranza di intellettuali; semmai questi devono beneficiare di una forza popolare sufficientemente forte ed estesa, che condivide i medesimi ideali e che va messa in grado di fronteggiare l'inevitabile reazione dei poteri costituiti, i quali esprimono gli interessi di un'infima minoranza. Il lavoro di aggregazione e di organizzazione che deve fare il partito non è sempre – come voleva la socialdemocrazia tedesca – "lungo e paziente", ma, a seconda delle circostanze, può anche essere veloce e inaspettato, in quanto deve saper cogliere di sorpresa i governi al potere. Ecco perché è importante una lotta parlamentare ed extraparlamentare.

*

Ma vogliamo dire anche un'altra cosa. Il fatto stesso che non si sia compiuta una rivoluzione politica quando il momento sembrava favorevole, non deve far pensare ch'essa sarà più facile la prossima volta. È vero che, col passar del tempo, le contraddizioni del capitale diventeranno sempre più acute ed estese geograficamente, ma non esiste alcun nesso causale, automatico, tra gravità degli antagonismi sociali e lotta armata contro il sistema oppressivo. Occorre sempre tener conto del *fattore soggettivo*, cioè della capacità di organizzare un consenso di massa attorno a un progetto eversivo. In tal senso, se si perdono le occasioni favorevoli, le prossime saranno ancora più difficili da gestire, in quanto, nel frattempo, il sistema sarà riuscito a prendere delle contromisure, si sarà adeguato al mutare dei tempi, facendo concessioni strumentali sul piano sovrastrutturale (p.es. nei valori, negli stili di vita, nei comportamenti, nella mentalità...), al fine di controllare meglio le proprie contraddizioni economiche di fondo. Il che ovviamente non rende il sistema meno irrazionale, né che non si possano ripresentare nuove occasioni per abbatterlo.

Lo stesso Engels è costretto ad ammettere l'importanza del "fattore soggettivo", là dove nell'*Evoluzione del socialismo dall'utopia alla scienza*, scrive: "Se la ragione e la giustizia effettive non hanno sino ad ora regnato nel mondo, ciò proviene solo dal fatto che non se ne è avuta sino ad ora una giusta conoscenza. Mancava proprio quel singolo uomo geniale che ora è apparso e ha riconosciuto la verità; ch'egli sia comparso ora, che proprio ora sia stata riconosciuta la verità, non è un avvenimento inevitabile che consegua necessariamente dal nesso dello sviluppo storico, ma un puro caso fortunato. Sarebbe potuto nascere ugualmente cinquecento anni prima e avrebbe allora risparmiato all'umanità cinquecento anni di errori, di lotte e di sofferenze".

Naturalmente sta parlando di Marx, ma lo fa con un certo tono romantico, come se si trattasse di un nuovo Mosè o di un nuovo Gesù Cristo. C'è molto misticismo nelle sue parole e anche molto intellettualismo illuministico. Infatti la liberazione dalle oppressioni non dipende affatto da una profonda consapevolezza della natura contraddittoria di un sistema economico. Sarebbe una grande disgrazia dell'umanità dover attendere ogni volta un genio ferrato in economia politica. In fondo che cosa è stato il *Capitale* se non una enorme spiegazione economica di una cosa che Marx aveva già capito vent'anni prima, nei *Manoscritti del 1844*, e cioè che la proprietà privata dei mezzi produttivi è un'assurdità, se con essa si separano i prodotti ottenuti con tali mezzi da coloro che li usano, facendo del lavoratore un soggetto alienato ed espropriato.

L'Europa occidentale aveva più motivi d'insorgere contro il capitale nel 1848, all'epoca in cui Marx scrisse il *Manifesto*, che non all'epoca in cui egli pubblicò il primo volume del *Capitale*. Le contraddizioni del sistema si vedono ad occhio nudo, a livello fenomenico. Non può essere che così. Solo quando non è così, si può dire che i tempi per insorgere non sono "maturi". È solo sulla base di questa macroscopicità delle ingiustizie che l'uomo comune, che potrebbe anche essere analfabeta, dovrebbe reagire.

Per fare del socialismo una "scienza" non c'è bisogno di analizzare per filo e per segno tutte le possibili contraddizioni del capitalismo: è sufficiente offrire al sistema un certo margine di tempo perché dimostri di non essere in grado di mantenere le proprie promesse. L'albero si vede dai suoi frutti, non dalle sue radici: se non ne dà, va tagliato.

Quel che manca, per fare le rivoluzioni, non è tanto l'intelligenza acuta delle cose, ma la *convinzione* che chi gestisce il sistema non ha né la capacità né la volontà di risolvere le sue antinomie di fondo. Posta tale convinzione (che è poi una forma di *disincantamento*), si tratta soltanto di essere coerenti, organizzandosi in maniera conseguente per abbattere il sistema. Chi sceglie la soluzione stoico-buddistica, quella della rassegnazione, si comporta in maniera opportunistica, anche se, sul piano pratico, sembra condurre un'esistenza all'insegna di valori altamente morali.

Semmai oggi potremmo dire di avere un vantaggio rispetto ai tempi di Marx ed Engels: abbiamo sperimentato 70 anni di "socialismo reale" e ci siamo accorti che non è quello il modo migliore per eliminare la proprietà privata dei mezzi produttivi. Tuttavia il fatto che oggi sia avvenuta la rivoluzione borghese sia in Cina che in Russia, facendole uscire dal loro pseudo-socialismo, non sta di per sé a significare che siamo più vicini al crollo finale del sistema. Se anche crollasse una certa forma di capitalismo, quella di tipo occidentale, in cui lo Stato si pone al servizio degli imprenditori privati, nulla ci autorizzerebbe a pensare che si sia più vicini alla realizzazione del vero socialismo. Anzi, potremmo pensare il contrario, e cioè che ci stiamo avvicinando a una gestione più autoritaria del capitale, quella in cui lo Stato pretende di regolamentare le contraddizioni del capitale e di condizionare le scelte degli imprenditori. Cosa che in Europa avvenne sotto il nazifascismo e che però durò molto poco, proprio perché Germania e Italia non avevano le forze sufficienti per opporsi al resto del mondo. Né le aveva il Giappone in Asia.

La massima che dovrebbe essere stampata nella mente di un soggetto rivoluzionario è molto semplice: *Tutto ciò che può servire per sostenere che la transizione al socialismo è vicina, può essere usato per sostenere che è lontanissima.*

Bibliografia nazionale su F. Engels

Martín Mazora, *Marx discepolo di Engels*, ed. Aracne, Roma 2017.

Salvo Mastellone, *Tre democrazie. Sociale (Harney); Proletaria (Engels); Europea (Mazzini). (Londra, 1850-1855)*, Centro Editoriale Toscano, Firenze 2011; *La nascita della democrazia in Europa. Carlyle, Harney, Mill, Engels, Mazzini, Schapper. Addresses, Appeals, Manifestos. (1836-1855)*, ed. Leo S. Olschhki, Firenze 2009.

Tristram Hunt, *La vita rivoluzionaria di Friedrich Engels*, ed. ISBN, Milano 2010.

Hosea Jaffe, *Davanti al colonialismo. Engels, Marx e il marxismo*, ed. Jaca Book, Milano 2007; *Marx e il colonialismo*, ed. Jaca Book, Milano 1977.

Roman Rosdolsky, *Friedrich Engels e il problema dei popoli "senza storia". La questione nazionale nella rivoluzione del 1848-49 secondo la visione della "Neue Rheinische Zeitung"*, ed. Graphos, Genova 2005.

Friedrich Engels cent'anni dopo. Ipotesi per un bilancio critico. Atti del Convegno internazionale di studi, Milano 16-18 novembre 1995, Teti editore, Milano 1998.

Bruna Bianchi, Adriana Lotto, Simonetta Ortaggi Cammarosano, *Economia, guerra e società nel pensiero di Friedrich Engels*, ed. Unicopli, Milano 1997.

Friedrich Engels (1820-1895). Un esempio da seguire, un pensiero da usare. Atti del convegno nazionale di studi. Gallarate, 13 maggio 1995, a cura di Claude Pottier, Centro Italiano Studi Engelsiani, Gallarate 1997.

Antonino Barbagallo, *La libertà della dialettica. Saggio sul materialismo dialettico nel centenario della morte di Friedrich Engels*, ed. Atheneum, Firenze 1995.

AA. VV., *Engels cento anni dopo*, a cura di Stefano Garroni, ed. La Città del Sole, Napoli 1995 (Istituto italiano per gli studi storici).

Marx-Engels: Stato, diritto, politica, a cura di Aldo Zanca, ed. Palumbo, Palermo 1995.

Gian Mario Bravo, *Friedrich Engels*, ed. Franco Angeli, Milano 1990; *Ritorno a Marx: partito del proletariato e teoria politica in Engels e in Marx*, ed. Franco Angeli, Milano1981.

Rodolfo Mondolfo, *Il materialismo storico in Federico Engels*, ed. La Nuova Italia, Firenze 1973; *Engels e Labriola*, ed. CUECM, Catania 1986.

Francesco De Aloysio, *Engels senza Marx, 1838-1844*, ed. Liguori, Napoli; *Engels e la speranza della grande guerra*, ed. Vecchio Faggio, Chieti 1986.

Ferdinando Vidoni, *Natura e storia. Marx ed Engels interpreti del darwinismo*, ed. Dedalo, Bari 1985.

Benno Müller-Hill, *Engels e la storia della natura vivente - Dal materialismo storico di Engels al lamarckismo di Lysenko*. (Estratto da *I filosofi e l'essere vivente*), ed. Garzanti, Milano 1984.

Economia e strategia della rivoluzione proletaria incentrate su scritti di Engels-Marx sulla società comunista, Edizioni 19/75, Torino 1982.

L'Antidühring: affermazione o deformazione del marxismo? Atti della IV Settimana internazionale di studi marxisti organizzata dalla Fondazione Lelio e Lisli Basso – Issoco, a cura di Franco Zannino, vol. V degli Annali, ed. Franco Angeli, Milano 1981.

Steven Marcus, *Engels, Manchester e la classe lavoratrice*, ed. Einaudi, Torino 1980.

Oskar Negt, *Il marxismo e la teoria della rivoluzione nell'ultimo Engels*, in *Storia del marxismo*, ed. Einaudi, Torino 1979.

Marco Duichin, *Marxismo e rapporto uomo-donna. Famiglia, matrimonio, amore, sessualità e questione femminile nella concezione di Marx ed Engels*, ed. Carecas, Roma 1978.

Marx, Engels e il socialismo premarxiano (Eric J. Hobsbawm); *Ritratto di Engels* (Gareth Stedman Jones); *La fortuna delle edizioni di Marx ed Engels* (Eric J. Hobsbawm), in *Storia del marxismo*, vol. I, ed. Einaudi, Torino 1978.

Nicola Badaloni, *Sulla dialettica della natura di Engels e sull'attualità di una dialettica materialistica*, in "Annali" della Fondazione Feltrinelli (17), Milano 1976.

Friedrich Engels. Dialettica e socialismo. Antologia a cura di Giovanni Mari, ed. La Nuova Italia, Firenze 1975.

Eleonora Leonetti Fiorani, *Friedrich Engels e il materialismo dialettico*, ed. Feltrinelli, Milano 1977; *Saggio di critica delle interpretazioni del lavoro di Marx-Engels*. I. Esposizione analitica delle correnti interpretative del marxismo (nel Novecento in Europa). II. Indagine complessiva critico-bibliografica della questione più recente: la valutazione nuova del contributo di Engels e del suo rapporto con Marx, ed. Lavoro liberato, Foglio critico n. 4, Milano 1974; *Il giovane Engels. Cultura, classe e materialismo dialettico*, ed. Mazzotta, Milano 1974.

Andreina Franco Repellini, *Engels*, ed. Vallecchi, Firenze 1974.

Pier Paolo Poggio, *Marx, Engels e la rivoluzione russa*, Centro ligure di storia sociale, Genova 1974.

Domenico Settembrini, *Due ipotesi per il socialismo in Marx ed Engels*, ed. Laterza, Bari 1974.

Giuseppe Prestipino, *Natura e società. Per una nuova lettura di Engels*, Editori Riuniti, Roma 1973; *Sulle origini dello Stato in Engels*, in "Critica Marxista", Roma n. 6/1970; *L'antropologia di Engels e la tematica filosofica dei Grundrisse*, in "Critica Marxista", Roma n. 5/1970.

David B. Rjazanov, *Marx ed Engels. Lezioni tenute al corso di marxismo dell'accademia socialista di Mosca nel 1922*, Ed. Samonà e Savelli, Roma 1972.

Ernesto Ragionieri, *Presenza di Engels*, in "Critica Marxista", Roma n. 4/1970.

Gustav Mayer, *Friedrich Engels. La vita e l'opera*, ed. Einaudi, Torino 1969.

A. Cornu, *Marx ed Engels dal liberalismo al comunismo*, ed. Feltrinelli, Milano 1962.

Corrispondenza Friedrich Engels - Filippo Turati: 1891-1895, a cura di Luigi Cortesi, ed. Feltrinelli, Milano 1958.

Savino Russo, *Marx ed Engels: gli apostoli del comunismo*, ed. Furlan, Bergamo 1943.

Tiziano Bagarolo, Sui rapporti tra marxismo ed ecologia http://rproject.it/2013/11/ecologia-e-marxismo/

Engels senza Marx. Scritti e interventi. Bibliografia a cura di Ilario Salucci, Genova 2012.
www.resistenze.org/sito/ma/di/ce/mdcefm26-017087a001.pdf

Bibliografia su Lulu

www.lulu.com/spotlight/galarico

* Amo Giovanni. Il vangelo ritrovato (ed. Bibliotheka)
* Pescatori di uomini. Le mistificazioni nel vangelo di Marco (ed. Limina Mentis)
* Contro Luca. Moralismo e opportunismo nel terzo vangelo (ed. Amazon)
* Metodologia dell'esegesi laica (ed. Amazon)
* Protagonisti dell'esegesi laica (ed. Amazon)
* Arte da amare
* Letterati italiani
* Letterati stranieri
* Pagine di letteratura
* L'impossibile Nietzsche
* In principio era il due
* Da Cartesio a Rousseau
* Le teorie economiche di Giuseppe Mazzini
* Rousseau e l'arcantropia
* Esegeti di Marx
* Maledetto capitale
* Marx economista
* Il meglio di Marx
* Io, Gorbaciov e la Cina (pubblicato dalla Diderotiana)
* Il grande Lenin
* Società ecologica e democrazia diretta
* Stato di diritto e ideologia della violenza
* Democrazia socialista e terzomondiale
* La dittatura della democrazia. Come uscire dal sistema
* Etica ed economia. Per una teoria dell'umanesimo laico
* Preve disincantato
* Che cos'è la coscienza? Pagine di diario
* Che cos'è la verità? Pagine di diario
* Scienza e Natura. Per un'apologia della materia
* Siae contro Homolaicus
* Sesso e amore
* Linguaggio e comunicazione
* Homo primitivus. Le ultime tracce di socialismo
* Psicologia generale
* La colpa originaria. Analisi della caduta
* Critica laica

- Cristianesimo medievale
- Il Trattato di Wittgenstein
- Laicismo medievale
- Le ragioni della laicità
- Diritto laico
- Ideologia della chiesa latina
- Per una riforma della scuola
- Interviste e Dialoghi
- L'Apocalisse di Giovanni
- Spazio e Tempo
- I miti rovesciati
- Pazìnzia e distèin in Walter Galli
- Zetesis. Dalle conoscenze e abilità alle competenze nella didattica della storia
- La rivoluzione inglese
- Cenni di storiografia
- Dialogo a distanza sui massimi sistemi
- Scoperta e conquista dell'America
- Il potere dei senzadio. Rivoluzione francese e questione religiosa
- Dante laico e cattolico
- Grido ad Manghinot. Politica e Turismo a Riccione (1859-1967)
- Ombra delle cose future. Esegesi laica delle lettere paoline
- Umano e Politico. Biografia demistificata del Cristo
- Le diatribe del Cristo. Veri e falsi problemi nei vangeli
- Ateo e sovversivo. I lati oscuri della mistificazione cristologica
- Risorto o Scomparso? Dal giudizio di fatto a quello di valore
- Cristianesimo primitivo. Dalle origini alla svolta costantiniana
- Le parabole degli operai. Il cristianesimo come socialismo a metà
- I malati dei vangeli. Saggio romanzato di psicopolitica
- Gli apostoli traditori. Sviluppi del Cristo impolitico
- Grammatica e Scrittura. Dalle astrazioni dei manuali scolastici alla scrittura creativa
- La svolta di Giotto. La nascita borghese dell'arte moderna
- Poesie: Nato vecchio; La fine; Prof e Stud; Natura; Poesie in strada; Esistenza in vita; Un amore sognato

Indice